Anne-Bärbel Münchmeier

Feste feiern mit Kindern

Irmgard Hahn 6/91

Die Autorin: Anne-Bärbel Münchmeier, Jahrgang 1943, hat Theologie und Erziehungswissenschaften studiert. Die Mutter von drei Kindern, 18, 15 und 9, und freie Autorin arbeitet heute in der sozialpädagogischen Aus- und Fortbildung.

Anne-Bärbel Münchmeier

Feste feiern mit Kindern

Ideen und Tips
für 1000 Gelegenheiten

scriptor

Dies ist ein Buch aus dem
Büro für wissenschaftliche Publizistik
Dr. Horst Speichert
Emanuel-Geibel-Str. 18
6200 Wiesbaden
Redaktion: Sylvia Winnewisser

CIP-Titelaufnahme der Deutschen Bibliothek

Münchmeier, Anne-Bärbel:
Feste feiern mit Kindern: Ideen und Tips für 1000 Gelegenheiten
Anne-Bärbel Münchmeier. – Frankfurt am Main:
Scriptor, 1990
ISBN 3-589-20872-4

Umschlagentwurf: Lochmann's Studio, Frankfurt am Main
Zeichnungen: Harald Schmuck, Frankfurt am Main
Herstellung: Büro für wissenschaftliche Publizistik, Wiesbaden
Satzkonvertierung und Umbruch: Spiecker Verlag & Werbung, Frankfurt / M.
Druck: Clausen & Bosse, Leck
Vertrieb: Cornelsen Verlagsgesellschaft, Bielefeld
Printed in West-Germany
ISBN 3-589-20872-4
5 4 3 2 1

Inhalt

Vorrede

Feste feiern, wie sie fallen

„Wenn du mich weiter so ärgerst, dann lade ich dich nicht zu meinem Geburtstag ein." Für Kinder ist das eine der schlimmsten Drohungen - und sie wirkt entsprechend. Kinder sind glücklich und stolz, wenn sie zu einem Geburtstag eingeladen sind. Der eigene Geburtstag ist für viele Kinder neben Weihnachten der Höhepunkt des Jahres. Wochenlang vorher wird geplant und überlegt, in Gedanken ein- und wieder ausgeladen, Spiele und Rezepte werden gesammelt. Oft sind diese Feste die einzigen Kinderfeste im Jahr, obwohl die Kinder gerne öfter feiern würden! Feste zu feiern ist schön und wichtig. In der Kindheit erlebte, gelungene Feste bleiben als Höhepunkte dauerhaft in Erinnerung. Die Erfahrung zeigt: Wer in seiner Kindheit schöne Feste erlebte, gibt diese Erlebnisse später auch gerne weiter.
Auch wer schon viele Feste mit Kindern erlebt oder selbst gestaltet hat - vor jedem neuen Fest fühlt man sich zuerst einmal ratlos. Man sucht krampfhaft nach Ideen, nach Spielen und Rezepten, mit denen man die Zeit füllen kann. Es fallen einem nur eine Reihe der üblichen Spiele ein wie „Die Reise nach Jerusalem", „Topfschlagen" o.ä. - Diese Spiele sind ja auch irgendwann einmal langweilig.

Die meisten kennen natürlich viele Spiele, schließlich haben wir sie ja alle selbst gespielt in der Kindheit. Aber sie wieder aus dem Gedächtnis hervorzuholen ist oft mühsam. Alle wissen noch ziemlich genau, welche Feste ihnen am besten gefielen und womit sie am besten zurecht kamen. Oder was von den Kindern am meisten geschätzt wurde beim letzten Fest. Jedes neue Fest geht von diesen Erfahrungen aus. Sie müssen aktiviert und durch neue Ideen ergänzt werden.

Mein Buch

– will Erinnerungshilfe sein: In ihm sind Spiele gesammelt, die schon bekannt sind. Sie wurden durch Variationen ergänzt.
– will Anstöße geben und Mut machen, Neues auszuprobieren: Viele neue und erprobte Ideen wurden zusammengetragen.
– zeigt an Beispielen, wie Feste unter ein bestimmtes Thema gestellt oder wie eine besondere Aktion in den Mittelpunkt gerückt werden kann. Dadurch kann jedes Fest zusätzlich eine besondere Note bekommen.
– zeigt, daß sich vielerlei Anlässe für ein spontanes oder geplantes Fest anbieten und wie man sie aufgreifen kann.

Wann ist ein Fest gelungen?

– Wenn alle nach Hause gehen und glücklich und zufrieden sagen: „Schön war es."
– Wenn jeder sich so einbringen und so mitmachen konnte, wie er wollte.
– Wenn auch Konflikte sich gut lösen ließen.
– Wenn so etwas wie ein Gemeinschaftserlebnis zustande gekommen ist, von dem man erzählen kann: „Weißt du noch, unser Fest...?"
- Wenn auch die Veranstalter hinterher sagen können: „Schön war es" und nicht: „Gott sei Dank, es ist vorbei."
– Wenn zum Schluß gefragt wird: „Wann feiern wir das nächste Fest?"
Ob ein Fest gelingt, hängt von vielen Faktoren ab, die in einem vorgegebenen Programm niemals berücksichtigt werden können. Ein Programm kann zudem dazu verführen, daß man sich zu eng daran halten möchte und nicht beweglich genug bleibt, um eventuell umzuplanen. Der Verlauf des Festes erfordert vielleicht etwas ganz anderes, oder einzelne Teilnehmer wünschen sich andere Spiele, als vorgesehen waren.
Im Buch sind verschiedene Themenfeste angeführt. Sie sind als Sammlungen zu verstehen, aus denen man auswählen und die man ergänzen muß. Das individuelle Arrangement und die eigene Planung kann das Buch nicht übernehmen.
Wo es möglich war, wurde zu den Spielen eine Altersangabe als untere Grenze genannt, die auf keinen Fall als verbindlich angesehen werden sollte. Gerade beim Spielen werden auch zwischen altersgleichen Kindern große Unterschiede deutlich, je nach Entwicklungsstand und Vorerfahrungen mit Spielen und je nach Situation der spielenden Gruppe. Ist diese z.B. altersge-

mischt zusammengesetzt, werden jüngere Kinder mit etwas Unterstützung schon viele Spiele der Älteren mitspielen können. Die Grenze nach oben ist ebenso weit. Manche Zwölfjährigen weisen es weit von sich, an „Kinderspielen" teilzunehmen und geben stattdessen nur noch „Partys" (auf denen dann aber oft die gleichen Spiele gespielt werden). Andere Vierzehnjährige spielen noch begeistert die Spiele der „Kleinen" mit.
Oft bringt das Zusammensein Verschiedenaltriger viel Dynamik ins Spiel.
Insgesamt möchte das Buch dazu ermutigen, öfter einmal ein Fest zu feiern: Es zeigt, daß Feste nicht unbedingt mit riesigem Aufwand verbunden sein müssen. Die Angst davor ist unbegründet. Am Aufwand liegt es nicht, ob Feste gelingen. Vielmehr entscheiden Lust und Zeit der Veranstalter darüber, wieviel Aufwand getrieben wird. Ein spontanes Gartenfest („Kommst du nachher vorbei?") kann als eigene Form den gleichen „Erfolg" haben wie ein lange und liebevoll vorbereitetes großes Fest. Beide sind wichtig.
- Schließlich zeigt es, daß man Feste so arrangieren kann, daß hinterher nicht alle erschlagen sind und die Wohnung im Chaos versunken ist.
Es zeigt auch, daß es an Anlässen dafür, ein Fest zu feiern, niemals mangelt.
Die Planung - ohne sie geht nichts, aber sie ist auch nicht alles.

Kinder beteiligen

Der wichtigste Punkt vorab: Kein Fest für Kinder sollte über die Köpfe der Kinder hinweg geplant werden.
Kein Fest für Kinder sollte ohne deren tatkräftiges Mithelfen vorher und währenddessen ablaufen.
– Die Kinder wissen selbst am besten, was ihnen gerade wichtig ist.
– Die Kinder kennen einander so gut, daß sie wissen, was den anderen Spaß macht.
– Nur die Kinder selbst können letztendlich ein Fest gelingen lassen.
– Nicht zuletzt deshalb: Woran ein Kind aktiv beteiligt war, das erlebt es sehr viel intensiver, das erinnert es später besser, und das rüstet es für spätere selbständige Veranstaltungen.
Kinder, die ein Fest von vornherein als ihr Fest sehen, sind so damit identifiziert, daß sie auch dafür sorgen werden, daß alles klappt. Natürlich müssen nicht alle Eingeladenen beteiligt sein, in jedem Fall aber die gastgebenden Kinder. Auch bedeutet das nicht, daß jedes Detail vorher abgestimmt sein muß. Überraschungen haben auch ihren wichtigen Platz.
Die Planung allein schon kann so viel Spaß machen, daß man sie auch deshalb den Kindern nicht vorenthalten sollte: Das Planen und Verwerfen verschiedener Möglichkeiten, Erstellen von Listen mit verschiedenen Spielen usw., Entwerfen von Einladungskarten und Dekorationen, Zusammenstellen der Speisen und Getränke, das ganze lange und gespannte Hin und Her kann schon ein wichtiger Teil des Festes sein.

Wer wird eingeladen?

Dies abzuklären ist oft nicht ganz einfach, da viele Kinder am liebsten alle ihre Freunde einladen würden.
Die jeweils vorhandenen Räumlichkeiten sollten sehr genau bedacht werden: wie viele Kinder können darin ausgelassen und vergnügt spielen, ohne daß bald alle entnervt sind?
Wie viele andere Kinder verkraften die Kinder selbst für ihr gemeinsames Spiel - und wie viele verkraften die beteiligten Erwachsenen?
Wie viele Kinder sollten/dürften es für die geplanten Vorhaben sein (z.B. bei einer Radtour oder bei einer gemeinsamen Übernachtung)?
Die Erfahrung zeigt, daß bei etwa zehn Kindern eine Grenze liegt: Ist die Gruppe kleiner, so kann sie sich über weite Strecken selbst organisieren und ist auch relativ leicht lenkbar. Ist sie größer, überblicken die Kinder selbst das Geschehen sehr viel schlechter, das zudem auch konfliktträchtiger wird. Die lenkende Hand eines Erwachsenen (manchmal mit dompteurähnlichen Fähigkeiten) wird entsprechend wichtiger.
Bei einem Fest mit vielen kleineren Kindern kann es sehr hilfreich sein, wenn ein zweiter Erwachsener oder ein größeres Kind mithelfen. Für einen alleine kann es schon sehr viel werden: Organisieren der Spiele, Vorbereiten der nächsten Aktivitäten, kurze Vorbereitungen in der Küche, Trösten bei Kummer usw.
Sind schließlich alle Einladungen geschrieben, steht die Festgesellschaft fest.

Wie soll das Fest verlaufen ?

Zunächst werden gemeinsam Ideen gesammelt: Was könnten wir machen? Was macht den Eingeladenen vielleicht besonderen Spaß?
Was würden die Veranstalter selbst gerne einmal mit anderen spielen oder unternehmen?
Konnte man sich auf den groben Rahmen einigen - das geht oft nicht ganz so schnell - , werden Details gesammelt, aus denen man schließlich auswählt.
Ist der Plan vom Wetter abhängig? Wenn ja, wird er dann verschoben oder soll es einen Alternativplan geben, wenn das Wetter nicht mitspielt?
Es empfiehlt sich, alle Ideen der engeren Wahl auf einem Spickzettel zu notieren und ihn gut zu bewahren. Allzu leicht sind sonst im Eifer des Festtrubels die besten Ideen wieder vergessen.
So wichtig dieser Plan ist, so unwichtig kann er doch werden: Widerstand mehrerer Kinder gegen bestimmte Programmpunkte oder andere Vorschläge der Festteilnehmer können das Fest ganz anders verlaufen lassen, und dann ist es auch gut so.
Damit treten die Festvorbereitungen auch schon in die konkrete Phase ein: Was muß längerfristig organisiert, besorgt, gebastelt oder zubereitet werden?
Was muß kurzfristig bereit gelegt, gekocht, gebacken oder tiefgefroren werden?
Sind genügend Reserven in der Hinterhand an Überraschungen u.ä. - wenn auf einmal drei Kinder mehr erscheinen als geplant?
Jedes Fest hat seine eigene Dynamik, je nach Anlaß und Schwerpunkt: Wird eine Schatzsuche veranstaltet, so verläuft sie anders als ein Wasserfest.
Davon abgesehen läßt sich aber bei den meisten Festen ein sehr ähnlicher Verlauf beobachten. Ist man sich dessen bewußt, können eventuelle kritische Situationen von vornherein vermieden oder rechtzeitig wahrgenommen und steuernd eingegriffen werden.
Dennoch sind Konflikte manchmal nicht vermeidbar. Dann kann man leichter mit ihnen umgehen und sie integrieren, weil man durch sie nicht überrascht wird.
Für die eigene Ruhe und Souveränität bei der „Lenkung" des Unternehmens ist es von großem Vorteil, sich die Struktur des Ablaufs vorher klar zu vergegenwärtigen. Eine Kindergeburtstag beispielsweise könnte folgenden Verlauf (und mögliche Konfliktpunkte und Krisen) haben:

1.Phase: Ankommen und Kennenlernen

Die Kinder kommen und geben dem Geburtstagskind die Geschenke. Sie stehen herum, etwas unsicher und angespannt. Sie sind neugierig, wer alles da sein wird und was da auf sie zukommt. Meist kennen sich nicht alle Kinder oder waren in dieser Zusammensetzung noch nicht zusammen. Nicht alle sind schon mit der gastgebenden Familie vertraut und kennen deren Gepflogenheiten, die Wohnung oder die Umgebung. Je jünger sie sind, desto schwerer ist es für sie, sich in der neuen Situation zurechtzufinden.

Wichtig ist deshalb in der ersten Phase, alle miteinander bekannt zu machen und richtig zu informieren: Die Kinder müssen die Chance bekommen, sich gegenseitig wahrzunehmen und die Namen der anderen zu lernen.
Da in der Regel alle Kinder kleine Geschenke mitgebracht haben, kann man das Auspacken zu einem ersten Programmpunkt machen. Erste Spiele lassen sich mit ihm verbinden, auch mit dem Ziel des besseren Kennenlernens.
Daß im übrigen das Auspacken und Verteilen der Geschenke selbst auch recht konfliktträchtig sein kann, darauf wird auf S. 59 eingegangen.
Vertraut werden miteinander kann aber auch Ziel eines offenen Rundgesprächs sein, im Kreis sitzend oder an der Festtafel, währenddem jeder sich vorstellt und die einzelnen sich gegenseitig befragen können usw. Oder soll dann noch ein Spiel daraus werden? Es bietet sich z.B. das allgemein bekannte Spiel „Mein rechter, rechter Platz ist leer" (S. 211) an. Ein Spiel wie „Koffer packen" aber sollte man nur wählen, wenn sich alle etwa gleich unbekannt sind. Der Erste in der Runde nennt seinen Namen, der Zweite zuerst den Namen des Ersten, dann seinen eigenen; der Dritte wiederholt den ersten, dann den zweiten und nennt seinen eigenen dazu usw.

Wichtige Informationen

Sehr leicht wird zu Beginn eines Festes vergessen, den Kindern genaue Informationen zu geben: Sie sollten mit der Umgebung bekannt gemacht werden.
Sie sollten wissen, worauf sie gegebenenfalls achten müssen.
Wichtige, grundsätzliche Regeln sollten gleich zu Beginn genannt werden (z.B. nicht den Garten verlassen).
Die Kinder sollten wissen, was geplant ist und wie das Fest ablaufen soll. Ihre Ideen und Vorschläge sollten noch gesammelt und nach Möglichkeit mit aufgenommen werden. Nur wenn sie informiert sind, können sie auch mitgestalten und sinnvoll mithelfen.
Die Hauptperson hat es nicht leicht. Das Geburtstagskind ist als Mittelpunkt in einer besonderen Situation. Das Warten auf den Geburtstag, die Neugier und die Vorfreude, all die heimlichen und die gemeinsamen Vorbereitungen haben das Kind bis zum Fest in großer Anspannung gehalten. Auch auf dem Fest selbst gilt ihm alle Aufmerksamkeit, jeder wendet sich ihm zu. Da braucht es u.U. nicht viel: eine kleine Enttäuschung, ein Ärger über irgendetwas und Zorn, Beleidigtsein oder Tränen brechen aus. Dann gilt es, sehr viel Langmut und Geduld zu beweisen, nicht zu fordern und möglichst jeden Druck von dem Kind zu nehmen, bis es sich wieder beruhigt hat. Die anderen Kinder haben in der Regel sehr viel Verständnis für die besondere Situation und geben gerne nach, um dem Kind zu helfen. Nach ein paar dazwischengeschobenen unverfänglichen Spielen oder Liedern kann das Fest dann wie geplant weitergehen.

2.Phase: Vertraut werden

Ist ein Fest mit vielen Spielen geplant, so eignen sich für den Beginn die traditionellen Kreisspiele sehr gut. Für Themenfeste können diese entsprechend abgewandelt werden. Viele von ihnen ermöglichen eine behutsame, wechselseitige Kontaktaufnahme. Jeder bekommt mit jedem zu tun, lernt ihn auf diese Weise kennen und bekommt eine größere Sicherheit. Ein gutes Beispiel dafür sind „Blinzeln" (S. 211) oder auch „Platz besetzt" (S. 212).
Wer kommt zuerst dran?
Schon bei den ersten Spielen wird diese Frage auftauchen. Ist sie nicht gut gelöst, kann sie sich als Konfliktherd durch ein ganzes Fest ziehen. Ist sie gut gelöst, ist viel an Stimmung gewonnen.
Grundsätzlich sollte sich die ganze Gruppe einstimmig für eine Lösung entscheiden, und grundsätzlich sollte kein Erwachsener versuchen, die Entscheidung zu übernehmen. Seine Entscheidungen werden vielleicht nicht als gerecht angenommen werden, die Entscheidung eines Kindes dagegen eher. Kinder haben oft ein anderes Gefühl für Gerechtigkeit, das sie untereinander auch akzeptieren.
Als Lösungen bieten sich an:
- das Geburtstagskind bestimmt die Reihenfolge,
- das Alphabet bestimmt sie,
- das Alter der Kinder bestimmt sie, die Jüngsten zuerst,
- für jeden kommt ein Nummernzettel in einen Hut, dann wird ausgelost.
- Spielregeln und angeleitete Spiele

Je jünger die Kinder sind, desto sicherer kann man sein, daß alles, was gespielt wird, für sie neu ist. Die Kinder brauchen Zeit, bis sie mit dem Neuen vertraut sind. Es ist deshalb wichtig, nicht zu viele verschiedene Spiele zu spielen und die wenigen dafür länger und mit Wiederholung - bis sich möglichst alle getraut haben und sicher genug geworden sind. Wenn sie anfangen langweilig zu werden, merkt man das schon.
Je jünger die Kinder sind, desto schwieriger ist es für sie auch, vorgegebene Regeln einzuhalten. Im Zweifelsfall ist es besser, diese zu durchbrechen, als Ärger aufkommen zu lassen. Kinder untereinander sind im übrigen auch in solchen Fragen meist verständnisvoller und toleranter als Erwachsene mit ihren Prinzipien.

Konkurrenz im Spiel

Immer wieder kommt es vor, daß einzelne Kinder Schwierigkeiten haben, sich auf Konkurrenzspiele einzulassen. Sie spielen begeistert und auch ehrgeizig, aber nur, solange es nicht direkt um die Wette geht. Andere Kinder haben einfach Scheu vor bestimmten Spielen, vielleicht weil sie einmal damit schlechte Erfahrungen gemacht haben. „Die Reise nach Jerusalem" ist z.B. solch ein heikles Spiel. Die Situation eines Festes ist sicher nicht dafür geeignet, solche Blockaden aufzulösen. Dies muß andernorts geschehen. Man kann den Kindern aber dadurch helfen, daß man ihre Verweigerung so

wenig wie möglich beachtet und sie dadurch so wenig wie möglich unter Druck setzt. Manchmal schaffen sie es, sich schließlich doch noch unbemerkt dem Spiel anzuschließen, wenn sie sehen, wieviel Spaß die anderen dabei haben. Spielen sie bei dem einen Spiel nicht mit, so vielleicht beim nächsten, das dann aber möglichst nicht so sehr konkurrenzbetont sein sollte.
Verlieren können ist schwer. Auch dabei können Ärger, Enttäuschung und Wut aufbrechen. Schuld sind dann erst einmal die anderen, die „nicht richtig" gespielt haben. Vielleicht besteht die Möglichkeit, dem „Verlierer" eine besondere Chance oder einen besonders wichtigen Auftrag zu geben, damit er für die nächsten Aktionen wieder Mut bekommt? Eventuell wechselt er kurzzeitig in die Spielleitung und deren Organisation, um dann aber bald auch wieder mitzuspielen.

3.Phase: Stimmung kommt auf

Je vertrauter die Gruppe miteinander und in der Umgebung geworden ist, desto bunter wird das Treiben und desto temperamentvoller das Spiel... desto selbständiger entscheidet die Gruppe auch über den weiteren Verlauf des Festes. Das kann bedeuten, daß der ganze sorgsam vorbereitete Plan umgeschmissen wird, weil sich die meisten etwas anderes wünschen.
So gut und wichtig eine solche offene Planung ist, so kann sie doch auch zu Schwierigkeiten führen: Vielfältige Vorschläge und Wünsche werden genannt, ohne daß eine Einigung zustandekommt. Dann heißt es, rechtzeitig eine Mehrheitsentscheidung herbeizuführen oder notfalls auch einmal selbst zu entscheiden - bevor die ganze Stimmung verloren ist.
Wichtig ist, die Spiele gut zu mischen: Solche mit sehr viel Bewegung sollten sich abwechseln mit etwas ruhigeren. Geschieht dies nicht, kann die Gruppe so sehr außer Rand und Band geraten, daß sie kaum noch zu bändigen ist. Das gilt vor allem für Feste, die in der Wohnung stattfinden und für solche mit sehr vielen Kindern. Im Freien kann man dem Bewegungsdrang viel freieren Lauf lassen. Der Grad der Erschöpfung ist dort leichter zu erkennen und dann auch zu beantworten.
Wird der Trubel zu groß, geschieht es leicht, daß die Stimmung umkippt; die Kinder geraten miteinander in Streit, andere sind gekränkt oder beleidigt - es gibt ein großes Geschrei. Dann ist manchmal guter Rat teuer: Oftmals kann eine Klärung der Situation oder ein Kompromiß gefunden werden; manchmal läßt sich die Stimmung auch nur durch eine Beschäftigung retten, während der sich die Gemüter wieder beruhigen können, z.B. bei einem sehr ruhigen Spiel oder bei einer Geschichte.
Es ist in jedem Fall besser, rechtzeitig wieder etwas Ruhe einkehren zu lassen, bevor sich die Stimmung so hochgeschaukelt hat.
Gut ist es deshalb, vorher schon eine Ruhephase einzuplanen: Manchmal ist sie nicht notwendig, doch meist sind wir auch als Erwachsene sehr froh darum: Schreib- und Malspiele (S.208ff.), oder Bastelarbeiten, die in nachfolgende Spiele eingehen (S. 135) und/oder als Geschenk für jeden mitge-

nommen werden dürfen. Während dieser Zeit können sich alle wieder ein wenig erholen und dabei zur Ruhe kommen. Auch wenn die Kinder manchmal zunächst dagegen protestieren, sind sie doch nach ein wenig Überredung froh über die Pause und nutzen sie sehr wohl.
Anschließend ist der Drang nach Bewegung sicherlich wieder groß. Es kann eine zweite bewegte Runde gestartet werden.
Wichtig ist auch, während des ganzen Festes darauf zu achten, daß alle Kinder so zum Zug kommen, wie sie möchten, und auch die Zurückhaltenden ihre Chance bekommen z.B. bei der Auswahl der Spiele.
Ebenso wichtig ist es, dafür zu sorgen, daß Gewinne und Belohnungen annähernd gerecht verteilt werden. Notfalls gibt es zu Ende des Festes ein paar Sonderchancen.

4.Phase: Nun wird der Schluß gemacht

Es ist nicht schön, wenn ein Fest am Ende einfach so auseinanderflattert, wenn während der letzten Spiele schon die Ersten nach Hause gehen.
Schöner ist ein richtiger, gemeinsamer Abschluß der ganzen Festgesellschaft: Das kann z.B. ein Schlußlied sein, ein Tanz, eine Abschlußgeschichte oder eine Schlußrakete o.ä.
Wer dann gehen muß, für den war es richtig Schluß. Meist bleiben eine Reihe Kinder noch etwas länger. Nach einem Fest sind sie so „eingespielt", daß dann oft noch die schönsten freien Spiele entstehen. Treffen sich die abholenden Eltern zu einem Plausch mit kurzer Stärkung, so können die Kinder die Zeit für ihr „Nachfest" nutzen. Sind sie allerdings sehr aufgedreht, so muß man ein wachsames Auge auf sie haben, um nicht zu guter Letzt mit irgendeiner unliebsamen Überraschung konfrontiert zu werden!

Kapitel 1

Einladungen - die Vorfreude beginnt

Schriftliche Einladungen sind für ein Fest kein Muß: Alle notwendigen Informationen lassen sich auch mündlich geben: Datum, Festbeginn und voraussichtliches Ende, Ort des Geschehens, Bitte um Zu- oder Absage, eventuelle Besonderheiten wie z.B. Kostüme, Regenmäntel, Zahnbürste für die Übernachtung, Taschenlampe für die Nachtwanderung o.ä.
Sehr viel schöner aber (und auch sicherer) ist die schriftliche Einladung in irgendeiner Form.
Am einfachsten ist die gekaufte und ausgefüllte Einladungskarte. Aber auch eine selbst gestaltete Einladung muß nicht viel Arbeit machen; wohl aber bereitet sie den Einladenden wie auch den Eingeladenen besonderen Spaß und erhöht die Vorfreude.
Gibt es eine besondere Fest-Idee, so kann sich die Einladung darauf beziehen und die Eingeladenen schon darauf einstimmen (z.B. Ritterrüstung oder Bettlaken mitbringen für Ritterfest oder Gespenstertreffen). Aber auch irgend ein lustiger Einfall für die Einladung macht alle neugierig: Vielleicht erfolgt die Einladung in Form eines Rätsels, oder in ihr ist der Beginn eines Spiels versteckt (z.B. Nr. 12)?
Die nachfolgenden Beispiele lassen sich beliebig erweitern. Haben die Kinder selbst Ideen für die Gestaltung der Einladung, so ist das nachfolgende Kapitel überflüssig. Ist das nicht der Fall, so sollen die aufgeführten Beispiele zu weiteren Ideen anregen.
Die Vorschläge enthalten keine Angaben darüber, ab welchem Alter die Kinder sie bewältigen können. Die Geschicklichkeit der Kinder im Basteln und Malen und ihr Spaß daran sind so unterschiedlich, daß solche Angaben unsinnig wären. Was die Kinder alleine können, sollte man sie auch alleine machen lassen. Was sie noch nicht schaffen, darin wird ihnen geholfen.

1 Bunter Einladungsbrief Ein Briefbogen wird zweimal zu Postkartengröße gefaltet. Noch schöner ist farbiges Tonzeichenpapier: Halbiert man einen DIN A 4 Bogen der Länge nach, ergibt er zwei Doppelkarten. Man kann auch einfache weiße Briefkarten verwenden.
Jetzt kann mit Wachsmalkreiden, Filzschreibern oder Wasserfarben gemalt und geschrieben werden. Oder der in ein Wasserfarbennäpfchen getauchte

Finger macht Abdrücke, die sich zu einem ganzen Bild zusammenfügen lassen. Wenige ergänzende Striche lassen sie zu Blumen oder Tieren werden: aus roten Punkten werden Marienkäfer (sechs schwarze Füßchen, Mittellinie, Punkte und Köpfchen werden mit dem Filzstift hinzugefügt); aus zwei übereinandersitzenden braunen Abdrücken wird ein Osterhase: zwei lange Ohren, Augen, Stupsnase und Schnurrhaare - fertig;
zwei gelbe Abdrücke - groß und klein schräg übereinander - werden zu einem Osterküken.

2 **Kartoffeldruck** Aus einer halbierten Kartoffel werden Stempel geschnitten: Um eine in die Schnittfläche hineingedrückte Ausstechform wird mit einem scharfen Messer herumgeschnitten und schließlich die Form herausgezogen. Es erfordert auch keine besonderen Künste, einen Stempelabdruck ohne Vorlage auszuschneiden. Mit einem Pinsel trägt man dann dick Wasser- oder Plakafarben auf die Stempelfläche auf und das Drucken kann beginnen.

3 **Buntpapierbilder** Aus gummiertem Buntpapier lassen sich auch hübsche Bilder kleben: Kleine Stückchen werden gerissen und aufgeklebt; oder man schneidet verschiedene Formen oder Figuren aus und klebt sie zu verschiedenen Bildern zusammen.

4 **Luftballonbotschaft I** Die notwendigen Informationen werden auf einen kleinen Zettel geschrieben, dieser sehr eng zusammengerollt und in einen Luftballon gesteckt. Bevor man ihn dem eingeladenen Kind gibt, wird er aufgeblasen und zugeknotet. Ob die Botschaft entdeckt wird?

5 **Luftballonbotschaft II** Der Luftballon wird aufgeblasen, beschriftet (möglichst mit wasserunlöslichem Stift, damit die Schrift auch sicher nicht verwischt). Nachdem die Luft wieder ausgelassen wurde, kann er auch in einem Briefumschlag verschickt werden.

6 **Überraschungsei oder Überraschungsnuß** Die auf einen kleinen Zettel geschriebene Botschaft wird ganz eng zusammengerollt und durch die eine Öffnung in ein ausgeblasenes Ei gesteckt. Diese wird anschließend verklebt. Name und Adresse des angesprochenen Kindes werden außen drauf geschrieben, ein paar Verzierungen dazu, dann können die Eier verteilt werden. Um die Weihnachtszeit wird die Einladung vielleicht auf einen ganz kleinen Zettel geschrieben und zwischen zwei halben Walnußschalen versteckt (Nußhälften anschließend zusammenkleben). In schönes Papier verpackt wird diese Nuß sicherlich Erstaunen hervorrufen!

7 **Schlangenbotschaft** Die ganze Mitteilung schreibt man gleichsam auf den Rücken einer zusammengeringelten Schlange, so daß die Leser zum Entziffern die Karte fortwährend im Kreis drehen müssen. Vielleicht soll die Schlange auch ausgeschnitten werden?

8 Ein Zick-Zack-Bild Auf einen langen Papierstreifen wird ein Doppelbild gemalt: Ist er gefaltet, erscheint das Bild in natürlicher Größe, zieht man ihn auseinander, ist es auf komische Weise verlängert: Ein DIN A 4-Blatt wird der Länge nach halbiert, dann zehn Abschnitte von je drei Zentimetern angezeichnet: Am ersten Strich entlang nach hinten falten, am zweiten nach vorne, am vierten wieder nach hinten und am fünften nach vorne, am siebten und achten wie gehabt. Jetzt malt man auf die vier oben liegenden Abschnitte eine Figur (z.B. einen Clown, einen Käfer o.ä.). Anschließend vervollständigt man die Figur auf dem auseinandergezogenen Streifen. Die Informationen werden auf die Innenfalzabschnitte oder auf die Rückseite geschrieben.

9 Clownsgesicht Sehr einfach ist folgende Karte herzustellen: Man nimmt eine Doppelkarte im Hochformat (am schönsten aus Tonzeichenpapier geschnitten) und füllt die ganze Vorderseite mit einem großen Clownsgesicht. Die Nase allerdings wird ausgespart: Durch einen kleinen Querschnitt unter den Augen steckt man einen roten runden Luftballon, dessen Öffnung auf der Innenseite der Karte mit einem Stück Tesafilm fixiert wird. Die Innenseite der Karte kann beschrieben werden.

10 Himmelsschreiber Die meisten Kindergartenkinder können schon einfache Flieger falten und bemalen. Der Flieger bekommt den Namen des eingeladenen Kindes, die Nachricht wird auf die Innenseite des Flugzeugs oder auf eine Fahne geschrieben (einen schmalen langen Zettel mit einem Faden an den Schwanz binden).

Einfachste Faltart: Ein Blatt Schreibmaschinenpapier (oder Tonzeichenpapier) der Länge nach falten, von einer Schmalseite her die Ecken an den Mittelfalz, dann die beiden Flügel (die Längsseiten) gegen den Mittelfalz nach unten umknicken. Zum Schluß die Spitze verlängern, indem beide Flügelseiten nach oben gegen den Flügelfalz eingeknickt werden.

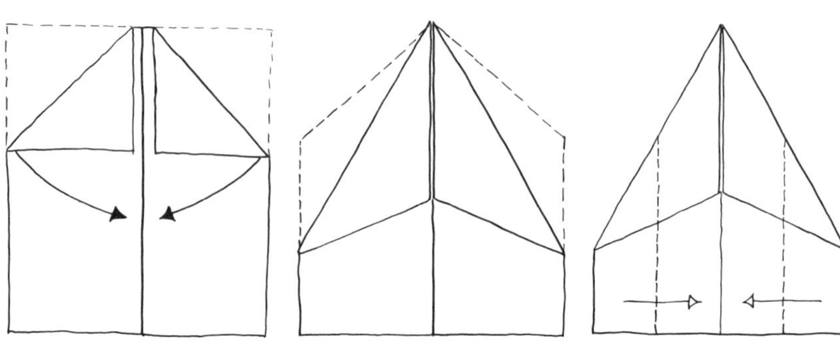

11 Origami-Faltarbeiten Viele Kinder entwickeln darin eine große Geschicklichkeit. Die einfachste Version ist Moppel, der apportierende Hund: Ein quadratisches Stück Tonzeichenpapier wird diagonal gefaltet, die seitlichen Spitzen zu Ohren nach unten geknickt, die mittlere zum Maul nach oben. Befestigt man die Spitze des Mauls mit einem Tupfen Kleber oder einem Klebepunkt, kann man in die entstandene Lasche einen kleinen Brief mit der Botschaft stecken.

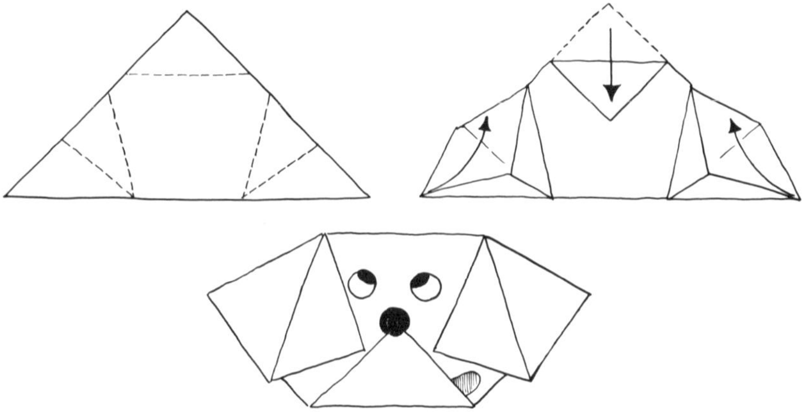

12 Puzzles Hierbei sollen sich die Gäste ein wenig anstrengen und ein Puzzle zusammenlegen, bevor sie die Einladung lesen können.
Eine Briefkarte oder ein Stück dünnen Kartons wird bemalt, beklebt und/oder beschriftet und anschließend in mehrere Teile auseinandergeschnitten.
Man kann eine solche Einladung auch gleich in das Fest münden lassen: Ein paar Teile des Puzzles werden zurückbehalten (auf ihnen dürfen allerdings keine wichtigen Vorinformationen stehen). Die fehlenden Teile können am Fest selbst ergänzt werden: dann haben sie die Funktion von Platzkarten. Jeder sitzt dort, wo seine fehlenden Puzzleteile liegen.
Oder sollen alle Teil-Puzzles miteinander ein großes ergeben, mit dessen Lösung die nächste Spielaufgabe bekanntgegeben wird? Vielleicht wird der Lageplan eines Schatzes erkennbar?

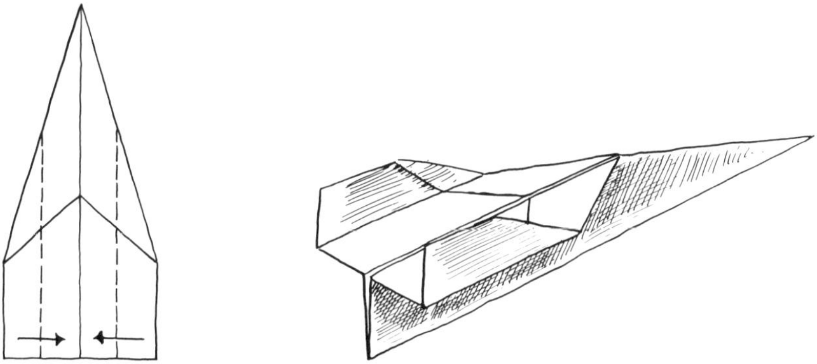

Verschlüsselte Texte

Nachfolgende Einladungen sind besonders dann interessant, wenn ein Detektivspiel, eine Rallye, eine Schnitzeljagd oder andere Spiele, bei denen viel geraten werden muß, auf dem Programm stehen.

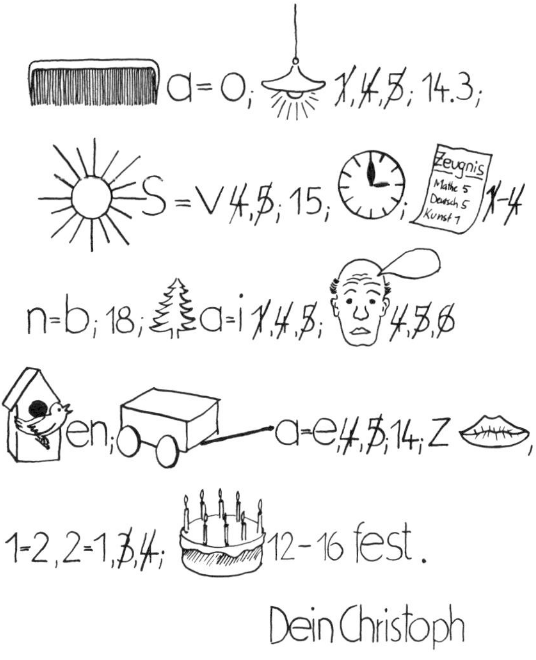

13 Bilderrätsel Aneinandergereihte Bilder ergeben die Botschaft, z.B.: Text: Komm am 14.3. von 15 Uhr bis 18 Uhr in den Starenweg 14 zum Geburtstagsfest. Dein Christoph.

14 Zahlenrätsel Jeder Buchstabe des Alphabets bekommt der Reihe nach eine Zahl. Der ganze Text kann jetzt in Zahlen ausgedrückt werden.

15 Vertauschte Wörter Der Text beginnt mit dem letzten Wort und endet mit dem ersten, muß also von hinten her gelesen werden.

16 Vertauschte Buchstaben Nach jeder Silbe werden bestimmte Buchstaben eingefügt (z.B. Einixtlaixtdungixt) oder bestimmte Buchstaben werden durch andere ersetzt (z.B. Eistladustg).

17 Falsche Trennungen Trennt man nur die richtig aufeinanderfolgenden Buchstaben zu falschen Wörtern, so wird der Text schon ganz schön schwer lesbar. Z.B. Ko mmstd uz um ein emge bur tst agsf es tind .....

18 Spiegelschrift Der Text wird so geschrieben, daß er nur gelesen werden kann, wenn man ihn vor einen Spiegel hält. Dazu legt man als unterstes ein Kohlepapier mit der schwarzen Seite nach oben, darauf das Papier, auf dem der Text stehen soll, und darauf ein Blatt, auf dem man ganz normal schreibt (mit der Hand oder auch mit der Schreibmaschine).

19 Zeitungsbotschaft Auf einem Stück Zeitung (Schreibpapiergröße) werden bestimmte Wörter und Buchstaben markiert, anschließend die Zeitung kopiert.

20 Anonymer Brief Buchstaben und Wörter werden aus einer Zeitung ausgeschnitten und durcheinander aufgeklebt, anschließend kopiert.

21 Täschchen In einem gefalteten und bemalten Täschchen kann der Einladungsbrief stecken.
Sollte es bei dem Fest eine Losbude geben, können schon drei Lose darinnen liegen - die Neugierde wird groß sein!
Vielleicht gibt es auch einen Laden oder eine Cafeteria; dann wird mit dem Beutel gleich das nötige Spielgeld (erhältlich in den meisten Banken) verteilt.
Ein DIN A 4 Blatt wird einmal längs und einmal quer gefaltet, von den Schmalseiten her die beiden Spitzen an die Mittellinie, die entstandenen beiden Spitzen zur Mitte zu bis zum Rand des Eingefalteten, dann beide Seiten bis zur Quermittellinie , umdrehen und beide Schmalseiten an die Mittellinie und in der anderen Richtung halb zusammenfalten. Am Falz sind zwei Taschen entstanden; aus einem wird eine Spitze als Verschlußlasche herausgezogen und über die Öffnungen gelegt.

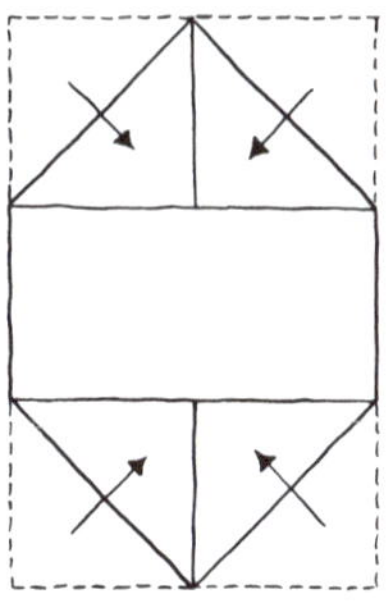

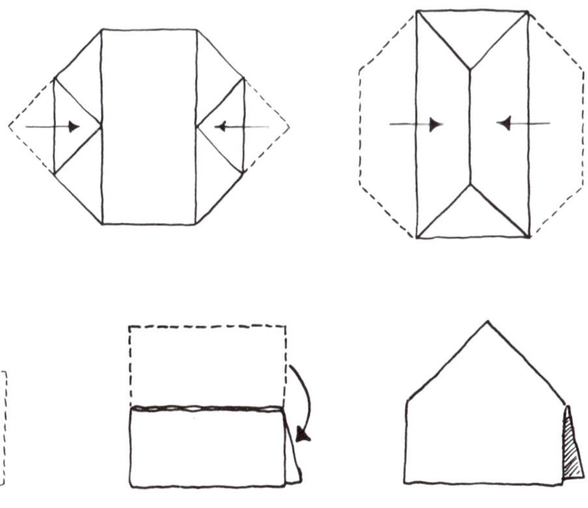

22 Eisenbahn Ein DIN A 4 Blatt (Tonzeichenpapier) wird der Länge nach halbiert und zweimal bei etwa 10 und 20 Zentimeter im Zickzack gefaltet. Auf die drei Abschnitte zeichnet man groß eine Lokomotive, den Tender und den Personenwagen. Den ausgeschnittenen Zug klebt man mit dem Personenwagen auf die linke Innenseite einer querformatigen doppelten Briefkarte. Auf der rechten Innenseite zeichnet man einen Bahnhof, dessen Name die Festadresse ist. Befindet sich der Ort in einem Fantasieland, dem Motto des Festes? Auf einem Schild kann man auch Ankunft und Abfahrt des Festzuges ablesen. Der Name des Eingeladenen steht im Fenster des Wagens geschrieben, was er mitbringen soll im Tender. Vielleicht spielen Mutter oder Vater am Festtag Lokomotivführer und holen die Kinder alle mit dem Auto ab – wenn sie nicht weit wohnen, auch mit einem Leiterwagen. Dann allerdings liegt es auch nahe, das Abholen weiter auszuspielen. Fahrkarten werden verteilt, ein Kind muß kontrollieren; unterwegs wird Station gemacht, aus dem Speisewagen Erfrischungen geholt usw. Wohin wohl der Zug die Kinder entführt – vielleicht in ein Märchenland, auf ein Ritterschloß oder in eine Räuberhöhle?

23 Fest der Zauberer Vom Zaubern sind nicht nur die Kinder fasziniert. Zu einem Zauberfest muß entsprechend eingeladen werden: Jeder bekommt einen Zauberstab: ein etwa 30 x 20 Zentimeter langes Stück Tonzeichenpapier wird sehr eng aufgerollt, das Ende festgeklebt und mit aufgeklebten goldenen Sternchen oder Filzschreibern verziert. Ein Zettel mit der Einladung vom „Großmeister" der Zauberer und näheren Anweisungen wird beigelegt und das ganze kostbar verpackt.

24 Indianerfest Die auf einen kleinen Zettel geschriebene Nachricht wird an einen Pfeil aus Hasel oder Bambus gebunden. Jeder Pfeil ist anders verziert, mit verschiedenen Einkerbungen, die dann ausgemalt werden oder mit Ringen aus farbigem Tesaband. Alle Pfeile müssen zum Fest mitgebracht werden, da dann vielleicht ein Wettschießen stattfindet.

25 Räuberhut Räuber haben bekanntlich immer Hüte auf. Wenn sie zusammenkommen, muß auch jeder einen haben. Jeder Eingeladene bekommt deshalb einen Papierhut mit der Weisung, ihn für sich zu verzieren und seinen (ausgedachten) Räubernamen daraufzuschreiben.

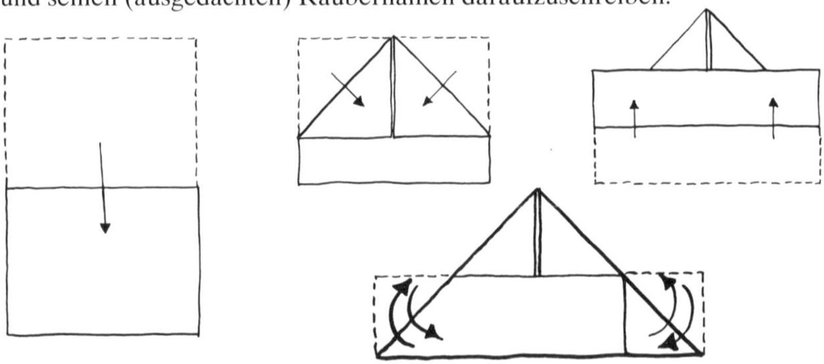

26 Zirkusvorstellung Planen, proben und veranstalten alle Kinder eine Zirkusvorstellung, an der die abholenden Eltern als Zuschauer teilnehmen, könnte die Einladung so aussehen: Bei einem farbigen DIN A 5 Blatt werden die beiden Ecken von der Breitseite her zur Mittellinie und etwa um die Hälfte wieder nach außen gefaltet (für den Eingang zum Zirkuszelt). In den Eingang schreibt man die Informationen. Über dem Eingang steht der Name des Zirkus (den oberen Teil leicht ankleben). Mit einem kleinen Klebepunkt oder einem schmalen, leicht zu entfernenden Papierriegel wird das Zelt verschlossen. Der unten überstehende Abschnitt wird zum Abtrennen markiert und als Eintrittskarte für die Eltern beschriftet.

27 Kasperletheater Steht ein Kasperletheater im Mittelpunkt des Festes, werden die Gäste durch eine entsprechende Einladungskarte neugierig gemacht. Als Hintergrund dient eine festere, farbige Karte. Durch drei Schnitte in ein gleichgroßes (bemaltes) Papier entsteht eine Bühne mit Vorhang, der von außen her im Zickzack aufgefaltet wird. In die Öffnung malt man Kasperle, der (in einer Sprechblase) die Kinder einlädt oder man schreibt nur den Text hinein. Dann wird der Vorhang wieder zugezogen und mit einem kleinen Stück Klebestreifen zugehalten.

28 Märchenspiel Welches Märchen soll im Mittelpunkt stehen und was kann daraus für die Einladung aufgegriffen werden?
„Die Bremer Stadtmusikanten" z.B.: Ein aus grauem Papier ausgeschnittener Esel wird aufgeklebt; in der Sprechblase fragt er, ob das Kind auch mit in den Wald kommt, um die Räuber zu erschrecken.
Der „Froschkönig" z.B.: Ein grüner Tonzeichenpapier - Frosch (siehe Servietten-Tischschmuck S. 33) wird gefaltet und ganz leicht auf einer Karte festgeklebt, Text auf die Rückseite der Karte.

„Frederic, die Maus", ein modernes Märchen z.B.: Eine kleine Maus aus einer halben Walnußschale, mit langem Filzschwanz, Filzohren, kleiner schwarzer Perle als Nase und Faden-Schnurrhaare hält die ganz eng gefaltete Einladung in ihrer Höhlung verborgen, mit etwas Tesafilm gesichert.

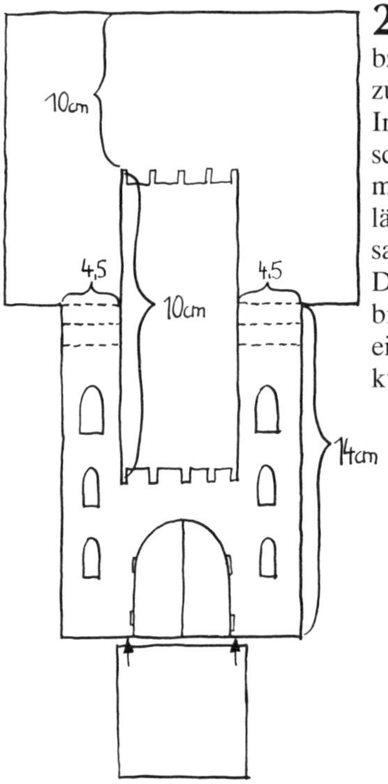

29 Ritterburg oder Schloß Laden Ritter bzw. Burgfräulein oder Prinz bzw. Prinzessin zum Fest?

In dem geöffneten Tor steht der etwas verschroben formulierte Text (etwa: Bekanntmachung: Ihro Hoheit Prinzessin Stefanie läßt verkünden ihre Einladung...). Die gesamte Burg (das Schloß) wird aus einem DIN A 4 großen Stück Tonzeichenpapier, braun, gefaltet und geschnitten. Sie ist sehr einfach zu machen, aber von großer Wirkung!

30 Kreppapierblume Sicher freut sich jedes Kind, wenn es „durch die Blume" eingeladen wird: An eine selbstgemachte kleine Blume (Beschreibung siehe unter Dekoration S. 26) wird die Einladung als Fähnchen angehängt.

Kapitel 2

Festliche Dekorationen

Einen Raum für ein Fest zu schmücken ist nichts anderes, als Vorfreude sichtbar werden zu lassen: Am deutlichsten wird dies an Weihnachten. Adventskranz, geschmückte Zweige, Sterne an den Fenstern und Kerzen – alles weist hin auf das große Fest, das immer näher kommt. Der Schmuck schafft eine erwartungsvolle Atmosphäre und läßt die Neugier wachsen. Große und kleine Geheimnisse müssen gehütet werden. Ähnlich ist es mit Ostern, wenn der Osterstrauß geschmückt wird, Eier angemalt werden u.v.m.
Sicher verlangt nicht jedes Fest nach besonderem Schmuck, aber jedes Fest wird durch Festschmuck schöner. Schon ein wenig Dekoration hebt den Festtag aus dem Alltag heraus und gibt ihm die besondere Atmosphäre.
Allerdings werden auch viele Feste gefeiert, bei denen die nachfolgenden Ideen überflüssig sind: Findet ein Fest z.B. am Wasser oder im Wald statt, so ist Dekoration überflüssig. Hält man sich zumindest teilweise in der Wohnung oder im Garten auf, so lohnt es sich, diese mit ein wenig Schmuck zu verschönern.
Die wichtigste Vorbereitung ist, zuerst einmal zu überlegen:
- Wieviel Platz wird zum Spielen gebraucht?
- Wird Platz zum Malen oder Schreiben benötigt?
- Welche gefährdeten oder gefährlichen Gegenstände werden besser entfernt?
- Wo wird gegessen und getrunken, eventuell auch zwischendurch?

Findet das Fest im Freien statt, so muß man je nach Ort und Gelände entsprechend vorklären. Hier gibt es nicht ganz so viele Möglichkeiten der Dekoration wie in Räumen, aber es läßt sich doch einiges machen.

31 Gekaufter Festschmuck läßt sich drinnen wie draußen verwenden. Er ist schön und praktisch, nur leider auch recht teuer – und auch nichts „Besonderes": Luftballons, Girlanden, Laternen, Luftschlangen, Kreppapierblumen.
Man hängt sie an Bäumen auf, an zwischen den Bäumen gespannten Schnüren, an Schaukelgestängen, an hohen Wäscheständern oder an Sonnenschirmen. In Räumen bereiten diese Dekorationen sowieso keine Probleme.
Mit einiger Fantasie und wenigem, billigem Material kann man auch selbst eine originelle festliche Gestaltung herstellen.

Dekorationen aus Kreppapier

32 Girlanden Kreppapier ist aus dem Festschmuck nicht wegzudenken. Aus wenigen Rollen wird eine Menge schöner Schmuck: Man schneidet fünf bis zehn Zentimeter breite Bänder und dreht zwei verschiedenfarbige gegeneinander zu einer Girlande.

33 Kamm Etwa 20 Zentimeter breite Streifen werden wie ein Kamm von einer Seite eingeschnitten und gedreht als Girlande aufgehängt.

34 Übereinander Längere Stücke (ganze oder halbe Breite) werden ebenso wie ein Kamm eingeschnitten und flach an die Wand oder unter die Decke gehängt, eventuell auch zwei verschiedenfarbige übereinander.

35 Krepp-Bahnen Ganze Bahnen werden gespannt: an den Wänden, unter der Decke, vielleicht von der Mitte ausgehend wie Zeltbahnen.

36 Lampen-Verkleidung Lampen können mit Kreppapier umkleidet werden, (Vorsicht: Das Papier kann sich an heiß werdenden Birnen entzünden. Jede Birne braucht Luft, sonst überhitzt sie sich.).
Wandstrahler lassen sich übrigens sehr gut in Lampions verstecken.

37 Blumen aus Kreppapier Große Blumen aus Kreppapier sind äußerst dekorativ und relativ schnell herzustellen: Um einen faustgroßen Ball aus Zeitungspapier legt man ein Stück Kreppapier, steckt einen Stock hinein und befestigt alles mit Tesakrepp. Schön ist es, wenn die Blüte mindestens zwei Reihen Blütenblätter hat, möglichst in verschiedenen Farben. Man beginnt mit der inneren Reihe und legt dazu einen langen, breiten Streifen eng gefältelt um die Mitte herum und klebt ihn fest. Gleiches geschieht mit einem etwas breiteren zweiten Streifen. Zum Schluß werden Blütenansatz und Stiel mit einem schmalen grünen Kreppapierband umwickelt. Etwas Klebestift hält den Anfang fest. Läßt man zwischendurch einige Schlaufen stehen, wirken diese wie Blätter.
Die fertigen Blumen steckt man am besten in große Vasen oder Töpfe mit etwas Erde oder Sand darin, damit sie nicht so leicht umkippen.

38 Windrädchen Bunte Windrädchen sehen im Freien besonders schön aus, wenn sie sich im Wind drehen. Man kann sie aber auch in der Wohnung in Blumentöpfe und Blumenvasen stecken.

39 Fächerblumen Sie sind einfach und schnell zu machen: Man nimmt ein großes Blatt Zeichenpapier (oder auch Tonzeichenpapier) und malt beide Längsseiten entlang einen oder mehrere farbige Streifen. Nun wird von einer Schmalseite her im Zickzack aufgefaltet, die Mitte zusammengebunden

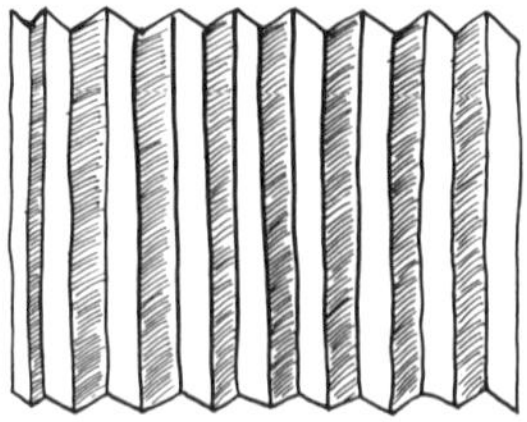

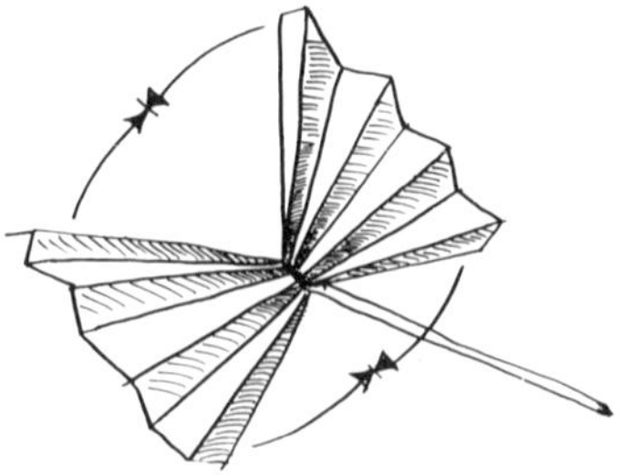

(langen Faden zum Aufhängen dabei gleich stehen lassen) und beide Fächerhälften werden zusammengeklebt. Sollte dies zu schwer gehen, schrägt man die Außenkanten der Fächer etwas ab, so daß die Fächerblume spitze Blütenblätter bekommt. Man kann aber auch zwei solcher Doppelfächer zu einer Blume zusammenkleben.

40 Serviettenblumen Für Blumen aus mehrlagigen, farbigen Servietten braucht man nichts als diese Servietten. (Sie haben schon manche Wartezeit im Restaurant verkürzt.) Mehrere zu einer Traube aufgehängt machen sich besonders dekorativ. Man faltet eine Serviette einmal und reißt an der Faltkante einen schmalen Streifen ab. Von dieser Reißkante her wird sie jetzt in schmalen Ziehharmonikastreifen aufgefaltet und in der Mitte mit dem Streifen zusammengebunden und verknotet. Das Folgende braucht etwas Geduld: Auf beiden Seiten zupft man vorsichtig eine Lage Zelltuch nach der anderen auseinander, bis eine halbe Kugel entstanden ist, nicht unähnlich einer Chrysantheme. Zwei solcher Blumen gegeneinandergeklebt mit einer Schnur dazwischen lassen sich sehr schön aufhängen.

41 Spiegelbälle Sie reflektieren alle Lichter sehr schön, vor allem wenn sie sich in warmer Luft leicht drehen: Aus Spiegelfolie (erhältlich in großen Papier- oder Dekorationsbedarfsläden) zwei runde Scheiben schneiden und einschneiden, dann die erste Scheibe gerollt durch die zweite stecken, Faden dran und aufhängen.

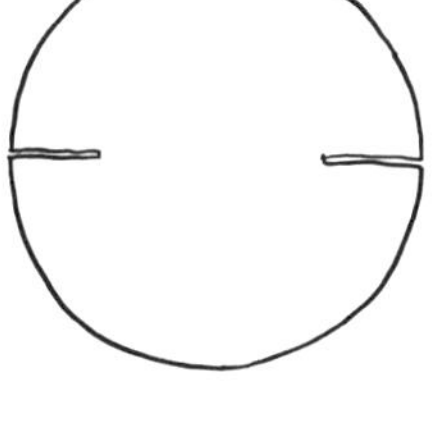

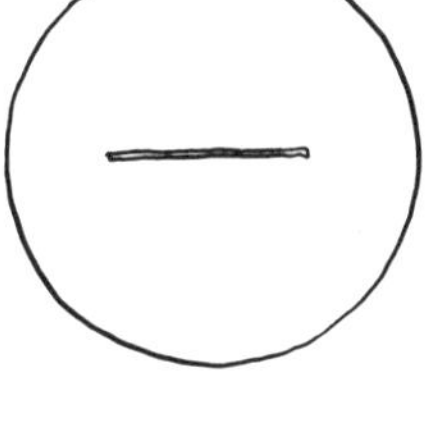

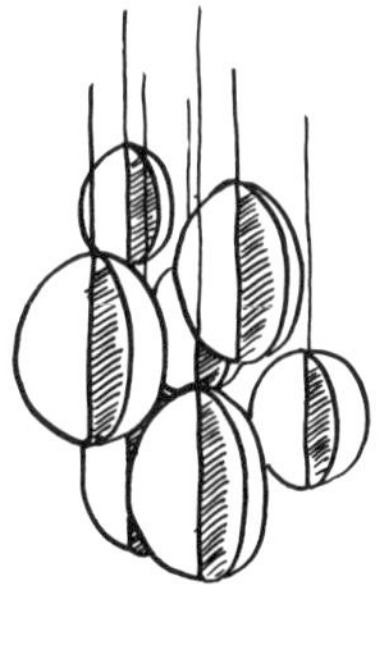

Girlanden aus Musterbüchern

42 Ring-Kette Einrichtungshäuser haben in der Regel keine Verwendung für alte Tapeten-Musterbücher. Die festen Tapetenstücke ergeben sehr haltbare Girlanden! In etwa fünf Zentimeter breite Streifen geschnitten, klebt man sie mit einem Klebestift zu einer Kette aus lauter Ringen zusammen. Das können auch schon die kleinsten Kinder.
Sind die Tapetenstücke sehr bunt, kann man sie auch einfach wie aufgehängte Wäschestücke um eine Schnur kleben.

43 Tapeten-Schlange Die einzelnen Blätter werden spiralenförmig zu einer nicht zu schmalen Schlange geschnitten. Kopf klebt auf Kopf, Schwanzende auf Schwanzende und zwar so, daß die nächste Schlange die vorhergehende verlängert.
Ein paar Schlangen können auch einfach von der Decke herunterhängen (Übrigens: Tesakrepp hinterläßt in der Regel keine Klebespuren!).

44 Bunte Reihe Vielleicht mag auch jemand verschieden große Stücke auf einen kräftigen Faden auffädeln, mit Trinkhalmstücken dazwischen als Abstandhalter.

45 Stoff-Girlanden Wer die Gelegenheit hat, an Stoffmusterbücher zu kommen, kann die Stoffe auch zu Fähnchengirlanden auffädeln. Diese überleben viele Feste!

Überraschungsgirlanden

46 Überraschungen An einer quer durch den Raum gespannten Schnur werden sorgfältig verpackt alle kleinen Überraschungen für die Gäste aufgehängt - aber hoch genug, damit niemand seine Neugier durch Abtasten der Päckchen befriedigen kann.

47 Wundertüte Oder soll jedes Kind eine Wundertüte bekommen? (Siehe Kap. Geschenke) Auch diese hängt man am besten gut sichtbar quer durch den Raum gespannt auf.

48 Schnappen Wird später „Schnappen" gespielte, hängt die vorbereitete Schnur auch schon vorher dekorativ im Raum.

49 Lebkuchen Wenn jedes Kind ein großes Lebkuchenherz (schon vorher oder am Fest selbst verziert) oder andere Lebkuchenfiguren mitnehmen darf, hängen sie schon für alle zum Bewundern aufgereiht. (Rezept siehe S. 45)

50 Eßbare Ketten Gleiches wie in 49 gilt für eßbare Ketten (Siehe Geschenke S. 61)

51 Vogelscheuche Eßbare Ketten und Ähnliches können auch von einer Vogelscheuche gehalten werden: An einen umgedrehten Besen wird quer ein langer Stock oder der Schrubber (als Arme) gebunden. Eine dicke Kugel aus geknülltem Zeitungspapier, mit etwas Kreppapier oder einer alten Strumpfhose überzogen, wird als Kopf drangebunden oder geklebt, nun kann die Figur angezogen werden mit dem, was die Faschingskiste hergibt. Zum Schluß hängen die Ketten über den ausgestreckten Arme.
Diese Dekoration macht sich besonders prächtig bei einem Gartenfest, bei dem der Besen auch fest in den Boden gesteckt und mit großen Steinen gesichert werden kann.

52 Große Dekorationsfiguren Dies ist ein weiteres Beispiel für dekorativen Schmuck aus wertlosem Material, der sich auch mit sehr kleinen Kindern basteln läßt: Benötigt werden dazu ein großer Bogen Packpapier und viele gebrauchte Geschenkpapiere. Aus dem Packpapier wird eine Figur geschnitten (z.B. ein Drachen, das Kasperle oder ein Clown) und mit den Resten, so wie es gerade kommt, beklebt.

53 Seidenpapierlaternen Über Lampenschirme gestülpt, einzeln oder mehrere übereinander aufgehängt, machen sie sich besonders malerisch.
Ein rechteckiges Stück Seidenpapier (etwa 30 - 50 Zentimeter Kantenlänge) wird zweimal diagonal gefaltet, dann werden die beiden langen Seiten ineinander gefaltet. Von beiden Längsseiten versetzt einschneiden und vorsichtig wieder auffalten. Soll die Laterne einzeln aufgehängt werden, einen Faden durch eine kleine Pappscheibe und dann von unten her durch die Mitte der Laterne ziehen.

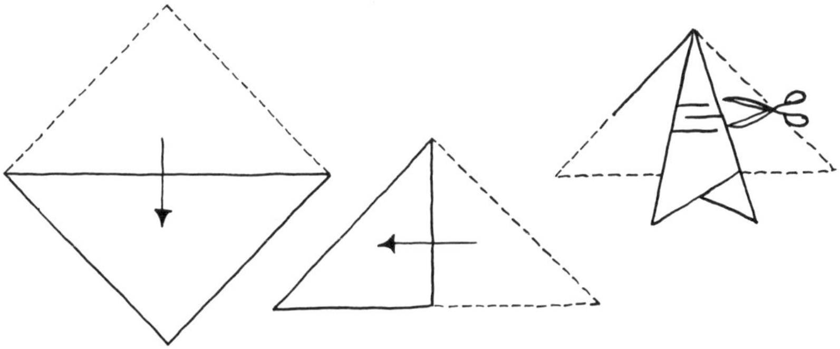

Dekorationen mit Luftballons

Luftballons sind schon für sich alleine sehr schön und sie gehören inzwischen zu fast allen Kinderfesten: Wo gefeiert wird, hängen sie als Wegweiser an der Haus- oder Wohnungstür.
Luftballons lassen sich aber auch noch für weitere Dekorationsideen verwenden. Für diese lohnt es sich allerdings, gute, d.h. sehr stabile Luftballons zu kaufen, die nicht so schnell die Luft verlieren.

54 Lustige Köpfe Auf die Ballons werden Gesichter mit wasserunlöslichen Filzschreibern gemalt, vielleicht ein Wollschnurrbart aufgeklebt. Eine alte ausrangierte Perücke sitzt darauf und wird noch von einem Hütchen oder einem Kopftuch gekrönt. Haare aus einigen Schlingen bunter Wolle oder ein paar Luftschlangen, mit Klebestreifen festgehalten, tun auch schon ihre Wirkung.
Die fertigen Köpfe in die Öffnung von Blumenvasen legen (vorsichtshalber mit etwas Klebestreifen sichern) oder an einem Luftballonstock befestigen, der dann in einen Blumentopf oder eine enge Vase gesteckt wird.
Sollen die Köpfe aber aufgehängt werden, so geht das am besten an dem Knoten. Natürlich muß dann das Gesicht entsprechend andersherum gemalt werden.
Wenn das Fest unter einem Thema steht, können auch die Köpfe entsprechend gestaltet werden: Es entstehen Räuber, Gespenster oder Clowns u.v.m.

55 Ballon-Figur Wird der Ballon an einem Kleiderbügel befestigt, kann daraus schnell eine lebensgroße Figur entstehen. Mutters feines Kleid oder Vaters schwarzer Anzug - ein wenig ausgestopft - kommen sicher gut zur Geltung! Malerisch drapierte Tücher als Kleider machen sich auch sehr schön.

Andere Dekorationsmaterialien

56 Kartonpuppen Länger haltbar sind große Figuren, deren Kopf aus einem großen Karton entsteht: Ein umgekehrter Besen hält den Karton und ist das Rückgrat; der Kopf wird verziert wie unter Nr. 54; Stoffe oder Kleider werden direkt an den Karton gebunden, geklebt oder auf einem Bügel daran gehängt.

57 Stoffbahnen lassen sich wie Kreppapier an den Wänden oder unter der Zimmerdecke spannen. Weite Röcke – in der Taille zusammengebunden – können ebenso malerisch unter die Decke oder an den Wänden drapiert werden – vielleicht mit etwas buntem Papier verziert.

58 Vorhänge Auch die Vorhänge werden zu Dekorationsmaterial: Hochgerafft und mit einer Schleife zusammengehalten oder nach oben an die Decke gebunden, geben sie dem Raum festliche Atmosphäre.

Dekorationsbeispiele für Themenfeste

59 Zirkusvorstellung Der Raum muß viel freien Platz für die Darbietungen geben. Wo sitzen die Zuschauer? Wo halten sich die Akteure auf, bis ihre Nummern aufgerufen werden - im Nebenraum oder hinter einem gespannten Vorhang? Gibt es eine Stehlampe, die Scheinwerferfunktionen erfüllen kann?
Gut sichtbar wird ein großes Plakat mit dem Namen des Zirkus aufgehängt. Oder wird dieses erst am Festtag selbst während der allgemeinen Vorbereitungen gemalt? Das Zirkuszelt kann angedeutet werden durch von der Zimmermitte aus gespannte Stoff- oder Kreppapierbahnen.

60 Urwald-Räuber-Märchenfest Hierfür wird viel grünes Kreppapier benötigt, das malerisch zu der Andeutung eines Waldes drapiert werden soll. Verfügt jemand über ein grobmaschiges Fischernetz, das unter die Decke gespannt wird? An ihm können Blätter, Früchte (aus Papier ausgeschnitten) hängen, kleine Stofftiere turnen darin. Vielleicht soll im Mittelpunkt ein großer Baum stehen, z.B. eine Palme: Mehrere Waschmitteltonnen mit Tesakrepp übereinandergeklebt (in die unterste einen schweren Stein legen oder Sand einfüllen) und mit braunem Kreppapier umhüllt, aus der obersten Tonne ragen die langen, grünen Blätter, die mit Tesakrepp unter die Decke geklebt werden.
Ebenso kann ein großer, trockener Ast in eine Ecke gestellt oder unter die Decke gehängt und mit Kreppapierblättern belaubt werden. Bunte Blumen (siehe S. 26) zieren Baum und Wände. Große Schmetterlinge aus Tonzeichenpapier mit Körpern aus Schaschlikspießchen lassen sich überall nieder. Gefährliche Kreppapierschlangen ringeln sich von der Decke und um die Stuhlbeine.

61 Indianerfest Bei einem Fest in der Wohnung entsteht ein Indianerzelt, in dem alle Platz haben, aus drei Bettlaken: an den Schmalseiten zusammengebunden, hängen sie aufgespannt an einem kräftigen Haken unter der Decke. Festgebunden oder -geklebt wurden sie an den Füßen der Möbel.
Im Freien genügen fünf oder sechs kräftige, lange Stöcke (z.B. Bohnenstangen), die fest in der Erde stecken und oben zusammengebunden sind. Über sie werden ebenso Bettlaken oder auch alte Wolldecken gespannt und festgebunden.
Unverzichtbar ist ein Lagerfeuer: Im Garten hilft eine auf den Boden gestellte Grillpfanne mit glühenden Holzkohlen darin, wenn kein echtes Lagerfeuer entzündet werden darf; in der Wohnung bieten einige Teelichte Ersatz.

62 Seeräuberfest Ein Bettlaken wird als Segel aufgezogen (Oberkante über eine feste Schnur legen und mit wenigen Stichen umnähen, dann die Schur spannen). Die Seeräuberfahne mit Totenkopf und gekreuzten Knochen wird mit weißer Farbe auf schwarzen Stoff gemalt (oder umgekehrt)

oder aus weißem Stoff ausgeschnitten und aufgeklebt. Dies kann auch eine Aktion des Festes selbst sein. Das Schiff ist entweder der ganze Raum (im Freien ein bestimmtes Areal) oder ein umgedrehter Tisch.
Als Stühle und Tische dienen nur leere Obstkisten. Das Schlaflager besteht aus ein paar Decken in einer Ecke.

63 Schloß oder Burg für Märchenspiele Prinz und Prinzessin brauchen selbstverständlich einen Thron - mit aufgehängten Leintüchern oder Vorhängen dekoriert und mit Goldpapier, Lametta oder buntem Kreppapier geschmückt. Dekoriert die Festgesellschaft selbst oder wurde das vorher gemacht? Manche Lampen lassen sich mit Goldfolie oder mit Seidenpapier verkleiden (wie in ein Papierdeckchen Muster hineinschneiden, durch das das Licht heraustreten kann). Eine Tür wird hinter einem Vorhang verborgen. Prächtige Blumen zieren den Raum (siehe S. 26). Die Festtafel ist als königliche Tafel dekoriert mit Kerzen, gutem Geschirr usw..

64 Marktstand - Kaufladen - Losbude Essen und Trinken brauchen aber nicht an der großen Tafel zu geschehen: Ein vorbereiteter Stand, der zu bestimmten Zeiten geöffnet ist, dient als Imbiß-Bude. Dort kann sich jeder holen, was er möchte oder mit dem vorher verteilten Spielgeld einkaufen.
Dafür wird ein hoher Wäscheständer mit einem großen Tischtuch, mit Stoffbahnen oder mit Kreppapier als Dach bespannt - in dem Ständer steht der Tisch mit den Waren. Und sicher braucht der Laden auch einen schönen Namen, der groß am Dach angeschrieben steht.
Die Seiten des Ständers bieten sich für extra-Verzierungen mit Luftballons, Luftschlangen o.ä. an.
– Statt eines Wäscheständers kann auch einen Sonnenschirm verwendet und entsprechend dekoriert werden.
– Wenn gerade Markttag war, können die Kinder sich viele leere Obstkisten holen und aus ihnen einen Stand, eine Bar o.ä. bauen.

Die Festtafel

Es ist einfach schön, sich zu Beginn oder im Verlauf eines Festes an eine festlich gedeckte und geschmückte Tafel zu setzen - nicht nur für Erwachsene. Werden mehrere Kinder erwartet, empfiehlt es sich, auf das Tischtuch zu verzichten und statt dessen eine Papiertischdecke (oder eine solche aus Makulaturpapier) zu verwenden. Sie hat den Vorteil, daß man sie dem Anlaß entsprechend schön verzieren kann. Außerdem wandert sie nach Ende des Festes einfach in den Müll. Das erspart manchen Ärger wegen umgefallener Becher u.ä.. Einwegbecher und -teller dagegen sind weder sinnvoll noch nötig: Die Becher fallen ausgesprochen leicht um, die Teller sind in sich so instabil, daß das Essen allzu leicht beim Transport herunterrutscht; vor allem aber aus Umweltschutzgründen sollte wirklich auf sie verzichtet werden (Sie erhöhen den Papierverbrauch und den Müllberg).

Ausgesprochen bewährt hat es sich, die Trinkgefäße mit Namen zu versehen, damit jeder während des ganzen Festes sein Gefäß wieder findet: Ein Namensschildchen wird darauf geklebt oder mit einem Bändchen an den Henkel gebunden. Strohhalme mit Namensfähnchen müssen so kurz geschnitten werden, daß sie ganz sicher nicht aus dem Becher herausrutschen können.

65 Papiertischdecken Die Papierdecken dem Anlaß entsprechend mit bestimmten Motiven oder einfach dekorativ verzieren, z.B. mit Wachsmalkreiden oder Filzschreibern bemalen oder mit Kartoffelstempeln bedrucken. Es hat sich bewährt, erst die Teller hinzustellen oder ihre Umrisse abzumalen, da sonst u.U. die schönsten Zeichnungen unter ihnen verschwinden. Als Motive eignen sich besonders Blumen und Ranken, aber auch Figuren und kleine Bilder.

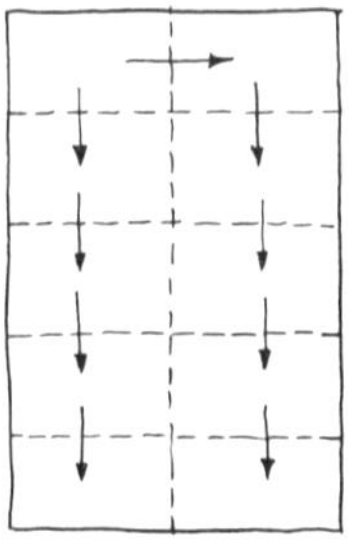

66 Bunte Tischsets Sehr schön sieht es auch aus, wenn jeder Platz ein eigenes Set aus buntem Papier ausgeschnitten (oder aus weißem Papier auf farbiger Decke) bekommt. Dazu wird ein Blatt in DIN A 4 oder A 3 Format mindestens zweimal gefaltet und von allen Seiten her eingeschnitten.

Serviettenschmuck

Manche sehr einfachen Origami-Faltanleitungen können dafür verwendet werden. Viele Faltvorgänge erlaubt das weiche und instabile Material allerdings nicht. Es lohnt sich übrigens, genug Servietten in Reserve zu halten und die Kinder die jeweilige Falttechnik üben zu lassen.

67 Ziehharmonika-Servietten Die Serviette wird als Ziehharmonika aufgefaltet und in der Mitte zwischen zwei Gabelzinken festgeklemmt.

68 Moppel als Serviette Der gefaltete Hund Moppel ist vielseitig. Bereits im ersten Kapitel tauchte er als Idee zu einer Einladungskarte auf (Beschreibung s. S. 19). Hier spielt Moppel als Serviette mit.

69 Frosch Gebraucht wird ein quadratisches Blatt Papier. Die Diagonalen nach oben falten, die Mittellinien nach unten. Vom Mittelpunkt aus A und B zusammenlegen. Für den Froschkopf die Spitzen C und D nach innen zu

M hin knicken. Für die langen Beine ME und MF jeweils an die Mittellinie falten und dann an eben diese neue Faltlinie zurück. Augen und Maul werden gemalt.

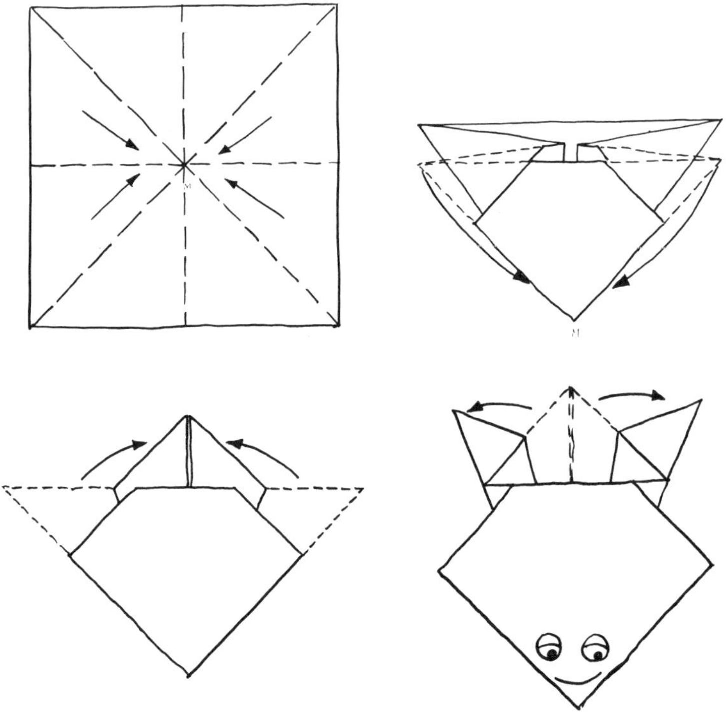

Tischkarten und Tischschmuck

Sich für Kinderfeste die Sitzordnung vorher gut zu überlegen, kann manchem Streit und mancher Enttäuschung vorbeugen. Lassen Sie aber das Schicksal entscheiden - z.B. indem die Plätze verlost werden - wird dies von den Kindern in der Regel auch ohne Murren akzeptiert. Findet jeder einen schön dekorierten Platz vor, verhindert diese Überraschung weitere Grübeleien. Je nach Jahreszeit schmücken Blumen oder Pflanzen die Tafel und bestimmen gleichzeitig die jeweiligen Plätze.

70 Tischkarten Die einfachste Art der Tischkarten sind einmal gefaltete Briefkarten mit dem jeweiligen Namen und einer kleinen Verzierung: Eine Zeichnung, ein ausgeschnittenes Bild oder ein Foto des gastgebenden Kindes werden darauf gemalt oder geklebt.

71 Mit Blumen Durch zwei kleine Schlitze in den oben beschriebenen Karten schaut ein Trockenblumensträußchen hervor.

72 Mit Figuren Vor dem Falten über die ganze Höhe eine Figur malen (z.B. eine Lokomotive), bis zur Faltlinie ausschneiden, dann nicht mitfalten, so daß sie sich über die ganze Höhe aufrichten kann.

Blumenschmuck

73 Platz-Blumen Vor jedem Platz steht eine kleine Vase mit ein paar Blümchen darin. Der Name steht auf einem darin steckenden Fähnchen oder auf einem Schild, das auf der Vase klebt.

74 Eier-Schale Um Ostern herum kann auch eine leere Eierschale als Vase dienen, die entweder von einem Eierbecher gehalten wird oder von einem Ständer aus drei über Eck zusammengebundenen Aststückchen. Bemalt ist sie auch!

75 Schneckenhäuser Auch große Schneckenhäuser eignen sich als Blumenvasen. In ein wenig Knetgummi gedrückt kann man sie in der richtigen Position halten.

76 Topfblumen Jeder bekommt einen kleinen Blumentopf mit einem Frühlingsblüher, einer Primel, ein paar rechtzeitig gesteckten Schneeglöckchen, Krokussen o.Ä.

77 Blumenkeim Oder es steckt ein Sonnenblumenkeim darin, der später zu Hause wachsen und blühen wird.

78 Osternest Etwas Ostergras (= Hafer) - etwa eineinhalb Wochen vorher angesät und inzwischen hoch gewachsen, verbirgt ein kleines Osterei, ein Palmkätzchenzweig ragt heraus. Der jeweilige Name steht wieder auf einem Fähnchen.

79 Blumen-Gesteck In einem Stückchen Gesteckschaum auf einem kleinen Teller oder in einem Eierbecher stecken frische Blumen oder auch Trockenblumen.

80 Blumen-Kiefer Die Trockenblumen lassen sich auch schön in die Öffnungen eines Kiefernzapfens hineinkleben oder in etwas Knet oder Ton hineinstecken.

81 Schaschlik-Gesteck Ebenso könnte auch eine selbstgemachte Kreppapierblume, mit einem Schaschlikspieß als Stiel in den Trinkbecher gesteckt, jeden Platz schmücken (s.S. 26).

Allerlei Gebasteltes und Gebackenes

82 Osterhase Ein gekochtes, braunes Ei hat braune Hasenohren, Augen, Stupsnase und Faden-Schnurrhaare angeklebt bekommen. Der Name des Kindes steht auf dem Pappring, der das Ei hält.

83 Gockelhahn Oder es soll lieber ein dicker Gockelhahn sein: roter Schnabel und roter Kamm, dazu bunte schmale Papierstreifen als Schwanz an das Ei.

84 Eierkopf Lustig ist auch ein Gesicht, mit Schnurrbart und Hut auf dem Kopf, aufs Ei gemalt.

85 Hefe-Nest Aus süßem Hefeteig (Rezept s.S. 43) zwei Schlangen formen und zu einem Nestchen verdrehen. Es wird mit einem Ei darin gebacken, das nach dem Backen verziert und beschriftet wird.

86 Gebackener Name Auf jedem Platz liegen die gebackenen Anfangsbuchstaben des Namens (oder der ganze Vorname) von jedem Kind.

87 Lebkuchen-Nascherei Auf jedem Platz liegt ein Lebkuchenstück oder ein Lebkuchenherz mit dem Namen darauf aus Mandelstiften, Rosinen und Nüssen oder aus Zuckerguß.

88 Platz-Schiff Oder an jedem Platz steht ein gefaltetes Schiffchen mit Namensfähnchen am Segel oder am Heck und einer kleinen Überraschung darin. Dampfer: Von einem DIN A 4 Blatt ein Quadrat abtrennen, alle vier Ecken in die Mitte falten, umdrehen, gleichen Vorgang wiederholen, wieder umdrehen, und noch einmal die vier Ecken hineinfalten, wieder wenden, zwei der Laschen nach außen ziehen und die Schornsteine öffnen.

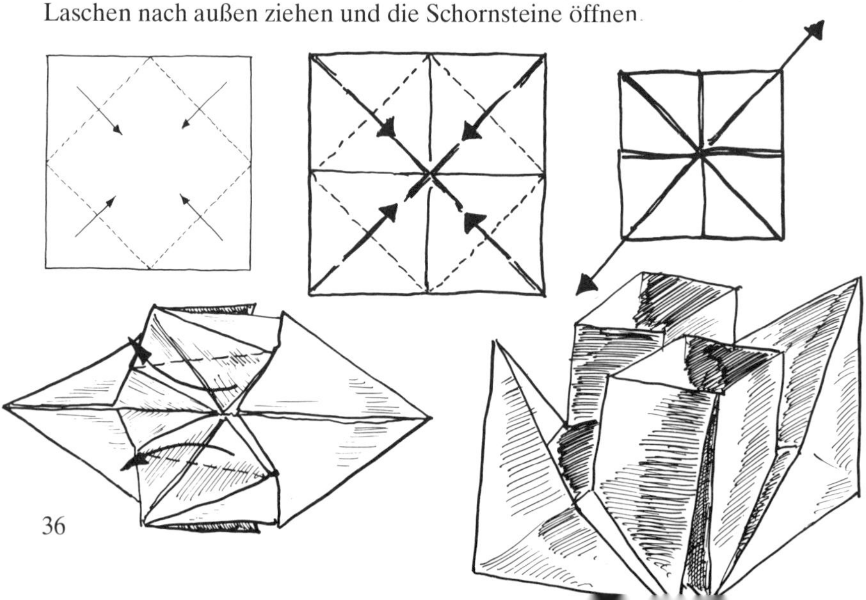

89 Namens-Geschenk Bekommt jedes Kind einen Becher oder ein Glas geschenkt? Dann vorher mit Spezialfarbe groß den Namen draufschreiben.

90 Serviettenring Ein hölzerner Serviettenring, mit Namen und Verzierung drauf, kennzeichnet den Platz und darf nach Schluß des Festes sicher mitgenommen werden.

91 Salzteig-Leuchter In der Weihnachtszeit steckt für jeden eine Christbaumkerze in einem Sternleuchter aus Salzteig. Auf einen Untersetzer aus Goldpapier ist der Name eingedrückt.

Rezept Salzteig
400 g Mehl
200 g Salz
2 EL (11 g) Alaunpulver (Apotheke)
3 EL Öl
1/2 l Wasser
Das Wasser zum Kochen bringen. Dann alles miteinander zu einem festen Teig verkneten und zu einer dicken Platte ausrollen. Sterne ausstechen und in die Mitte kurz eine Christbaumkerze hineindrücken. Die Sterne im Ofen bei geringer Hitze trocknen lassen, anmalen und eventuell lackieren.

92 Apfelkerze Noch einfacher ist es, die Christbaumkerze in die Blüte eines Apfels zu stecken und ein goldenes Namensfähnchen dranzuhängen.

93 Nikolaus Ein kleiner Apfel-Nuß-Nikolaus ist schnell gefertigt: Auf der Apfelblüte eine Nuß befestigen und einen weißen Wattebart ankleben. Augen aufmalen. Eine Mütze aus buntem Papier ziert den Nikolauskopf. Auf dem Bauch des Apfel-Mannes prangt der Name des jeweiligen Kindes, mit Speisefarbe aufgemalt.

Spiele zum Finden des Platzes

Aus der Verteilung der Plätze kann schon ein eigenes Spiel werden: Jeder findet seinen Platz, wenn er z.B. eine Aufgabe oder ein Rätsel gelöst hat. Hier sollen einige verschiedene Ideen genannt werden, die in ihrem Schwierigkeitsgrad dem jeweiligen Alter der Kinder und deren augenblicklichen Interessensgebieten angepaßt sein müssen.

94 Bilderrätsel Jedes Kind bekommt bei der Ankunft ein bestimmtes Bild, zu dem ein passendes anderes auf dem Platz liegt (z.B. Eimer und Schaufel, Fußball und Tor).

95 Lose ziehen Jeder bekommt durch Ziehen eines Loses einen Platz zugewiesen: Bei einem Themenfest können auf den Losen und auf dem dazugehörigen Platz Fantasienamen stehen, die für das ganze Fest gelten; oder auf dem Los findet sich das gleiche Symbol wie auf dem Platz u.ä.

96 Einladungs-Puzzle Das fehlende Teil des Einladungspuzzles findet sich auf einem Platz (siehe Nr. 13, S. 20).

97 Zusammengesetzte Wörter Bei der Ankunft erhält jedes Kind die eine Hälfte eines Bildes, die andere liegt auf einem Platz.
Die jeweils zusammenpassenden Wörter müssen zusammengesetzt werden: zu „Buch" gehört „Stabe", zu „Blumen" gehört „Strauß".

98 Fragen stellen Eine inhaltliche Frage wird gestellt, z.B. wieviel PS hat ein bestimmtes Rennauto (wenn solche Details gerade „in" sind).

99 Spielanweisung Die jeweiligen Puzzle-Paare können miteinander ein großes Bild ergeben, dessen Lösung nach dem Essen zu dem nächsten Spiel führt, da jetzt z.B. eine Spielanweisung lesbar wird.

Kapitel 3

Zaubertrank und Ritterschmaus

Bei den Namen der Speisen und Getränke kann die Phantasie sich frei entfalten: Die lustigsten Einfälle sind gerade gut genug. Die Speisen aber sollten nicht zu ausgefallen sein. Auch wenn Kinder an einem Fest sicher bereiter sind als zu Hause, einmal etwas Neues auszuprobieren, so lohnt es sich doch nicht, es darauf ankommen zu lassen.
Es ist nicht entscheidend, besonders komplizierte Gerichte aufzufahren. Wichtiger ist die attraktive Aufmachung und das Drum und Dran. Eine „Ausweichspeise" bereit zu haben, empfiehlt sich trotzdem. Mengenmäßig brauchen Sie an Getränken meist mehr als Sie denken - jedenfalls wenn ein Fest recht turbulent wird. An Speisen aber brauchen Sie meist weniger als vorgesehen.
Immer noch geschieht es, daß Kinderfeste zu einem großen Fressen ausarten - das Vorbild der Erwachsenen im Hintergrund, deren Feste oft auch nur aus Essen und Trinken bestehen. Setzt sich das viele Essen dann auch noch vor allem aus Süßem zusammen, wird es für die Kinder schlimm. Auf die ernährungsphysiologischen Bedenken sei hier nur hingewiesen. Ein Kinderfest muß die Kinder aber nicht dazu verführen, gutes Essen gedankenlos in sich hineinzuschaufeln nach dem Motto: Wer bekommt am meisten in sich hinein?
Die besonderen Speisen sind ein wichtiger Programmpunkt und sollten auch als solche gewürdigt werden.
Für den kleinen Hunger zwischendurch müssen auch nicht unbedingt Süßigkeiten bereit stehen: etwas Salzgebäck, Nüsse, Rosinen, salziges Popcorn oder Honigpopcorn werden genauso gern und in vernünftiger Menge verspeist - und sind besser bekömmlich.

Getränke

Getränke können Sie eigens arrangieren. Besonders schön sind sie in Farbe. In einem Bowlegefäß, in Glaskaraffen oder auch in großen Glasschüsseln mit Suppenkellen darin kommen sie zur Geltung. Ein paar an den Rand gesteckte Fruchtscheiben sind eine zusätzliche Dekoration.
Das Trinken selbst wird zu einem eigenen Spaß, wenn alle durch einen

Riesentrinkhalm (= drei oder vier ineinandergesteckte Trinkhalme) aus einem Gefäß trinken.

Kalte Fruchtgetränke

Das wichtigste Grundrezept ist die folgende Mischung (dabei liegt der Clou darin, durch verschiedene Säfte unterschiedlich gefärbte Getränke zu bekommen): Früchtetee, Saft, entsprechende Fruchtstückchen, Eiswürfel, evtl. etwas Mineralwasser, süßen nach Geschmack.
Eine Variation dazu: Aus frischen Früchten im Mixer ein Fruchtmus herstellen - evtl. mit Honig und Zitronensaft nachwürzen - mit Mineralwasser aufgießen - Eisstückchen hinein.

100 Goldener Apfelzauber

1 l Apfeltee
1 l Apfelsaft – mit Zitronensaft und Honig abschmecken,
geviertelte Äpfel in dünne Scheibchen schneiden und hineinlegen - gut durchziehen lassen - zum Schluß Eiswürfel hinein.

101 Hexenblut

2 l Hagebutten-Malven-Tee
Saft von einigen Blutorangen – mit Honig abschmecken,
einige Scheiben quer durchgeschnittener Blutorangen hineinlegen, gut durchziehen lassen - Eiswürfel hinein.

102 Blaue Träume

1 1/2 l Holundertee
1/2 l Heidelbeersaft – mit Zitronensaft und Honig abschmecken, Heidelbeeren hinein – Eiswürfel.

103 Grüne Bowle

Ein großer Bund Zitronenmelisse wird mit einem Liter kochendem Wasser überbrüht – lange ziehen lassen; Saft von drei Zitronen hinein, mit Honig süßen, eine unbehandelte Zitrone in dünne Scheiben schneiden und mit einem Liter Mineralwasser aufgießen. Einige frische Melissenblätter hineingelegt sehen sehr hübsch aus.

104 Apfellimo

Zwei größere mürbe Äpfel kleinschneiden, Kernhaus entfernen, im Mixer zusammen mit dem Saft einer halben Zitrone und einem gehäuften EL Honig (je nach Süße der Äpfel) pürieren, dann mit einem Liter Mineralwasser aufgießen, einige Eisstücke dazu.

Milchmixgetränke

Das Grundrezept besteht aus gut gekühlter Frischmilch (oder Buttermilch mit etwas Sahne ergänzt, besonders bei sauren Früchten), in die irgendein Fruchtmus gerührt wird. Noch nahrhafter wird das Getränk, wenn Sie einige Eier mit verquirlen. Mit einem Mixer ist das kein Problem, das können die Kinder schon bald ganz allein. Milchmixgetränke sollten aber sofort nach der Bereitung getrunken werden, da die Mischung nicht stabil ist. Diese Getränke sind im Übrigen keine Durstlöscher, sondern stillen eher den kleinen Hunger zwischendurch.
Als „Vitaminbufett" könnte eine Bar mit verschiedenen Mixgetränken ein eigener Programmpunkt sein: In Kelchgläsern angerichtet, mit halben bunten Strohhalmen oder Fähnchen darin, dazu bunte Servietten und eine schön geschriebene Getränkekarte, da stärkt sich sicher jeder gerne.

105 Vitaminbombe

1 l kalte Frischmilch – etwa 4 EL gesüßten Sanddornsirup – gut durchmixen

106 Giftmix

1 l kalte Buttermilch – 3 Eier – 3 EL Honig – 100 bis 150 g Heidelbeeren (frisch oder aus dem Glas) – gut mixen!

107 Urwaldmix

1 l kalte Frischmilch – 2-3 Bananen – etwas Zitronensaft – Honig nach Geschmack – eine Messerspitze Vanillepulver – gut mixen.

Warme Getränke

Ähnlich wie die kalten Getränke bestehen sie aus einer Mischung von Früchtetee und Saft, evtl. etwas Zitronensaft und Honig, dazu kommt aber Glühweingewürz (Nelke, Zimt, Zitronenschale). Eine besondere Verfeinerung erreichen Sie durch eine direkt vor dem Servieren darauf gesetzte Schlagsahnehaube.

108 Mitternachtspunsch
1 l Johannisbeersaft – 1 l Hagebuttentee – Gewürze, evtl. etwas Honig - Schlagsahnehaube darauf.

109 Krafttrunk
1 l Malventee mit Glühweingewürz ziehen lassen und leicht süßen – 6 Blutorangen (oder Saftorangen) schälen und im Mixer fein pürieren, zusammen mit einigen Stückchen Orange zum Tee geben und sofort servieren.

Kuchen und anderes Gebackene

Bei keinem Fest darf ein richtiger, schöner Kuchen fehlen - welcher das ist, dafür hat wohl jede Familie ihre eigene Tradition. Er gehört schon allein wegen des Aussehens dazu, je prächtiger er verziert ist, desto besser.
Bei Kinderfesten aber haben sich sehr trockene oder auch sehr gewichtige Kuchen, z.B. mit viel Buttercreme, nicht bewährt. Beliebt sind dagegen Obstkuchen und auch Quarkkuchen. Gleiches gilt für Törtchen aus kleinen Backformen oder Pergamentförmchen, die schon wegen ihrer Form ankommen. In ihnen können Sie eine kleine Menge von jedem Rührteig ausbacken; spezielle Rezepte liegen den Förmchen bei. Gern gegessen wird auch Apfelkuchen (mit Streusel darauf!) oder Zuckerkuchen vom Blech.

110 Kaffeekönig und -königin Aus dem Kuchenessen kann gleich ein Spiel entstehen, wenn vor dem Backen in ihm (bzw. in den Törtchen) etwas versteckt wurde: eine oder einige wenige Mandeln, Nüsse oder Kaffeebohnen. Wer eine erwischt, bekommt etwas geschenkt, wird Kaffeekönig und bekommt eine Krone aufgesetzt, oder er muß eine bestimmte Aufgabe erfüllen, die zu Beginn des Essens gemeinsam ausgedacht wurde!
Sehr schön machen sich alle Arten von kleinerem Gebäck.
Aus einem einfachen Hefeteig oder einem Lebkuchenteig sind schnell je nach Anlaß oder Thema kleine Figuren oder Formen geschnitten oder geformt.

Grundrezept für süßen Hefeteig
- 500 g Mehl
- 1-2 Eier
- 20 g Hefe
- 1/8 l Milch
- 1 Prise Salz
- 1-2 EL Honig

Die Hefe mit etwas Honig in der lauwarmen Milch auflösen und kurz gehen lassen, dann alle Zutaten gut miteinander verkneten, bis sich der Teig von der Schüssel löst. Anschließend muß der Teig gehen, bis sich seine Menge etwa verdoppelt hat. Nach neuerlichem Kneten kann man mit dem Formen beginnen. Zum Backen auf Backtrennpapier legen, damit sie nicht festkleben, mit Eigelb oder Sahne bestreichen und mit verschiedenen Nüssen, Mandeln, Mohn, Sesam oder Rosinen verzieren. Vor dem Backen erneut kurz gehen lassen. Backen bei 200 Grad C je nach Stärke des Teiges 15 bis 45 Minuten.

Einige Ideen für kleine Formen

111 Eiernester Zwei umeinander gedrehte Schlangen, ein bis zwei Zentimeter dick, werden zu einem Nestchen geschlossen und mit Eigelb oder Sahne bestrichen. Ein (ausgeblasenes) Ei wird in die Mitte gedrückt und mitgebacken.

112 Osterhasen Zwei verschieden große Kugeln werden flach gedrückt, knapp übereinander gelegt, zwei Schlangenstücke werden zu Ohren, ein kleiner Ball oder eine Haselnuß zur Nase, Mandelsplitter zu Schnurrhaaren und Rosinen zu Augen.
Ist der Teig vorbereitet, können die Kinder sich ihre Hasen o.a. auch selbst formen!

113 Buchstaben, Herzen und Brezeln Die Anfangsbuchstaben werden aus Schlangen gelegt. Brezeln oder Herzen können geschlungen werden.

114 Sonnenblumen Sonnenblumen werden aus einer Scheibe mit vielen Blütenblättern geformt. Mit einigen Sonnenblumenkernen in der Mitte verzieren.

115 Windrädchen Windräder lassen sich auch leicht herstellen. In die Mitte der runden Teigplatte ein Löffelchen Marmelade oder Nußfülle, eine Mischung aus geriebenen Nüssen, Honig und etwas Sahne geben. Fertig.

116 Glücksschweinchen Zu der Silvesterfeier bekommt jeder Gast ein Glücksschweinchen. Sie werden sogar rosa, wenn man der Milch etwas Rote-Bete-Saft zufügt (siehe S. 181). Je nach Anlaß bieten sich noch eine Menge Formen an. Eine große Figur aus möglichst festem Hefeteig kann der krönende Mittelpunkt einer Festtafel sein.

117 Krokodil Ein Krokodil entsteht aus einer Teigwurst, die zum Ende hin sehr dünn wird. Der Kopf wird quer aufgeschnitten zu einem offenen Rachen (etwas geknülltes Backtrennpapier hält ihn offen), blanchierte Mandeln sind die Zähne und die Zacken auf dem Rücken, zwei Nüsse mit zwei kleinen Teigwulsten dahinter die Augen, auch die Nasenlöcher werden durch Teigwulste angedeutet. Vier Beine entstehen aus länglichen Teigstücken, deren Ende etwas flach gedrückt und dann zweimal eingeschnitten wird, je drei gehäutete Mandeln hineingedrückt - die Krallen sind fertig. Wer mag, kann das Krokodil nach dem Backen auch noch mit grünem Zuckerguß anmalen: eine Mischung aus fein gemixten Kürbiskernen, Puderzucker und Eischnee: Schnee von einem Eiweiß mit 250 g Puderzucker schlagen.

118 Königskrone Aus dem Teig kann z. B. auch eine Königskrone geformt werden (dazu eine Teigwurst plattdrücken und zu einem Ring formen) und reich verziert werden mit Gold und Edelsteinen (verschiedenen Nüssen, Mandeln, Rosinen, kandierten Früchten usw.)?

119 Schloß oder Burg Eine ganze Burg entsteht aus vier dickeren Platten, in die Fenster oder Burgzinnen hineingeschnitten wurden. Nach dem Backen mit Schaschlikspießen oder Zuckerguß zusammenstecken.

120 Lebkuchenschnitten Für kleinere Kinder wird der Teig auf dem ganzen Blech ausgerollt, in rechteckige Stücke geschnitten und mit Eigelb bestrichen. Das ganze Blech können Sie dann den Kindern zum Verzieren geben. Jedes Kind hat vor sich in verschiedenen Schüsselchen die Verzierungen.

Lebkuchenteig eignet sich besser zum Ausstechen oder Ausschneiden genauerer Formen.

1 kg Mehl
500 g flüssiger Honig
300 g brauner Zucker
3 Eier
2 Backpulver
2 TL Zimt
1/2 TL Nelken

Aus den Zutaten wird ein fester Teig geknetet; lassen Sie ihn etwa eine Stunde ruhen und rollen ihn dann nicht zu dünn aus. Nach dem Ausschneiden oder Ausstechen mit Eigelb oder Sahne bestreichen. Bei Mittelhitze etwa 20 Minuten hellbraun backen.

121 Lebkuchenfiguren Größere Kinder schneiden mit Hilfe einer selbst angefertigten Schablone beliebige Formen aus: Z. B. den Nikolaus auf dünnen Karton aufzeichnen und ausschneiden. Auf den ausgerollten Teig gelegt, läßt sich leicht mit einem spitzen Messer herumschneiden. Anschließend wird er mit Teigstücken, Nüssen und Rosinen verziert. In der Vorweihnachtszeit kann solche „Arbeit" auch einen ganzen Festnachmittag füllen. Die Kinder gehen dann, mit vielen Werken beladen, zufrieden nach Hause.

122 Hexenhaus Mit einiger Vorarbeit verbunden ist das Aufbauen und Verzieren eines Hexenhäuschens, dessen Wände und Dach aus Lebkuchenteig (Rezept s.S. 45) gebacken und anschließend mit Zuckerguß zusammengeklebt werden. An einem Hexenhäuschen können vielleicht vier Kinder arbeiten; schöner ist es sicher, wenn jedes Kind sein eigenes Häuschen mitnehmen darf. - Es empfiehlt sich, vor dem Fest schon Schnitt und Rezept zu verteilen, so daß die anderen Eltern bzw. Kinder die Grundform selber vorbacken und aufrichten können.
Die aus Papier ausgeschnittenen Teile werden auf den ausgerollten Teig gelegt und ausgeschnitten. In die Stirnwand werden zusätzlich zwei große Fenster und eine Tür geschnitten. Vor die Fensteröffnung können Sie zwei schmale Teigstreifen als Fensterkreuz legen, die ausgeschnittene Tür wird mitgebacken.
Nach dem Backen kann hinter die Öffnungen farbiges Transparentpapier geklebt werden (Zuckerguß). Wird in das fertige Haus ein Teelicht gestellt, so leuchtet es schön. Auf einem Tablett oder einem Brett lassen sich die Teile aufrichten und mit dickem Zuckerguß fest verkleben.

Waffeln

Ein heißer Tip, der eigentlich immer Erfolg verspricht, sind Waffeln. Sie werden am liebsten süß, aber durchaus auch salzig gern gegessen.

Grundrezept

250 g Weizen- oder Dinkelvollkornmehl
250 g sehr weiche Butter oder Margarine
3 Eier
2 EL Honig oder Ahornsirup (Teig abschmecken, ob süß genug)
1 TL Backpulver
etwas Vanillepulver
eine Prise Salz
etwas Mineralwasser, falls der Teig zu dick ist.

Butter, Honig, Eigelb, Vanille und Salz schaumig rühren, Mehl und Backpulver dazugeben, dann den Teig etwas quellen lassen. Das steif geschlagene Eiweiß unterziehen und im Waffeleisen ausbacken. (Tip: Soll es einmal schnell gehen, können Sie auch alle Zutaten einfach verrühren, kurz quellen lassen und ausbacken.)

123 **Waffel-Leckereien** Die Waffeln reichen Sie einfach nebenbei oder kombinieren sie:

- Auf jedes Waffelstück wird eine Eiskugel gesetzt;
- es gibt dazu Schlagsahne, pur oder mit etwas Fruchtmus untergezogen, sehr fein schmecken z.B. Preiselbeeren.
- zu den Waffeln wird heißes Kompott, evtl. mit Schlagsahnehaube gereicht.

- Gießen Sie eine dicke Schokoladensoße darüber und streuen noch ein wenig Krokant darauf, Rezept siehe unten, der Erfolg wird durchschlagend sein!

Übrigens macht das Waffelnbacken den Kindern meist so viel Spaß, sei es vorher oder beim Fest selber, daß man als Erwachsenen sich diese Arbeit gut ersparen kann! Aber lassen Sie die Kinder nicht unbeaufsichtigt dabei.

124 **Honig-Popcorn** Etwas Süßes für zwischendurch, in große Tüten verpackt, auch gut zum Mitnehmen nach draußen, ist Honig-Popcorn. In einen großen Topf geben Sie etwas Bratfett und erhitzen es auf großer Flamme. Dann kommen die Maiskörner hinein, so viele, daß gerade der Boden bedeckt ist. Ist der Deckel drauf, werden die Körner bald anfangen zu „poppen". Danach nehmen Sie den Topf von der Platte und rühren einen guten Eßlöffel Honig unter die heißen Körner. Es lohnt sich, eine große Menge Popcorn als Vorrat zu haben, denn davon wird meist viel gegessen!

Eis

125 Sahneeis schmeckt zu jeder Tages- und Nachtzeit:
Sie können fertiges Eis kaufen. Wenn Sie es selbermachen, wissen Sie, was wirklich drin ist, und schmecken tut es mindestens genausogut. Auch ohne Eismaschine geht das kinderleicht.
Grundrezept:
3 Eigelb schaumig schlagen
3 EL Ahornsirup oder Honig mit durchschlagen
250 g geschlagene Sahne vorsichtig unterziehen.
Diese Grundmischung wird je nach Bedarf gewürzt und leicht abgewandelt. Die jeweilige Mischung wird in kleine Eisförmchen gefüllt oder in eine größere Form. Letztere können Sie nach etwa einer Stunde noch einmal aus dem Tiefkühlfach nehmen und die Masse gut durchrühren; dann bilden sich nicht so große Eiskristalle, und das Eis ist später nicht so hart.
Es sieht nicht nur sehr schön aus, sondern schmeckt auch besonders gut, wenn man z.B. in einer Gugelhupfform mehrere Schichten von verschiedenem Eis übereinander einfriert.

126 Safteis Dies ist die einfachste Version und vor allem im Sommer zu empfehlen, da es gleichzeitig ein guter Durstlöscher ist:
Verschiedene Säfte werden in Eisförmchen gefüllt und tiefgefroren.

127 Zimteis Fügen Sie zur Sahneeis-Grundmischung (s.Nr. 125) als Gewürz einen TL Zimt und etwas Zitronensaft hinzu.

128 Nußeis 100 g Mandeln oder Nüsse werden grob gerieben, vorsichtig in der Pfanne geröstet und abgekühlt unter die Grundmischung gegeben.

129 Fruchteis 500 g frische Früchte werden entweder alle im Mixer püriert oder teils püriert, teils in kleine Stückchen geschnitten. Unter die Grundmischung (s. Nr. 125) heben. Bei Fruchteis können Sie die Eigelb auch weglassen.

130 Zitroneneis Ein Tip, wenn die Zeit für selbstgemachtes Eis nicht mehr reicht, ist dieses Zitroneneis:
500 g gutes Vanilleeis kaufen und mit der Rührmaschine den Saft von etwa fünf Zitronen unterrühren. Auf jede Portion einen Löffel Schlagsahne und ein paar Mandelsplitter geben - sehr gut!

131 Süße Saucen Durch eine Sauce wird die Eis-Überraschung erst perfekt:
– Frisches Obst oder auch Kompott (z.B. Heidelbeeren) werden im Mixer zu einer Fruchtsauce gemixt (falls nötig etwas nachsüßen).

– Auch Apfelmus als Bett für z.B. Vanilleeis - mit etwas Krokant darüber - ist sehr fein.
– Schokoladensauce: 200 g Blockschokolade im Wasserbad schmelzen lassen, 3-4 EL Honig und einen kleinen Schluck Rum und zuletzt 250 g ungeschlagene Sahne unterrühren - kann heiß oder kalt serviert werden.
– Heiße Vanillesauce: 1/4 l Milch mit einer gehäuften Messerspitze Vanillepulver und einer Prise Salz aufkochen und vom Herd nehmen, 1-2 EL Ahornsirup oder Honig unterrühren, 3 Eigelb verquirlen und nach und nach einige Löffel der warmen Flüssigkeit unterrühren. Die Eimilch mit dem Schneebesen kräftig rühren, bis eine cremeartige Sauce entstanden ist.

Allerlei süße Köstlichkeiten

132 Schokoladenfondue Das ist für viele Kinder ein ganz besonderes Vergnügen: In die Schokoladensauce (Rezept siehe Nr. 131) werden auf Fonduegabeln aufgespießte, gut gekühlte Obststückchen getunkt und gleich gegessen. Besonders gut eignet sich leicht säuerliches Obst, wie Äpfel und Ananas.

133 Obstspießchen Sie sind beliebt: Auf Schaschlikspieße werden hintereinander Stückchen verschiedener Obstsorten gespießt und gut gekühlt. Dann gießen Sie Schokoladensauce (siehe Nr. 131) oder im Wasserbad geschmolzene Kouvertüre darüber und stellen Sie nochmal in den Kühlschrank, bis die Schokolade hart ist.

134 Pudding schmeckt fast allen Kindern. Hier soll nur noch ein ganz besonders guter Schokoladenpudding genannt werden:
200 g halbbittere Schokolade im Wasserbad schmelzen lassen, knapp 2 EL Honig oder Ahornsirup unterrühren (kann auch weggelassen werden). In die leicht abgekühlte Schokolade 5 Eigelbe geben und mit dem elektrischen Rührer schaumig schlagen. Zum Schluß die 5 steifen Eiweiße unterheben. Mindestens vier Stunden im Kühlschrank stehen lassen.

135 Quarkspeise An Quarkspeisen à la saison soll hier nur erinnert werden, kombiniert mit Früchten, die die jeweilige Jahreszeit gerade bietet. Ein Beispiel für das ganze Jahr:
Bananencreme:
3 Bananen im Mixer schaumig rühren, einen EL Honig dazugeben, Saft von einer Zitrone, evtl. 2 EL Kokosflocken, alles mit 250 g Quark gut durchrühren. Noch lockerer wird die Speise durch den Schnee von 3 Eiweißen.

136 Wackelpudding Wer erinnert sich nicht gerne an den Wackelpudding aus Kindertagen? Aus Obstsaft und Blattgelatine (Anleitung auf der Verpackung) ist er leicht herzustellen (und künstliche Farbstoffe werden vermieden).

137 Streifenpudding Einen schönen „Streifen-Wackelpudding" bekommen Sie, wenn Sie nacheinander Wackelpudding aus verschiedenfarbigen Säften in kleinen Schüsselchen fest werden lassen (die vorhergehende Schicht sollte immer schon sehr fest sein) und gut gekühlt vor dem Servieren stürzen (vorher den Rand mit einem spitzen Messer lösen).

138 Gelee-Figuren Aus einem kräftigfarbigen Gelee, das in einer flachen Schale steif geworden ist, lassen sich mit Ausstechern Figuren zum Dekorieren z.B. von Puddings herstellen. Dazu gibt es Vanillesauce oder Schlagsahne.

139 Obstsalat Das ganze Jahr hindurch können Sie einen guten Obstsalat zusammenstellen mit den Früchten, die es gerade gibt. Schon die Kleinsten können dabei helfen - die Großen machen ihn sowieso alleine.
Jede Mischung hat ihren eigenen Reiz; sind nicht ausreichend säuerliche Früchte vorhanden, hilft etwas Zitronensaft. Einige grob geriebene Nüsse und ein paar Rosinen vervollkommnen ihn.
Er läßt sich auch gut mit einer Quarkspeise oder Eis kombinieren.

140 Gegrillte Bananen und Bratäpfel Sie sind sicher etwas ganz besonderes: Pro Person braucht es eine gut gewaschene und an der Oberkante aufgeschlitzte Banane, die mit der Schale in den Backofen kommt und bei 200 Grad C etwa 10 bis 15 Minuten gebacken wird. Inzwischen pro Banane etwa einen TL Butter mit der gleichen Menge Honig in der Pfanne flüssig werden lassen (Achtung - nicht zu heiß werden lassen!) und über die geöffnete Banane gießen. Sie wird mit dem Löffel aus der Schale gegessen.
Auch Bratäpfel dürfen im Herbst und an kalten Winterabenden nicht fehlen: Aus den ganzen Äpfeln (am besten eignen sich Boskop, für jedes Kind genügt einer) das Kernhaus ausschneiden und z.B mit einer Mischung aus Mandelstiften und Marmelade füllen; in eine Auflaufform mit einer Tasse Wasser setzen, auf jeden Apfel ein Butterflöckchen und bei Mittelhitze 30 bis 45 Minuten braten, bis die ersten zu platzen beginnen. Die heißen Äpfel werden mit Vanillesauce oder einer Schlagsahnehaube serviert.

141 Reispudding Wenn die Kinder im Winter nach dem Spielen im Freien einigermaßen verfroren in die Wohnung zurückkehren, schmeckt ein warmer Reispudding. Sie können ihn Stunden vorher schon fertig machen und in einer Kochkiste oder in Zeitungspapier eingeschlagen im Bett warm halten:

200 g gewaschenen (möglichst ungeschälten) Rundkornreis in 1/2 l kochendem Wasser anquellen lassen, nach etwa 15 Minuten 1/2 l warme Milch dazugeben und auf kleinster Flamme weiterquellen lassen, bis die Flüssigkeit aufgesogen ist. Nun abschmecken mit etwa 30 g Butter, 2 EL Honig und 60 g geriebenen Mandeln oder Kokosflocken. Zu dem Reispudding gibt es eine Fruchtsauce (siehe S. 48), Schlagsahne oder etwas Honigbutter (gleiche Menge Butter und Honig mit einem Löffelchen Zimt in der Pfanne flüssig werden lassen und gut vermischen).

Salzige Schlemmereien

Viele Kinder haben sehr schnell von allzu vielen süßen Sachen genug und greifen lieber nach etwas Salzigem. Aus einem einfachen Hefeteig sind leicht ein paar leckere Knabbereien gemacht:

Grundrezept
  1 kg Mehl (evtl. eine Mischung aus Weizen, Roggen und Gerste)
  1 Würfel Hefe
  1/4 l Wasser
  1 TL Meersalz

Variante: Einen Teil der Flüssigkeit durch saure Sahne und ein bis zwei Eier ersetzen.
Die Hefe in etwas lauwarmem Wasser auflösen und mit dem Salz zum Mehl geben. Mit soviel Wasser kräftig durchkneten, daß ein geschmeidiger Teig entsteht. Eventuelle weitere Zutaten mit einarbeiten. Solange kneten, bis der Teig nicht mehr klebt. An warmem Ort gehen lassen, bis er sich verdoppelt hat; nochmals kräftig kneten, dann formen und vor dem Backen erneut kurz gehen lassen.
Auf Backtrennpapier oder ein gefettetes und bemehltes Blech legen.
Bei 200 - 220 Grad C zwischen 25 Minuten bei kleineren Stücken und 60 Minuten bei einem ganzen Brot backen.

142 **Gehaltvolle salzige Knabbereien**

– Mit nassen Händen kleine Brötchen formen, die mit geriebenem Käse, Sesam, Sonnenblumenkernen, Mohn oder gebratenen Zwiebeln bestreut werden. Ein wenig davon auch schon mit in den Teig hineinkneten.
– Dünne Fladen ausrollen, mit Öl bestreichen und frische Kräuter darüberstreuen.
– Am Lagerfeuer einen kleinen Teigball auf die Stockspitze spießen oder eine Teigschlange um sie herumrollen und ein „Stockbrot" am Rande der Flammen backen. Für solche Brote lassen die meisten Kinder alle Würstchen stehen!

– Aus diesem Teig können Sie auch Stangenbrote backen; den Teig in eine Kastenform geben. So erhalten Sie ein ganz „normales", besonderes Brot.

143 Überbackene Toastbrote Vollkorntoastbrote leicht vortoasten, mit Butter bestreichen und belegen: Tomaten- oder Gurkenscheiben, dünne Zwiebelringe, geraspelte Karotten, Apfelringe, Ananasscheiben jeweils mit einer Scheibe Käse (gut geeignet ist Gouda oder ein Rahmkäse) bedecken. Einige Toastbrote mit Rührei und Schnittlauch belegen.

144 Gebackene Stangenbrote Stangenbrote entweder der Länge nach aufschneiden oder im Abstand von zwei bis drei Zentimetern quer fast ganz durchschneiden und bestreichen:
– 250 g Butter mit Salz und Pfeffer und kleingeschnittenen Kräutern und/oder durchgepreßtem Knoblauch vermischen.
– Sehr gut schmeckt auch eine Käsecreme in den Broten: 125 g Butter, 2 Eier und 500 g geriebenen Käse (Gouda oder Emmentaler) gut mischen und aufstreichen.
Die Brote in Alufolie wickeln, bei mittlerer Temperatur etwa 20 Minuten backen und heiß servieren.

Komplette Mahlzeiten

Kartoffelsalat und Würstchen mögen zwar die meisten Kinder, aber wie wäre es einmal mit etwas anderem, was auch nicht mehr Arbeit macht?

145 Gebackene Kartoffeln Möglichst gleich große Kartoffeln sehr gut abbürsten und einzeln in Alufolie wickeln. Eventuell vorher mit Speck umwickeln und mit Kräutern würzen. Bei sehr hoher Temperatur im Ofen etwa 30 Minuten backen, dann durch Anstechen prüfen, ob sie gar sind. Die fertigen Kartoffeln aufreißen und etwas Kräuterbutter hineingeben. Dazu schmecken Kräuterquark und Salat.
Die fast fertig gegarten Kartoffeln lassen sich auch gut mit ans Lagerfeuer nehmen: Dort werden sie in der Folie auf einen Stock gespießt und am Feuer fertiggebacken.
Variante: Die gewaschenen Kartoffeln halbieren und mit der Schnittfläche nach oben aufs Blech legen. Nach zehn Minuten Backen die Schnittflächen mit einem auf eine Gabel gespießten Stück Butter einfetten und mit Kräutersalz bestreuen, evtl. auch mit frischen Kräutern oder geriebenem Käse. Dann fertigbacken.

146 Spaghetti-Essen mit verschiedenen Soßen Ich kenne keine Kinder, die Spaghetti nicht mögen würden. Etwas Besonderes entsteht aus solchem Essen, wenn verschiedene Sorten Spaghetti da sind (die besonders langen nicht vergessen, möglichst auch verschiedenfarbige). Pro Person rechne ich etwa 100 g. Dazu werden verschiedene Saucen, möglichst auch in verschiedenen Farben, vorbereitet.

• Tomatensauce:
2 Zwiebeln und 2 Knoblauchzehen kleinschneiden und in Olivenöl anbraten 1 kg Tomaten (oder 4 kleine Dosen Tomaten, notfalls auch Tomatenmark) kleinschneiden und dazugeben, ebenso 2 kleingeraspelte Karotten, ein kleines Stück Sellerie, mit 1/4 l Gemüsebrühe aufgießen und mit viel Oregano und Thymian, etwas Pfeffer und 2 Lorbeerblättern würzen.
Das ganze sehr lange köcheln lassen; evtl. etwas Flüssigkeit nachfüllen. Die meisten Kinder mögen die Soße lieber glatt - kein Problem: man gibt sie einfach in den Mixer (ohne den Lorbeer!).

• Käsesauce:
Eine Mischung aus 250 g süßer Sahne und 250 g Gemüsebrühe wird erhitzt; unter ständigem Rühren 100 g geriebenen Parmesan hinzufügen, bis eine sähmige Masse entsteht, schließlich noch 2 durchgepreßte Knoblauchzehen. Abschmecken mit Pfeffer und Muskatnuß.

• Grüne Pasta:
Von 3 Bund Basilikum die Blätter abzupfen und zusammen mit 3 Knoblauchzehen und 100 g Pinienkernen gut durchmixen. Anschließend 2 EL geriebenen Parmesan daran und mit Olivenöl zu einer glatten Paste rühren.
Auf jede Portion Nudeln gehört ein Löffel von dieser kalten Pasta.
Zu den Nudeln schmeckt eine große Portion frischer Blattsalat.

147 Pizza In einem Heißluftherd lassen sich sehr gut mehrere Bleche mit Pizza gleichzeitig backen, damit alle satt werden. Sind die Zutaten alle vorbereitet, ist die Pizza am Fest selbst schnell belegt.
Ein Hefeteig (siehe S. 43) wird dünn auf den Blechen ausgerollt und etwa zehn Minuten bei 200 Grad C vorgebacken. Die Tomatensauce kann ebenfalls schon fertig sein (siehe oben). Dosentomaten schmecken zwar nicht so gut, sind aber der Schnelligkeit wegen auch eine gute Lösung. Der Käse (z.B. Gouda) ist gerieben, an Gemüse ist geschnitten, was den Kindern schmeckt. (Wegen der möglicherweise entstehenden krebsauslösenden Nitrosamine sollte auf Wurst oder Schinken auf der Pizza verzichtet werden).
Wenn es soweit ist, wird die Pizza belegt: zuerst die Sauce, dann das Gemüse und darauf den geriebenen Käse. Nun noch etwas Oregano daraufgestreut und ein wenig Olivenöl darüber.
Nach 20 Minuten bei 200 Grad C ist die Pizza fertiggebacken.

148 Hackfleischpastete Aus folgenden Zutaten wird ein Teig gemischt (Menge für 6 Pers.)

600 g Rinderhackfleisch
2 altbackene Semmeln (in Wasser eingeweicht und ausgedrückt)
2 Eier
1 große Zwiebel
1 Bund Petersilie
2 TL Kräutersalz, Pfeffer und Thymian.

In die Mitte des Teiges drücken Sie festgekochte, geschälte Eier, so erhalten Sie beim Aufschneiden besonders schöne Scheiben. Die Pastete in einer Form etwa 60 Minuten bei 220 Grad C backen.
Dazu passen gut Stangenbrot und frischer Salat.

149 Hamburger Aus dem gleichen Teig wie in Nr. 148 werden dünne Pflanzerl gebacken, so kann man sie gut als „Hamburger" essen (und auch bei Festen im Freien mitnehmen): In aufgeschnittene Semmeln legen und mit Salatblatt, Gurken- und Tomatenscheiben und ein wenig dicker Salatsoße oder Mayonnaise würzen.
- Oder kleine Bällchen daraus formen und braten oder in Brühe garen, so können sie später am Lagerfeuer auf Stöcke gespießt und gebraten werden, auch wenn es nur ein kleines Ersatzfeuerchen aus Teelichtern in einer Pfanne sein sollte (siehe Ritterfest S.107).

150 Vegetarische Pastete Dieses Rezept wird auch Kindern schmecken, die noch nicht mit der Vollwertküche vertraut sind!

2 Tassen grob geschroteten Grünkern
2 Tassen Gemüsebrühe
1 Ei
1 durchgepreßte Knoblauchzehe
1 Bund Petersilie,
1 kleingeschnittene Zwiebel
50 g geriebenen würzigen Käse
2 EL Mehl
etwas Majoran, Salz, Pfeffer

Den Grünkern in die kochende Gemüsebrühe geben und 10 Minuten aufquellen lassen; dann alle Zutaten miteinander verkneten und abschmecken. Sollte der Teig zu weich sein, können Sie ein wenig Semmelbrösel hinzugeben. Weiterverarbeiten wie die Hackfleischpastete (Nr. 148).
Zum Backen im Rohr aber am besten in eine geschlossene Form geben (z.B.Tonform), damit sie nicht austrocknet.
Zu der Pastete schmecken sehr gut verschiedene Saucen (siehe S. 53)

151 Raclette gehört zu den geselligen Gerichten, die lange dauern, für deren Vorbereitung aber fast keine Zeit gebraucht wird. Da jeder sich selbst

herrichtet, was er jeweils essen will, sind alle immer beschäftigt. Kinder mögen es auch deshalb gern, weil sie das Gefühl haben, daß sie dabei wirklich selber entscheiden können, was sie essen möchten.
Sie brauchen dafür allerdings ein entsprechendes Gerät - und Freunde, die vielleicht ein zweites dazu ausleihen können.
Pro Person wird etwa 150 g Käse gerechnet; es muß nicht unbedingt Raclette-Käse sein. Kinder mögen einen milderen, z.B. einen Rahmkäse, oft lieber. Am besten wählen Sie verschiedene Käsesorten, die gleich in dünne Scheiben geschnitten werden. Gekochte Kartoffeln brauchen Sie eine ganze Menge, dazu Mixed Pickles und Salate.

152 **Käsefondue** Dieses Rezept hat den Vorteil, daß es eigentlich nicht mißlingen kann. Außerdem enthält es so wenig Alkohol, daß es auch für Kinder geeignet ist (Mengenangaben für sechs Personen).

750 g geriebenen Käse (halb Greyerzer, halb Emmentaler)
in Stücke geschnittenes Stangenbrot
125 g Butter
1 1/2 Tassen Weißwein
4 EL Tomatenmark
1 Knoblauchzehe
etwas Majoran
1 TL Stärkepulver
2 EL Kirschwasser

Im Fonduetopf die Butter zerlassen, die durchgepreßte Knoblauchzehe dazugeben und den Käse darin schmelzen. Unter ständigem Rühren den Wein, das Tomatenmark und den Majoran unterziehen. Das Stärkepulver im Kirschwasser anrühren und dazugeben, noch einmal aufkochen lassen. Den Fonduetopf sofort auf das Spiritusrechaud stellen.
Die auf Fonduegabeln gespießten Brotstücke in die Käsesoße tauchen und essen; dazu gibt es Mixed Pickles und Salate.

153 **Verschiedene Salate** Salate als Hauptgericht auf der Basis von Nudeln, Kartoffeln oder Reis sind selten verkehrt und lassen sich gut vorbereiten. Je nach Jahreszeit und Geschmacksrichtung werden Gemüse und/oder Obst hineingeschnitten, dazu eventuell Schinken oder Hühnerfleisch, abgeschmeckt mit einer Sahnesoße.
Solche Salate eigenen sich besonders gut, wenn nicht in der Wohnung gefeiert und das Essen nach draußen mitgenommen wird: In verschließbaren Eimern läßt sich der Salat problemlos transportieren. Gegessen wird er z.B. aus ausgewaschenen Joghurtbechern, auf denen jeweils der Name des Kindes aufgeklebt ist.

Ein kaltes Buffett

Schön sieht es schon aus - aber es macht auch ein wenig mehr Arbeit. Vielleicht helfen ein paar gute Freunde bei der Vorbereitung mit?

154 Schlangenbrot Ein Schlangenbrot schlängelt sich über den ganzen Tisch: Stangenbrot wird aufgeschnitten und in Portionsstücke geteilt, ein Ende wird der Kopf, ein anderes der Schwanz (weitere Endstücke verwertet man anderweitig). Der Schlangenkopf bekommt Radieschen oder Paprikastückchen als Augen (mit Zahnstochern festgespießt), eine herausstehende Scheibe Wurst als Zunge. Die übrigen Portionsstücke kann man jeweils verschieden belegen, auch mit viel „Grünzeug".

155 Semmelmonster Aus der aufgeschnittenen Semmel hängen eine Scheibe Käse, Schinken oder Wurst als Zunge heraus; die Augen sind Radieschen, ein Stück Tomate oder Ei (Zahnstocher); die Augenbrauen werden aus Petersilie, die Nase und der Schwanz aus Gurke oder gelber Rübe gemacht. Vielleicht noch ein Hut gefällig aus grüner Gurke oder Ei oder einem Salatblatt? Solche Kreationen sind fast zu schön zum Verspeisen!

156 Gefüllte Semmeln Semmeln etwas aushöhlen und mit Salat füllen (siehe Nr. 160).

157 Schachbrett-Häppchen 3 Vollkorn-Toastbrote mit Streichkäse bestreichen und 3 mit Paprikacreme (3 hartgekochte Eier mit etwas Senf, Salz, Paprikapulver und ein wenig Streichkäse mixen); alle Brote vierteln und wie ein Schachbrett legen.

158 Blütenblätter-Brote Schwarzbrote mit Käse belegen, in schmale Streifen schneiden und wie Blütenblätter um eine halbe Tomate legen.

159 Toastbrot-Formen Aus belegten Toastbroten werden mit Ausstechern verschiedene Formen ausgestochen (aus den Brotresten wird am nächsten Tag ein Semmelschmarrn, Wurst- und Käsereste kommen in einen Salat) und garniert.

160 Bunte Salatfüllungen Als Basis eine Grundsoße herstellen aus Quark und etwas Sahne, mit Salz, Pfeffer und ein wenig Zitrone oder Essig pikant abschmecken. Sie kann unter folgende Mischungen gerührt werden:
– hartgekochte, kleingeschnittene Eier, Mais, Avocadostückchen;
– kleine Käsestückchen, geschnetzelten Apfel, Ananasstückchen;
– Wurst- oder Schinkenstücke, kleingeschnittene saure Gurke, Erbsen;
– eine Paprika, halbiert und entkernt, wird zu einem Schiff: Salatfüllung hinein, aus Papier ein Segel geschnitten und mit einem Schaschlikspieß hineingesteckt.

– soll die Paprika zu einem Babybett werden? Salatblatt hinein, ein halbes Ei bekommt ein Gesicht aus Tomatenmark und wird mit Salat gedeckt.

161 Fliegenpilztomaten Das obere Drittel einer Tomate abschneiden, den unteren Teil aushöhlen und füllen, auf den Deckel Mayonnaise-Tupfen geben.

162 Gurkenschiffchen Möglichst kleine Schlangengurken der Länge nach halbieren und etwas aushöhlen, füllen und mit mehreren Segeln bestekken (an einem Schaschlikspieß zwei oder drei rechteckige Segel übereinander)

163 Krokodil Aus der Schlangengurke kann auch ein Krokodil werden: Das Maul wird ausgeschnitten (evtl. zickzack als Zähne); Perlzwiebeln werden die Augen, die vier Beine entstehen aus einer sauren Gurke: diese längs und quer durchschneiden, die Schnittenden zweimal ein Stück weit einschneiden (als Krallen), mit Zahnstochern feststecken.

164 Melonenkunst Zuckermelonen quer durchschneiden, Kerne entfernen und von der Blüte bzw. dem Stiel her in Schnitze schneiden; ein Löffelchen Käsecreme darauf, eine Scheibe rohen Schinken locker rollen, zweimal durchspießen und als Segel in die Melone stecken. Oder bilden die (Zucker- oder Wasser-) Melonenschnitze eine große Blüte um eine halbe Pampelmuse mit vielen Spießchen darin?

165 Vitamine nach Wahl Viele Kinder lieben keine bunten Salate; sie essen statt dessen lieber alles einzeln und pur. Warum soll man dem nicht entgegenkommen?
Alles, was die Saison gerade anbietet, wird mundgerecht vorbereitet und schön ausgebreitet oder in einzelne Becher gesteckt: Paprikastreifen, Gurken und gelbe Rüben in länglichen Schnitzen, Radieschen, Chicoréeblätter, Stangensellerie, Kohlrabischnitze, Blumenkohlröschen...
Dazu wird eine pikant gewürzte Quarksoße (oder auch mehrere verschiedene dickflüssige Soßen) hingestellt, in die jeder das Gemüse stippen kann.

166 Spieße Spießchen aller Art sind schnell gerichtet und sehen schön aus: kleine Fleischbällchen, Käse- oder Schinkenwürfel, Wurststückchen, Apfelstückchen, Weintrauben, Ananasstückchen, Perlzwiebel, Paprika, Gurkenstücke, Champignons u.v.m. Die Spießchen werden in die Schalen von halben Pampelmusen gesteckt, in halbe Melonen, in einen halben Apfel, in eine angeschnittene Ananas (mit der Blüte nach oben) oder in eine der Länge nach halbierte Gurke.

Kapitel 4

Vom Schenken und beschenkt werden

Bei allen Kindergeburtstagen und bei manchen anderen Festen ist es inzwischen üblich, daß die eingeladenen Kinder kleine Geschenke mitbringen und auch welche bekommen.
Dies ist eigentlich eine sehr schöne Gewohnheit - wer freut sich nicht über eine kleine Überraschung? Inzwischen geschieht es aber immer häufiger, daß diese Geschenke einen sinnvollen Rahmen sprengen. Daß ein Kind von einem Kindergeburtstag mit „Kleinigkeiten" in einem Gesamtwert von 30 DM nach Hause kommt, halte ich nicht für sinnvoll. Dadurch wird bei den Kindern eine ungeheure Anspruchshaltung erzeugt. Nicht mehr das Fest

als solches steht im Mittelpunkt, sondern die Geschenke, die jeder mit nach Hause nimmt. Andere Eltern fühlen sich durch solche Vorgaben und durch die Kinder unter Druck gesetzt. Außerdem ist nicht jeder in der Lage, die ganze Kindergruppe so reich zu beschenken.
Andererseits lassen die „Kleinigkeiten" oft eine große Hilflosigkeit der Eltern erkennen. Die üblichen Kindergeburtstagsgeschenke sehen zwar schön aus, sind aber ärgerlich, da sie meist gleich kaputtgehen, überhaupt nicht richtig zu gebrauchen oder auch so schon im Überfluß vorhanden sind. Dabei ist es nicht schwierig, den Kindern etwas Schönes und Sinnvolles mit nach Hause zu geben, was zudem nicht viel kostet. Dafür seien einige Beispiele genannt.
Es ist wichtig, daß die eigenen Kinder das Fest schon mit der Einladung beginnend mitplanen und mitgestalten. Das muß aber nicht die Überraschungen miteinbeziehen. Das gilt besonders für die Kleineren, bei denen die Neugier auf das, was es wohl für jeden gibt, die Spannung noch erhöht.

Das Verteilen der Kleinigkeiten an die Gastkinder ist im übrigen ein Kapitel, an das sich mancher nur ungern erinnert: „Ich mag das nicht", „Das hab ich schon, kann ich etwas anderes haben", „So etwas kann ich nicht brauchen, das ist doch blöd!" - und wie die Äußerungen so lauten.
Umgekehrt kann auch ein großes „Raffen" einsetzen: Jeder versucht nur, so viel wie möglich zu ergattern, wobei eigentlich gleichgültig ist, was da verteilt wird.
Wenn das Geschenkeverteilen an das Siegen bei den einzelnen Spielen gekoppelt ist, kann u.U. ungerechte Verteilung die Folge sein, da einige öfter siegen als andere und besonders zurückhaltende Kinder leicht das Nachsehen haben. Unweigerlich macht sich Enttäuschung breit und kann sich stimmungstötend auswirken. Andererseits sind es viele Kinder einfach so gewöhnt, daß man die Spiele in erster Linie spielt, um Preise zu gewinnen.
Dennoch haben wir bessere Erfahrungen damit gemacht, das Spielen und die Geschenke weitgehend zu entkoppeln. Eigenartigerweise gibt es unter den Kindern kaum Unmut, wenn sie sich die - verpackten - Geschenke selber aussuchen dürfen. Die wenigsten Komplikationen aber gibt es, wenn sich das, was die Kinder schließlich mit nach Hause nehmen, aus dem Nachmittag ergibt: Sei es, daß sie es selber basteln, sei es, daß es als Spielutensil in das Fest integriert war.
Eines darf nicht vergessen werden: Die Kinder brauchen ein Behältnis, in das hinein sie ihre Schätze sammeln können, sowohl die kleinen Überraschungen wie auch das, was sie nicht sofort essen wollen (z.B. Plätzchen, Nüsse, Trockenfrüchte oder Süßigkeiten). Das einfachste ist es, für jedes Kind eine Plastiktüte mit einem Namensaufkleber darauf bereit zu halten. So kann es keine unliebsamen Verwechslungen geben. Eine durch das Zimmer gespannte Schnur, an der alle Tüten mit Wäscheklammern aufgehängt sind, sieht schön aus und ist sehr praktisch, weil das ständige Suchen („Wo ist meine Tüte?") entfällt.

Geschenke für die Hauptperson

Gerade für kleinere Kinder kann das Schenken noch große Schwierigkeiten machen. Brauchen sie nicht gerade das Stück unbedingt für sich, was sie jetzt verschenken wollen bzw. sollen?
Etwas „weg-schenken" können, bedeutet für sie oft einen mühsamen Lernprozeß, den sie erst üben müssen. Hier können Sie ein wenig helfen, diesen Konflikt zu entschärfen, indem das Schenken ritualisiert oder aus dem Schenken ein eigenes Spiel gemacht wird.
Es hat sich bewährt, daß nicht jedes Geschenk gleich nach der Übergabe ausgepackt wird: Das Geburtstagskind behält sonst kaum den Überblick, was von wem kommt. Für die Schenkenden ist es wichtig, zu sehen, ob das mitgebrachte Geschenk gefällt. Außerdem können die anderen Kinder die Geschenke nicht richtig wahrnehmen und bewundern; statt dessen breitet sich leicht eine allgemeine Hektik und Orientierungslosigkeit aus.
Besser ist es, so zu verfahren:
- Sind alle Kinder eingetroffen, so setzen sich alle im Kreis, die Geschenke liegen in der Mitte. Nun wird in aller Ruhe ausgepackt, bewundert, erklärt und auch Danke gesagt. Solch eine Runde gibt auf dem Fest die erste Chance, daß sich alle Kinder bewußt wahrnehmen und etwas gemeinsam machen.

167 Schenken-Spiel

Das Schenken-Spielen kann besonders für kleinere Kinder eine große Hilfe sein:
Jeweils ein Gast versteckt sein Geschenk im Raum. Dann dürfen ein oder zwei Kinder abwechselnd suchen. Das Geburtstagskind aber will meist selbst auspacken oder läßt es die anderen abwechselnd auspacken? Zum Schluß der Reihe verstecken die Eltern und das Geburtstagskind sucht - ein Paket, in dem ein kleines Geschenk für jedes Kind steckt.

168 Einige Varianten zum Schenken-Spiel

– Das Paket mit den vielen Geschenken wird vorher in so viele Hüllen gepackt, wie Kinder da sind. Die Musik spielt, es wird herumgereicht. Setzt die Musik aus, darf das Kind, das es gerade hält, die erste Schicht entfernen, usw. War jemand schon einmal dran, reicht er das Paket an ein Kind weiter, das noch nicht dran war. Das letzte Kind darf die Geschenke verteilen.
– Reihum wird gewürfelt. Wer eine Sechs hat, darf mit dem Auspacken beginnen, bis er von dem nächsten mit einer Sechs abgelöst wird. Der letzte Auspacker darf verteilen.
– Dieses Spiel kann auch noch weiter ausgedehnt werden (aber nur bei größeren Kindern, sonst wird die Spannung zu groß). Z.B. steht auf jeder Hülle innen ein Rätsel, das erst gelöst sein muß, bevor es weitergeht.
– Vielleicht stecken auch alle verpackten Geschenke in einem großen (Nikolaus-) Sack, in den jeder einmal blind hineinlangen darf, um sich etwas herauszuholen.

Kleine Geschenke für die Gäste

169 Wundertüten haben auch heute noch nichts von ihrer Faszination verloren. Für jedes Kind wurde eine vorbereitet und an einer langen Schnur aufgehängt, die sich verheißungsvoll durch das Zimmer spannt:
Ein DIN A 4 Blatt (oder auch etwas größer) wird zur Tüte gefaltet, die überstehende Lasche festgeklebt und bemalt. Durch ein Loch in der langen Spitze kann sie aufgehängt werden. Nach dem Füllen wird sie gut zugeklebt.

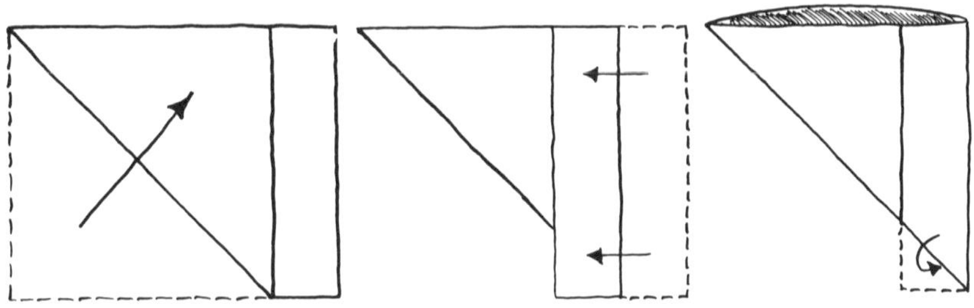

Diese Tüten können gleich zu Beginn oder auch erst im Verlauf der Spiele verteilt werden.

170 Tüten-Spiel Die Tüten hängen, mit Wäscheklammern befestigt, nur ganz leicht an der Leine und werden zum Zielwerfen benutzt. Mit einem Tennisball muß jeder versuchen, eine Tüte zu treffen und abzuschießen. Die Reihenfolge wird durch das Geburtstagskind bestimmt oder durch das Alphabet oder wodurch sonst?
Für jedes Kind ist eine Kette vorbereitet, für die verschiedene leckere Kleinigkeiten auf einen Zwirnsfaden (Nähfaden reißt zu leicht) aufgefädelt wurden, entweder süße oder salzige. Ein Namensschildchen daran verhindert Verwechslungen!

171 Eßbare Männchen Sie hängen an einer langen Leine: Aus fünf Bonbons werden Arme, Beine und Rumpf mit Heftklammern aneinandergezwickt, der Kopf ist entweder ein andersfarbiges Bonbon oder eine angeklebte Papierkugel (aus dem Bastelgeschäft oder ein Pusteball vom letzten Fasching).

Gebastelte Geschenke

Wer die Zeit findet, vor einem Fest für alle etwas zu basteln, kann sicher sein, daß kein Kind sagen wird: „Das hab ich schon!"

172 Geschenk aus Stoffresten In den meisten Haushalten finden sich Stoffreste: Aus ihnen sind schnell kleine Beutel oder Täschchen genäht: Ein quadratisches Stück Stoff wird ausgeschnitten (etwa in Größe eines Taschentuches). Die Seitennähte schließen, die Öffnung oben etwa 2 cm hoch nach innen umnähen. Zum Schluß ein Bändchen durchziehen. Mit buntem Faden werden vor dem Schließen der Täschchen die Anfangsbuchstaben der Namen im Zickzackstich draufgesteppt. In diesen Beuteln können die Kinder gleich ihre sonstigen Kleinigkeiten sammeln.

173 Fahrradwimpel Aus einfarbigem Stoff näht man Fahrradwimpel, die mit zwei Gummizugschlaufen über eine Lenkerseite gehängt werden. Verziert werden sie mit gesteppten Namenszeichen oder applizierten farbigen Stoffbildern.

174 Bunte Kreppapierkränze Sie erfreuen besonders kleinere Kinder. Ihre Verteilung erfolgt spielend, z.B. mit dem Spiellied: „Und wer im Januar Geburtstag hat...". Jeder, der in den Kreis tritt, bekommt einen Kranz aufgesetzt.
(Siehe unter Spiellieder S. 70). Wer aufgefordert wird, bekommt den Kranz. Zwei verschiedenfarbige Kreppapierbänder, etwa zwei bis drei Zentimeter breit und einen Meter lang, werden zu einer Hexentreppe gefaltet. Dabei bleibt am Anfang eine Schlaufe stehen, dem Kopfumfang entsprechend. Sie wird zugeklebt und das Ende durch die Schlaufe gesteckt, so daß die überstehenden Bänder frei flattern können. So kann die Weite des Kränzchens dem jeweiligen Kopfumfang angepaßt werden.

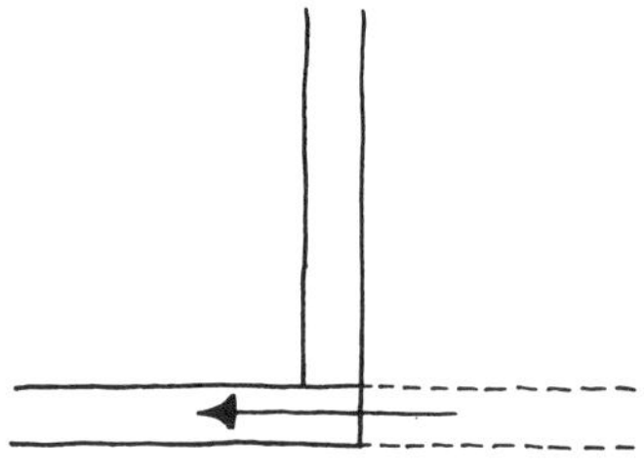

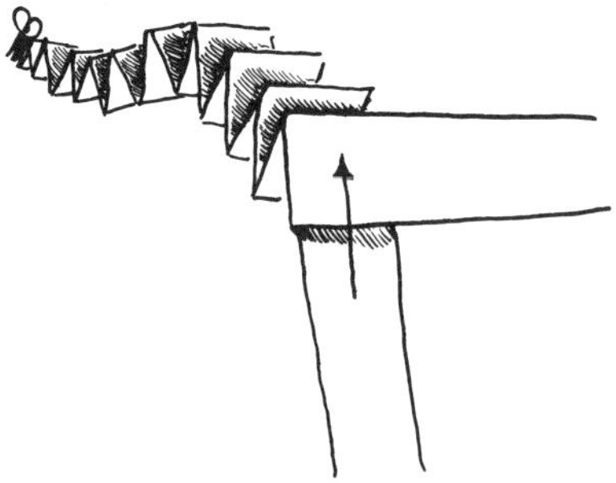

175 Ketten und Armbänder Ihre Kinder helfen sicher gerne mit beim Auffädeln schöner Ketten oder Armbänder. Die Kugeln dafür gibt es zu kaufen oder sie werden, z.B. aus Fimo, selbstgemacht. Größere Kinder fädeln

vielleicht eine oder drei schön marmorierte große Fimo-Perlen auf ein dickes Lederband. Die Marmorierung wird erreicht durch behutsames Verkneten von zwei oder drei verschiedenen Farben (im Ofen härten).

176 Broschen Böden mit Spangen daran gibt es im Bastelgeschäft. Auf ihnen können Verzierungen angebracht werden. Genausogut kann man auch Kronkorken nehmen, sie mit einer härtenden Masse ausfüllen und vor dem Härten eine kleine Sicherheitsnadel hineindrücken, die damit gleich festgehalten wird. Jetzt kann der Kronkorken bemalt werden, am schönsten mit Emaillelack.

177 Broschen-Varianten Unsere Broschen werden mit anderen Materialien beklebt:
- mit Fimo kombiniert, mit kleinen Perlen oder anderen filigranen Gegenständen;
- mit der dünnen, gesägten Scheibe eines Astes, die ihrerseits mit wenigen, kleinen Gegenständen wie Tannennadeln, Schuppen von einem Tannenzapfen, Apfelkernen o.ä. beklebt wurde.

178 „Lebende" Geschenke Ein Geschenk ganz anderer Art: Blumen werden vorgezogen oder Ableger von Pflanzen rechtzeitig zum Wurzeln gewässert, damit die Gäste sich diese am Festtag einpflanzen oder umtopfen können - eventuell in selbst bemalte Blumentöpfe.

179 Blumenpresse Eine Blumenpresse ist auch ein sehr schönes Geschenk und mit wenig Aufwand selbst herzustellen:
Aus Sperrholz werden für jedes Kind zwei gleichgroße quadratische Platten ausgesägt mit etwa 15 bis 20 Zentimetern Seitenlänge. Man braucht pro Presse vier Flügelschrauben, etwa fünf Zentimeter lang, und durchbohrt die Platten jeweils in den vier Ecken, so daß die Schrauben problemlos durchpassen. Es empfiehlt sich, leere größere Kartons zu sammeln, aus denen dann die Blätter für die Presse geschnitten werden - diese Arbeit aber können die Kinder am Fest auch selbst erledigen, ebenso wie das Beschleifen und Bemalen der Platten.

Steht das Fest unter einem bestimmten Motto, kann dieses auch die Geschenke bestimmen. Da sie sich oft aus dem Spielverlauf ergeben oder sich doch in diesen einbauen lassen, werden sie unter dem jeweiligen Motto in dem Kapitel „Themenfeste" mit angeführt.

Kapitel 5

Tanzen und Springen, Singen und Klingen

Bewegung und Tanz sind fast untrennbar mit großer Freude verbunden; ein sehr glückliches Kind hüpft und springt und singt, um seiner Freude Ausdruck zu geben. Wenn wirklich lustig gefeiert werden soll, dann sollte auch für die Kinder die Möglichkeit zum Tanzen bestehen. Auf Faschingsfesten steht das Tanzen oft im Mittelpunkt; auch andere Feste können nur gewinnen, wenn ein paar Tanzrunden eingelegt werden. Dabei wird hier das „Tanzen" durchaus weit gefaßt: Von einfachen Spielliedern bis zu Partytänzen wurde Verschiedenes zusammengetragen, was Kindern auf Festen gefiel.

180 Geburtstagslieder

Es sollte kein Geburtstagsfest vorübergehen, bei dem nicht dem Geburtstagskind ein Ständchen gesungen wird - vielleicht nachdem alle Geschenke ausgepackt wurden und bevor man sich zum allgemeinen Schmausen niederläßt? Singen allein aber ist nicht genug, denn eine ganze Musikkapelle begleitet den Gesang, damit er nicht so dürftig klingt:
Alles, womit man verschiedenartige Geräusche machen kann, ist erlaubt: Klatschen und Trommeln, Zupfen und Reiben an Luftballons, Rasseln aus leeren Kaffeedosen mit Bohnen darin, das Weihnachtsglöckchen, eine Trommel aus Kochlöffel und Plastikeimer, zwei Bauklotzstäbe zum Gegeneinanderklopfen, eine zur Hälfte aufgeblasene Plastiktüte, die in sich gestaucht wird, für leise Stellen ein Stück knisternde Folie, ein Stück Gartenschlauch zum Hineintröten, ein Baby-Quietschball und manches mehr. Bei solch einer Auswahl findet sicherlich jeder etwas, das ihm Spaß macht. Allerdings muß man alles erst einmal ausprobieren können. Vielleicht gelingt es, dieses Konzert sogar aufzunehmen; das Abhören bereitet sicherlich den größten Spaß - und dann erst eine Neufassung extra für das Band!
Den folgenden Kanon kennen die meisten Kinder, so daß er vielleicht sogar vierstimmig gesungen werden kann.

181 Viel Glück und viel Segen

182 Happy Birthday

183 Kräht der Hahn...

Steht der Kuchen auf dem Tische,
macht sich dick, macht sich breit:
Guten Morgen (Rumpumpel),
Dein Geburtstag ist heut.
Kräht der Hahn, kräht der Hahn,
kräht der Hahn kikeriki.

Und der Vater und die Mutter,
alle Kinder, alle Leut
schreien: Hoch der (Rumpumpel)!
Sein Geburtstag ist heut.
Kräht der Hahn, kräht der Hahn,
kräht der Hahn kikeriki.

184 Früh schon bin ich aufgewacht

185 Namenslied

Jedes Kind bekommt ein paar Blumen in die Hand und überreicht sie zum Schluß des Liedes.

186 Geburtstagskind, Geburtstagskind...

Zum Schluß folgt noch ein Geburtstags-Spiellied, in dem nicht nur das Geburtstagskind im Mittelpunkt stehen darf.

187 Das Monatslied

Nacheinander werden alle Monate des Jahres besungen und die jeweiligen Geburtstagskinder treten in die Mitte.
Statt Mädel bzw. Junge kann man auch die jeweiligen Namen nennen.

Spiellieder für die Jüngeren

Hier sei an die bekanntesten Spiellieder erinnert. Meist ist die Zeit auf einem Fest zu knapp, um erst etwas einzustudieren, was sehr vielen Kindern unbekannt ist, es sei denn, das neue Lied ist sehr einfach und eingängig:

188 Bi-Ba-Butzemann

Dieses Spiellied kann mit einem Butzemann begonnen werden, bei jeder Wiederholung holt er sich einen neuen dazu, während die anderen Kinder singen und klatschen, oder es tanzen gleich zu Beginn alle miteinander im Kreis. Die Butzemänner machen die Bewegungen, die der Text benennt.

189 Brüderchen, komm tanz mit mir

* Eine große Zahl von Spielliedern für die Kleinsten finden sich in dem Buch der Autorin "Spielen mit kleinen Kindern und Babys" der Reihe Mit Kindern leben im Rowohlt Verlag

Mit dem Köpfchen nick, nick, nick,
mit dem Fingerchen tick, tick, tick.
Einmal hin, einmal her,
rundherum das ist nicht schwer.

Ei, das hast du fein gemacht
ei, das hätt' ich nicht gedacht.
Einmal hin, einmal her,
rundherum, das ist nicht schwer.

Noch einmal das schöne Spiel,
weil es uns so gut gefiel.
Einmal hin, einmal her,
rundherum, das ist nicht schwer.

190 Eins, zwei, drei im Sauseschritt

Eins, zwei, drei im Sauseschritt
gehen alle Kinder mit. (In Kreisrichtung gehen)
Der/die ... ist an der Reih
und tanzt an uns vorbei. (innen oder außen am Kreis entlang)
Bücken, strecken, ringsum drehn,
viermal klatschen, stampfen, stehn.

Beim folgenden Lied können schon die Allerkleinsten mitmachen.

191 Ich reibe meine Nase

Gemeinsam werden viele verschiedene Strophen erfunden, z.B. Ich klopfe meinen Popo. Ich streichle meinen Bauch.

192 Grün, grün, grün sind alle meine Kleider

Varianten:

Schwarz - Schornsteinfeger
Weiß - Bäckermeister
Blau - Autoschlosser
Rot - Feuerwehrmann
Bunt - Malermeister
Alle Kinder, die die genannte Farbe in ihrer Kleidung haben, dürfen während einer Strophe in die Kreismitte und dort einzeln oder im Innenkreis tanzen.

193 Auf der Brück' von Avignon

Auf der Brück' von Avignon (Alle tanzen im Kreis herum)
wolln wir tanzen, wolln wir tanzen.
Auf der Brück' von Avignon (zu zweit fassen)
wolln wir tanzen rundherum.
1...Die Herren tanzen so - ! (Wie tanzen sie wohl?)
Und dann auch wieder so -!
2...Die Damen tanzen so -! Und dann auch wieder so -!
3...Die Kinder tanzen so -! Und dann auch wieder so -!

Das folgende Lied paßt nicht nur zu einem Faschingsfest, es ist auch für weitere Ideen offen:

194 Alle Indianer stampfen mopsfidel

2. Alle wilden Cowboys reiten....
3. Alle Clowns vom Zirkus strampeln...
4. Alle Hörnerteufel bocken...
5. Alle Faschingstiere fliegen...
6. Alle Küchenfeen rühren...
7. Alle alten Weiber humpeln... usw.

Jede Strophe hat ihre eigenen Bewegungen.

195 Das Flummilied

(Schluß: ... und keiner tanzt mehr mit)
2. Die Schultern sind aus Gummi.
Sie pendeln hin und her ....
3. Die Hände...
4. Die Hüften ...
5. Die Beine...
6. Die Füße ...

196 Es will die Maus

2. Es will die Gans....
3. Es will die Katz'....
4. Es will das Pferd...
5. Es will der Bär...

Dem jeweiligen Tier entsprechend werden die verschiedenen Strophen getanzt.

197 Machet auf das Tor

Zwei Kinder bilden ein Tor, durch das die anderen Kinder immer wieder hindurchehen müssen. Das dritte Kind wird zwischen den Armen festgehalten. Es muß sich wählen, hinter welchem Torpfosten es stehenbleiben will. Die beiden Pfosten haben insgeheim ausgemacht, wer Himmel und wer Hölle ist. Stehen schließlich alle Kinder hinter den Torpfosten, werden die Teufel zwischen den Torarmen hin und her gebeutelt und schließlich weggeschleudert, während die Engel sanft auf den Armen gewiegt und schließlich behutsam abgesetzt werden (Ein sicherer Griff ist der Handgelenksgriff: Beide Handflächen gegeneinander und gegenseitig um das Handgelenk fassen).

198 Das wilde Tier

Die Kinder gehen geruhsam im Raum spazieren, während das wilde Tier in seinem Versteck lauert. Schließlich stürzt es heraus und versucht, sich ein Kind zu fangen, das dadurch zum nächsten wilden Tier wird.

199 Hänsel und Gretel

2. Huh - huh, da schaut eine alte Hexe raus.
Sie lockt die Kinder ins Pfefferkuchenhaus.
Sie stellte sich gar freundlich, doch Hänsel, welche Not!
Ihn wollt sie braten im Ofen, braun wie Brot.

3. Doch, als die Hex' in den Ofen schaut hinein,
stießen hinein sie der Hans und's Gretelein.
Die Hexe mußte braten, die Kinder gehn nach Haus.
Nun ist das Märchen von Hans und Gretel aus.

200 Dornröschen war ein schönes Kind

2. Da kam die böse Fee herein.
3. Dornröschen, du mußt sterben!
4. Da kam die gute Fee herein.
5. Dornröschen schlafe 100 Jahr.
6. Da wuchs die Hecke riesengroß.
7. Dann kam der junge Königssohn.
8. Dornröschen wache wieder auf.
9. Da feierten sie das Hochzeitsfest.
10. Da jubelte das ganze Volk

201 Sing-Rollen-Spiel Die Lieder Nr. 199 und 200 werden mit verteilten Rollen gesungen und gespielt (siehe S. 90ff.).

202 Liederraten Ist eine kleine Ruhepause nötig?
Ein Freiwilliger verläßt den Raum, die anderen machen ein Lied aus, dessen erste Zeile sie gemeinsam summen. Wurde mit einem sehr bekannten Lied begonnen, finden sich gleich viele Ratewillige, die als nächste drankommen wollen. Schwieriger wird es, wenn nur der Rhythmus geklatscht wird.

203 Scherzlieder Eine andere Art Spiellieder sind Scherzlieder bei denen jeder sehr genau aufpassen muß, sonst ist vielleicht ein Pfand fällig, oder er scheidet aus, weil er im falschen Moment gesungen, sich bewegt, gesetzt oder hingestellt hat. Die Kinder können selbst bestimmen, auf welchen Umstand jeweils geachtet werden soll.

204 Jetzt fahr'n wir über'n See

Der Jäger blies ins Horn, blies ins Horn,
der Jäger blies ins (Horn).
Da bliesen alle Jäger, Jäger, Jäger, Jäger,
da bliesen alle Jäger,
ein jeder in sein (Horn).

Und als wir drüben war'n, drüben war'n
und als wir drüben (war'n),
da sangen alle Vöglein, Vöglein, Vöglein, Vöglein,
da sangen alle Vöglein;
der helle Tag brach (an).

Erst in der Wiederholung darf das in Klammer gesetzte Wort gesungen werden, beim ersten Mal muß eine Pause eingehalten werden.
Nur hingewiesen sei hier auf folgende Lieder, die sich ebenfalls gut für Kinderfeste eignen:
– Mein Hut, der hat drei Ecken.
– Drei Chinesen mit dem Kontrabaß
– Ein Mann, der sich Kolumbus nannt'.

Allerlei Tanzerei und manche Variationen

Die im Folgenden vorgestellten Ideen - manche neu, viele alt bewährt - beziehen sich vor allem auf die Kinder von etwa 10-12 Jahren oder auf altersmäßig gemischte Gruppen, wie sie z.B. bei Familienfesten oft gegeben sind. In der Pubertät sind solcherart Reglementierungen höchst unerwünscht. Wenn schon getanzt wird, dann ganz anders!

205 Polonaisen Die klassische Tanzeröffnung ist immer noch die Polonaise. Sie bewährt sich vor allem für größere Gruppen (z.B. bei Faschingsfesten), wenn man die bekannten Variationen wählt:
– in langer Schlange durch die Räume gehen,
– in der Mitte des Raumes teilen: Einer geht nach rechts, einer nach links,
– zu zweit zusammengehen und durch die Mitte des Raumes,
– zwei gehen nach rechts, zwei nach links,
– zu viert zusammengehen, durch die Mitte,
– die erste Vierergruppe geht hinter der zweiten vorbei, dann hinter der dritten usw., wobei sich die zweite Gruppe an die erste anhängt, dann die dritte an die zweite usw., bis wieder eine Schlange entstanden ist,
- die ersten beiden bilden ein Tor, durch das die Nachfolgenden schlüpfen; jedes nachfolgende Paar bildet auch wieder ein Tor,
– als letztes schlüpft das erste Paar noch einmal durch die ganze Torreihe, tritt am Ende auseinander, so daß sich eine Gasse bildet; durch sie hüpfen die Paare hindurch und stellen sich in die Reihe.
– Nun wird die Polonaise in den Paartanz aufgelöst.

Variante:

In einer kleineren Gruppe und mit kleineren Kindern wird abgewandelt:
– die Polonaiseschlange führt über verschiedene Hindernisse, z.B. müssen alle über einen Stuhl klettern, unter einem Tisch hindurch usw.
– jeder hüpft auf einem Bein,
– jeder zieht seinen rechten Schuh aus,
– das nächste Stück wird rückwärts gegangen...
– zum Abschluß sucht sich jeder irgendeinen Schuh und tanzt mit dessen Besitzer(in).

206 Stell dir vor, du bist... Bei dem folgenden Tanz tauen sicher alle auf - wenn sie es noch nicht waren:
Zu irgendeiner flotten Musik werden Kommandos gegeben (während der Ansage die Musik kurzfristig leiser drehen):
„Stellt Euch einmal vor, ihr seid...
in das letzte Jahrhundert versetzt; ihr seid eine feine Dame, die vorsichtig in ihrem Reifrock zu tanzen versucht....
Nacheinander gibt man möglichst verschiedene Personen vor, die den Kindern allerdings gut bekannt sein müssen:
Balu, der Bär - Pippi Langstrumpf - Elvis Presley - Urgroßmutter und Urgroßvater - Michael Jackson - Cowboy - Frosch - Pferd - Cowboy - Ballettänzerin - Hampelmann usw.
Zum Schluß führt vielleicht jeder seine Lieblingsrolle vor, die anderen schauen zu - viel Applaus!

207 Kommando Der Spielleiter gibt Kommandos aus, in welcher Art getanzt werden soll, je komischer die Einfälle sind, desto lustiger:
– mit den Armen über den Kopf,
– immer zwei Rücken an Rücken,
– den rechten Fuß hochhalten,
– einen anderen von hinten an der Taille fassen (ergibt schließlich einen Kreis!) usw.

208 Stoptanz Dieser Tanz ist immer wieder beliebt, weil man dabei so schön verrückt tun kann! Man tanzt, so wild man kann. Bricht die Musik ab, erstarrt jeder in der Bewegung, so komisch das auch aussehen mag.
Variante: Wer sich nach Abbruch der Musik noch bewegt, scheidet aus. Es muß aber dennoch immer wieder energisch getanzt werden.

209 Der Ententanz Die Musik können Sie sich per Kassette oder LP leicht besorgen. Der Ententanz gehört inzwischen ebenso wie Rucki-Zucki zu den Standardtänzen bei Kinderfesten.

210 Rucki-Zuck Alle stehen im Kreis und halten sich an den Händen. Während der Musik gehen sie in die Kreismitte und wieder zurück.
Das jeweils angesprochene Körperteil zeigt in die Mitte, wird zurückgeholt, wieder ausgestreckt und ausgeschüttelt. Jetzt drehen sich alle im Kreis, die Zeigefinger zeigen in die Luft. Mit rhythmischem Klatschen beginnt das Ganze von vorne.

211 Schneeball Ein einzelner beginnt, sucht sich einen Tanzpartner und tanzt mit ihm; bricht die Musik ab, verabschieden sich beide voneinander und suchen sich jeder einen neuen Partner.

Variante: Jeder beginnt mit einem Partner zu tanzen; bricht die Musik ab, sucht er sich einen neuen Partner. Ob es gelingt, daß jeder einmal mit jedem tanzt?

212 Wechseltanz Ist die Gruppe groß genug, bilden sich gleich ein großer Innen- und Außenkreis: Ein Kreis tanzt rechts herum, der andere links herum. Stoppt die Musik, so tanzt jeder mit dem nächststehenden des anderen Kreises eine Runde. Nach erneutem Musikstop kehrt er wieder in seinen Kreis zurück, usw.

Die Partnerwahl kann auch der Zufall bestimmen:
Die Namen von Tierpaaren werden auf einzelne Zettel geschrieben; jeder zieht sich einen und sucht sich den dazugehörigen Partner. Die Tiere sprechen aber nur die Tiersprache. Nach jedem Tanz werden die Zettel neu gemischt.

Variante: Für etwas ältere findet die Partnersuche im Dunkeln statt. Man kann die Schwierigkeit (und den Spaß) noch erhöhen, indem man auch „stumme" Tiere aufschreibt wie Regenwürmer, Fische oder Schmetterlinge!

Variante: Besonders für Familienfeste eignet sich die klassische Partnersuche: Suchen müssen sich:
Romeo und Julia, Tristan und Isolde, Faust und Gretchen, Cäsar und Cleopatra, Adam und Eva, Maria und Joseph, Max und Moritz.
Einige Kinder können nach dem Tanz vielleicht schon etwas erzählen über die Person ihrer Rolle?
Diese Partnersuche kann gut als eigenes Spiel ohne nachfolgenden Tanz erfolgen.

213 Retter gesucht Jeder hüpft und tanzt einzeln für sich. Sobald die Musik aufhört, muß sich jeder schnell einen Partner suchen, ihn bei der Hand fassen und sich mit ihm hinsetzen. Spielt die Musik weiter, trennen sie sich wieder und tanzen weiter. Beim nächsten Mal stoppen darf nicht wieder der gleiche Retter gesucht werden. Je schneller der Wechsel geht, desto lustiger!

Im Vordergrund steht bei diesen Tänzen eigentlich nicht der Tanz, sondern die Geschicklichkeit, kombiniert mit der Bewegung.

214 Hilfe gesucht Jeder tanzt allein, aber mit einem Schuh auf dem Kopf. Dieser darf nicht herunterfallen. Passiert es doch, ist derjenige „gelähmt" und muß warten, bis ein anderer ihm den Schuh aufhebt. Diesem darf dabei aber sein eigener Schuh nicht herunterfallen, sonst ist auch er „gelähmt".

215 Huttanz Er wird auf Festen immer wieder gewünscht: Während die Paare tanzen, wird ein Hut so schnell wie möglich weitergegeben. Bricht die Musik ab, so scheidet das Paar aus, das ihn gerade hat. Achtung: Der Hut darf nicht geworfen werden! Das Siegerpaar wird Hutkönig.

216 Tellertanz Auf dem Boden liegen Pappteller, einer weniger als Paare. Bei abbrechender Musik muß sich jedes Paar auf einen Teller zu stellen versuchen. Ein Paar scheidet aus. In der nächsten Runde wird ein Teller weggenommen.
Dieses Spiel sollte nur auf Teppichboden gespielt werden, da die Teller sehr leicht wegrutschen und die Tänzer böse stürzen können.

217 Eisscholle Jedes Paar tanzt auf einer Eisscholle (die Doppelseite einer Zeitung). Nach einiger Zeit stoppt die Musik, dann wird die Zeitung einmal gefaltet - weitertanzen. Wer über den Rand tritt, scheidet aus. Wie klein darf die Eisscholle schmelzen, daß noch ein letztes Paar darauf tanzen kann? Die Musik sollte recht schnell sein, damit kein Stehtanz daraus wird.

218 Luftballontanz Etwas schwieriger ist es schon, einen nicht zu prall aufgeblasenen Ballon ohne Hände zwischen Kopf oder Körper zu halten, denn dabei wird getanzt! Wem er herunterfällt, der scheidet aus.
Variante: Es geht auch mit einer Apfelsine, die zwischen zwei Stirnen gehalten werden muß.

219 Fallende Ballons Für kleinere Kinder ist es schwierig genug, ihren Luftballon immer in der Luft zu halten. Bei ihnen sollte die Freude an der Bewegung und an dem schwierigen Flugobjekt im Vordergrund stehen und auf einen Wettbewerb mit Ausscheiden verzichtet werden.

Kapitel 6

Themenfeste I: Zirkus, Märchen usw.

Feste, die unter ein bestimmtes Thema gestellt werden, sind für die meisten Kinder besonders attraktiv. Einen ganzen Nachmittag oder auch einen ganzen Tag einmal in eine andere Rolle zu schlüpfen und in dieser Rolle zu leben, ist einfach etwas Besonderes. Das Erlebnis, einen Tag lang ein richtiger Indianer gewesen zu sein, wird ganz sicher nicht so schnell vergessen wie ein Fest, an dem nur viele verschiedene Spiele aneinandergereiht wurden.
Viele Eltern scheuen solche Feste, weil sie sehr viel mehr Arbeit befürchten. Das ist aber ein Irrtum: Im Grunde sind auch die meisten dieser Feste eine Abfolge verschiedenster Spiele und Aktivitäten, wie die üblichen Feste auch; nur die spezielle Auswahl und der Rahmen machen das Besondere aus. Ein kleiner Indianer, der versucht, in ein Ziel zu treffen, erlebt das Werfen anders, als wenn es nur einfach um das Werfen geht. Eine ganze Reihe der in den

einzelnen Kapiteln aufgeführten Spiele lassen sich durch Umbenennung und leichte Veränderung der Arrangements in ein Themenfest einbinden.
Manche Themen aber brauchen keine eigenen Spiele, da sie aus einer einzigen großen Aktion bestehen, z.B. bei einer Modenschau oder einer Fahrrad-Rallye.
Das Thema des Festes sollte aufgreifen, was gerade „dran" ist, d.h. es sollte sich an dem alltäglichen Spiel der Kinder und an deren momentanen Interessen orientieren. Das kann in einem bestimmten Alter ein Indianerfest oder ein Zirkus sein, weil diese Themen bei allen Kindern irgendwann einmal sehr wichtig sind. Es kann aber z.B. auch ein Vampir-Fest sein, wenn gerade die entsprechenden Bücher gelesen wurden.
Für die Vorbereitung solcher Feste gilt das gleiche, was schon zu Beginn gesagt wurde: Wichtig ist, daß die Kinder unbedingt mit einbezogen werden, zum einen, weil allein schon die Vorbereitungszeit so schön ist - zum anderen, weil die Kinder selbst am besten wissen, was ihre Freunde gerade am liebsten machen.
Gemeinsam wird überlegt, was alles zu dem ausgewählten Thema passen könnte. Welche Speisen und Getränke bieten sich an, welche Spiele lassen sich auf das Thema beziehen, was läßt sich evtl. miteinander werkeln und was tut man sonst miteinander? Die Einladungskarten werden gemeinsam gebastelt oder geschrieben und Überlegungen für die Dekoration angestellt. Wer besorgt welche nötigen Gegenstände?
Nachfolgend wird eine Vielzahl von Ideen zur Gestaltung einzelner Themenfeste beschrieben. Sie sind nicht bis zum Letzten aufbereitet, sondern müssen dem eigenen Festarrangement angepaßt werden. Sie sollen den Leser anregen, sie für seine Zwecke zu verändern. Aus den vielen angeführten Vorschlägen muß ausgewählt werden: Für die jeweilige Altersstufe, die vorhandenen Räume bzw. das mögliche Gelände und für die jeweiligen Kinder. Ergänzungen werden sich zwangsläufig ergeben.

Zirkus! Zirkus!

Zirkus bedeutet für Kinder eine zauberhafte Welt. Beim Besuch einer Vorstellung können sie ganz darin versinken. Und wenn sie selbst Zirkuskunststücke vorführen, gehen sie oft ganz in ihnen auf: Die Seiltänzerin, die auf einem auf dem Boden liegenden Seil balanciert, wird dies in dem Bewußtsein tun, eine komplizierte Akrobatik zu zeigen. Der anschließende Applaus ist selbstverständlich. Der Löwe, der durch den Reifen springt, wird dies tun in dem Bewußtsein, nur mit Mühe von dem Dompteur gezähmt worden zu sein.
Zirkusspiele sind für Kinder bis etwa zehn Jahre immer wieder wichtig und besondere Höhepunkte. Die größeren planen und organisieren solche Vorstellungen ganz selbständig, wenn sie als Kleinere damit schon erste Erfahrungen gesammelt haben.

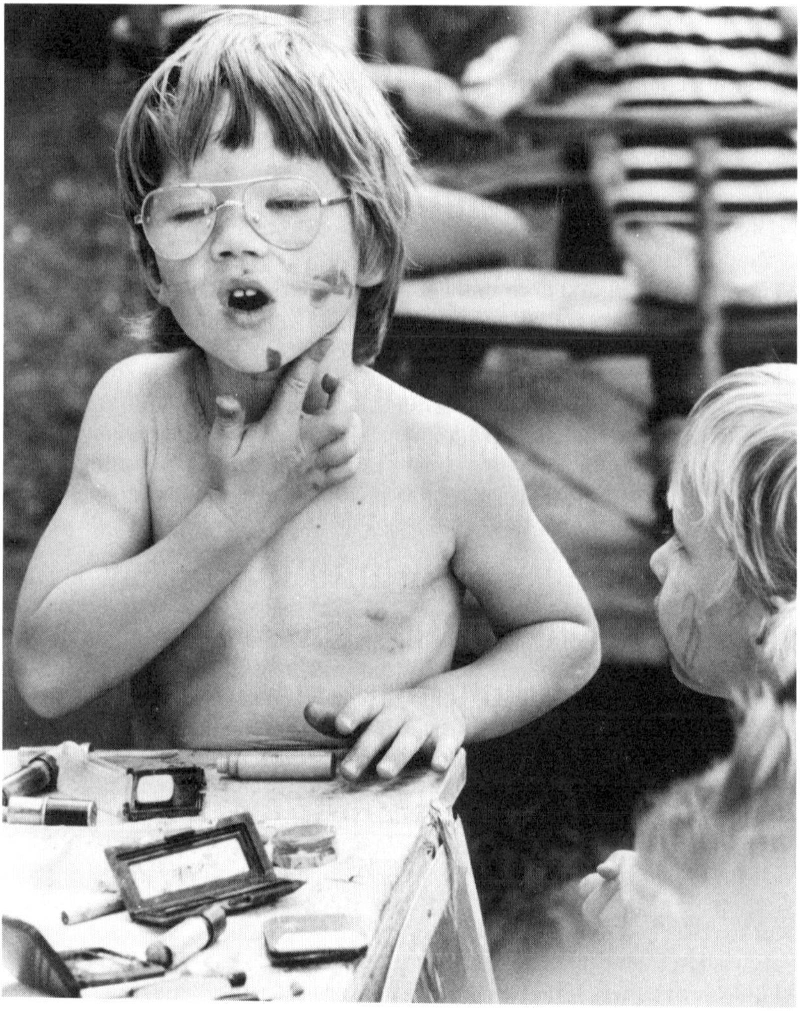

Ein Zirkusfest bietet die Chance, sowohl Kinder verschiedener Altersstufen als auch Erwachsene miteinzubeziehen. Das Thema eignet sich deshalb sowohl für häusliche Kinderfeste, für Schulklassenfeste wie auch für Feste mit mehreren Familien, z.B. im Urlaub.
Am Ende des Festes findet eine richtige Aufführung statt, zu der Eltern, Freunde und Nachbarn geladen sind. Während des Festes gibt es also genug zu tun: Wenn die einen ihre Nummer proben, malen andere gemeinsam ein großes Plakat, das an die Wohnungs- oder Gartentür gehängt wird. Wieder andere schreiben an den Programmen oder malen die Eintrittskarten. Bei all diesen und noch anderen Arbeiten sollten alle zusammen beteiligt sein.

Welche Rollen gibt es im Zirkus?

Im Folgenden sind einige Ideen aufgeführt. Von den Kindern werden aber sicher noch andere Vorschläge kommen. Jeder, der etwas kann oder weiß, darf es vorführen.
– Einige Kinder bilden die Musikkapelle, mit einer Flöte, einem Glockenspiel und vielen Rasseln, Trommeln u.ä. Wenn das nicht möglich ist, können die Darbietungen auch von „Konservenmusik" einer Kassette untermalt werden.
– Der Zirkusdirektor sagt möglichst redegewandt alle Nummern an.
– Die Seiltänzerin tanzt mit einem Schirm in der Hand auf dem am Boden liegenden Seil hin und her - und hebt sogar ganz grazil ein Bein!
– Der Gewichtheber im gestreiften Hemd mit Luftballonpolstern als Muskeln in den Ärmeln stemmt mit Mühe einen Besenstiel, an dessen Enden je ein Luftballon gebunden ist.
– Zwei Clowns bekommen die größten Schuhe an, die aufzutreiben sind, damit sie gut über sie stolpern können. (Behalten sie ihre eigenen Schuhe unter den zu großen an, halten diese besser.) Da ihre viel zu weiten Hosen hinten mit einem Kissen ausgestopft wurden, macht es ihnen auch nichts aus, wenn der Kollege immer den Stuhl wegzieht, auf den der andere sich gerade ganz gemütlich setzen möchte.
Vielleicht essen sie meterlange Spaghetti, mit denen sie nicht zurecht kommen?
Ein mitgebrachter Koffer öffnet sich immer wieder, und alle Kleidungsstücke fallen heraus, mit denen sich die Clowns vergeblich zu verkleiden suchen.
– Ein Zauberer führt ein paar Kunststücke vor. (siehe S.144f.)
– Ein Dompteur zeigt eine gefährliche Raubtierdressur: Die Löwen springen durch einen Hula-Hupp-Reifen, klettern auf Stühle oder Polster und machen Männchen, legen sich friedlich zum Schlafen und erlauben fauchend, daß der Dompteur seine Hand in ihr Maul hält.
– Pferde dürfen auch nicht fehlen: Sie laufen um die Manege herum, drehen sich um die eigene Achse, tanzen zu zweit, bilden Vierergruppen. Oder vollführt eine kleine Reiterin auf dem Rücken eines Pferdes waghalsige Kunststücke?
– Eine besondere Spezies Zirkuspferd entsteht so: Eine Person steht, die Hände nach hinten, hinter ihr eine zweite; sie faßt in die Hände der vorderen und legt den Kopf auf die eigenen Hände. Ihr Rücken ist auf diese Weise waagrecht und bietet einer Voltigierkünstlerin viel Platz um darauf zu stehen. An den Schultern des Vorderen kann sie sich bestens festhalten, während sie um die Manege reitet.
– Kann jemand gut Seilspringen, dann führt er dies vor.
– Jongleure balancieren z.B. mit einem Joghurtbecher auf dem Kopf oder mit zwei Pappringen, die um die Arme und um einen Fuß kreisen. Oder kann jemand auf einem großen, rollenden Ball gehen? (Er wird dabei von zwei Helfern gestützt.)
– Sicher finden sich ein paar gute Turner, die eine Kaskade von Purzelbäumen vollführen.

– Auch ein Purzelrad ist gar nicht schwer; es braucht nur etwas mehr Platz dazu: Ein Kind liegt auf dem Boden, ein zweites steht über ihm. Es faßt von außen um die Knöchel des liegenden und wird von diesem ebenfalls um die Knöchel gefaßt. Macht nun das stehende Kind einen Purzelbaum, so zieht es das liegende Kind hoch, das dabei gleich den nächsten Purzelbaum schlägt. Je schneller die Purzelbäume aufeinander folgen, desto wirkungsvoller.
– Der Super-Schütze: Wie schafft es der Schütze wohl, mit einer Wasserpistole aus einiger Entfernung aufgeblasene Luftballons platzen zu lassen? Das Geheimnis steckt hinter dem (möglichst von hinten durchsichtigen) Vorhang: Spannt man einen solchen in eine Türöffnung, so kann sich hinter diesem gut jemand verbergen. Während nun der Gehilfe des Schützen die Luftballons dicht vor dem Vorhang zum Abschießen hinhält, werden sie im Moment des „Abschusses" von hinten mit einer Nadel zum Platzen gebracht!
- Wieviele Kinder kann wohl ein Erwachsener als „Mister Muskelprotz" tragen?
Manche der unter „Geschicklichkeit und Schnelligkeit" S. 236ff. aufgeführten Spiele lassen sich auch hier einbauen.
– In einer Pause werden von einem Bauchladen-Verkäufer (ein Tablett mit Griffen an einem Band um den Hals gehängt) kleine Erfrischungen gereicht.

220 Ein spontanes Zirkusfest kann ohne Weiteres auch spontan organisiert werden, ohne alle besonderen Vorbereitungen: Alle Teilnehmer sind Akteure und Zuschauer zugleich. Sie sitzen im Kreis und imitieren durch Summen, Klatschen und Stampfen die Zirkuskapelle. Wer ein Kunststück weiß, führt es unter großem Applaus vor.
Steht eine Verkleidekiste mit diversen lustigen Klamotten bereit, wird sie genutzt. Ansonsten aber reichen auch Vaters Jackett, Stöckelschuhe der Mutter, ein über den Kopf gezogener Rock oder eine über das Sonnentop gezogene Krawatte als Verfremdung.
Je einfacher und lustiger die einzelnen Nummern sind, desto schöner:
– Die Erwachsenen werden zu Pferden, auf denen die Kinder ihre Kunststücke vorführen;
– ein Kind stellt sich auf die Füße des Erwachsenen und tanzt mit diesem;
- ein Kind steht auf den Schultern des Erwachsenen oder liegt bäuchlings auf seinem Kopf;
– ein Kind streckt seine Arme zwischen den Beinen hindurch, der Erwachsene nimmt es an den Händen und zieht - das Kind schlägt einen Purzelbaum in der Luft;
– ein Größerer liegt auf dem Rücken, ein Kind steht oder liegt auf den aufrechten Knien oder auf den Fußsohlen.

221 Ein vorbereitetes Zirkusfest In den Einladungen zu dem Fest muß schon auf den Zirkus hingewiesen werden, damit die Kinder sich darauf

einstellen können. Vielleicht möchten sie ihre Lieblingsrolle spielen und haben ein Kostüm dafür in der Verkleidekiste, das sie mitbringen können. Eigentlich muß nichts Besonderes vorbereitet werden, was nicht schon in den meisten Haushalten vorhanden wäre. Es ist aber gut, sich zu überlegen, was alles gebraucht werden könnte, damit es schon bereit liegt. Wichtig ist die Verkleidekiste. Je bunter und schillernder deren Inhalt, desto besser. An einen Turnanzug werden Pailletten und Tüllrüschen genäht, und die Begeisterung ist groß! Gebraucht werden auf jeden Fall auch ein kleiner Regenschirm und ein Springseil (Seiltänzerin), Luftballons und Besenstiel (Muskelprotz), Wasserpistole, Vorhang und Luftballons (Super-Schütze), Matratze (für Purzelbäume) , Hula-Hupp-Reifen, Pappringe, Ball, Joghurtbecher, Papiere, Farben und Dekorationsmaterial, Musikinstrumente oder Kassettenrecorder.
Der äußere Rahmen eines Zirkusgeländes sollte angedeutet sein (siehe Kap. Dekorationen): Plätze für die Zuschauer, Arena, Einlauf der Künstler...

Märchenfeste und andere Geschichten

Spiellieder, Märchen, bekannte Geschichten oder auch Bilderbücher können als Festthema aufgegriffen und auf sehr verschiedene Weise gespielt werden. Wichtig ist es, darauf zu achten, daß wirklich alle Kinder mit einbezogen werden. Etwas schüchterne und ängstliche Kinder werden sich um keine Rolle drängeln, auch keine führende Funktion erfüllen wollen. Ganz sicher aber läßt sich immer eine Rolle finden, die keine Angst macht, die für das Gesamte aber doch sehr wichtig ist, z.B. die Rolle des Beleuchters (eine Stehlampe muß an und ausgeschaltet werden), des Vorhangs (ein großes Tuch wird über einen Besenstiel gelegt und vor die „Bühne" gehalten), der Musikkapelle oder der Versorgung der Zuschauer mit Speisen und Getränken usw. Ganz sicher macht den Kindern ihr Spiel so viel Spaß, daß sie zum Abschluß den abholenden Eltern ihr Lied unbedingt noch vorsingen und vorspielen wollen.

Singspiele

222 Dornröschen (ab 3) Beide Kreisspiel-Lieder (Text siehe S. 78 u. 79) sind den Kindern in der Regel vom Kindergarten her bekannt, sollten sicherheitshalber aber wiederholt werden. Da das Spiel selbst sehr kurz ist, kann alles Drum und Dran gemeinsam vorbereitet werden.

Dornröschen: „Ich möchte das Dornröschen sein!"
Die wichtigsten Rollen sind sicher schnell verteilt: Dornröschen, ihre Eltern, die böse Fee, die gute Fee und der junge Königssohn. Die anderen und alle, die gerade nicht dran sind, sind die Festgäste oder gehören zur Dornenhecke. Alle Kinder können dann gemeinsam das Dornröschen und den Prinzen verkleiden und schminken.
Die anderen Mitspieler verkleiden sich dann aber auch noch selbst und schminken sich oder lassen sich schminken, die einen ihrer Rolle entsprechend, die anderen als „jubelndes Volk". Wer nicht mag, muß auch nicht.
Kann der Raum noch gemeinsam verschönert werden – hat jemand noch gute Ideen?
Jeder bastelt aus Kreppapier Rosen zur Dekoration der Festtafel und des Thronsaales (die Rosen dürfen anschließend mitgenommen werden; Anleitung siehe S.26). Oder es bekommt jeder zum Schluß eine kleine Topfrose geschenkt.
Das Lied endet mit einem Fest - es wird von allen Beteiligten mit Singen und Tanzen gefeiert. Tanzspiele siehe Kap. 5.

223 Hänsel und Gretel (ab3) Neben Hänsel und Gretel und der Hexe können zwei Kinder das Hexenhaus spielen und zwei den Backofen: Zwei halten sich an den Händen und bilden mit den Armen ein großes Fenster, aus dem die Hexe herausschauen kann. Zwei andere stehen sich mit den gestreckten Armen und gefaßten Händen als Backofentor gegenüber.
Das Hexenhaus kann auch aufgebaut werden, z.B. aus Polstern. Verziert wird es mit vielen großen Lebkuchen, die die Kinder aber erst noch verzieren und backen müssen (S.45). Nach Schluß des Festes werden die Lebkuchen zum Mitnehmen verteilt.
Nach dem Singen und Spielen kann auch jedes Kind sein eigenes Hexenhaus aus Lebkuchen verzieren – das es am Ende mit nach Hause nehmen darf (S. 46).
Zum Schluß des Festes muß unbedingt getanzt werden: z.B. „Brüderchen, komm tanz mit mir" (S.70, dort auch weitere Tanzspiele); Hänsel und Gretel tanzen vor, dann tanzen die anderen nach.

224 Die Vogelhochzeit (ab 5) Die meisten Kinder werden auch dieses Lied kennen; singt man es gemeinsam ein paarmal durch, so erinnern sie sich auch wieder an die einzelnen Strophen.

2. Die Drossel war der Bräutigam,
die Amsel war die Braute. Fiderallala...
3. Die Lerche, die Lerche,
die führt die Braut zur Kirche. Fiderallala...
4. Der Sperling, der Sperling,
der bringt der Braut den Fingerring. Fiderallala...

5. Der Auerhahn, der Auerhahn,
der war der fromme Herr Kaplan. Fiderallala...
6. Der Stieglitz, der Stieglitz,
der bringt der Braut den Hochzeitssitz-. Fiderallala...
7. Die Meisen, die Meisen,
die singen Hochzeitsweisen. Fiderallala...
8. Die Anten, die Anten,
das war'n die Musikanten. Fiderallala...
9. Frau Nachtigall, Frau Nachtigall,
die sang mit ihrem schönsten Schall. Fiderallala...
10. Der Kuckuck, der Kuckuck,
der spielt die Laut und sang dazu. Fiderallala...
11. Die Schnepfe, die Schnepfe,
setzt auf den Tisch die Näpfe. Fiderallala...
12. Die Elster, die ist schwarz und weiß,
die bracht der Braut die Hochzeitsspeis. Fiderallala...
13. Brautmutter war die Eule,
nahm Abschied mit Geheule. Fiderallala...
14.Das Finkelein, das Finkelein,
das führt das Paar zur Kammer rein. Fiderallala...
15. Der Uhu, der Uhu,
der macht die Fensterläden zu. Fiderallala...
16. Nun ist die Vogelhochzeit aus
und alle gehn vergnügt nach Haus. Fiderallala...

Wer möchte welche Rolle haben? Sind die vorkommenden Rollen nicht passend, so werden neue Strophen dazugedichtet.
Im Verlauf des Festes bastelt sich jedes Kind eine Vogelmaske und bemalt sie, ein wenig Verkleidung ist selbstverständlich. Am Schluß des Festes können die abholenden Eltern die Vorführung bewundern.
Dies muß vorbereitet bzw. bereit sein:
– Aus Karton ausgeschnittene Vogelschnäbel in verschiedener Form, in der Mitte gefaltet.
– Gipsbinden (aus der Apotheke), pro Kind eine, in verschieden große Stücke schneiden (5 - 15 Zentimeter)
– Gummiband, je Kind zwei Stück zu je 20 Zentimetern
– Fettcreme
– ein altes Oberhemd als Schutz gegen tropfendes Gipswasser
– eine Schüssel mit Wasser zum Eintauchen der Binden
- wasserfeste Farben zum Bemalen der Masken (z.B. Abtönfarben, Plakafarben, besser: Naturfarben ohne Kunstharze), Pinsel, Wassernäpfe
– Verkleidekiste mit alten Kleidern.
Nachdem das Lied allen bekannt ist und jeder seine Rolle gefunden hat, werden die einzelnen Arbeitsgänge besprochen. Wer gerade nichts zu tun hat, sucht sich eine schöne Verkleidung zusammen.

Das Anfertigen der Halbmasken ist weniger schwierig, als es sich liest. Da es aber zeitaufwendig ist, sollten die Halbmasken schon vor dem Festtag fertiggestellt werden.
Tip: Mit den tropfenden Gipsbinden läßt sich am besten draußen oder in einem Raum arbeiten, den man leicht aufwischen kann!
Nachdem das Gesicht sehr gut eingefettet wurde (auch die Augenbrauen!), die Haare nach hinten gekämmt (Haarband) und das alte Oberhemd angezogen ist, kann es losgehen:
Je ein Stück Gipsbinde kurz in das Wasser tauchen, dann flach auf Stirn, Wangen und Nasenrücken legen und glattstreichen. Dabei die Augenhöhlen sorgfältig frei lassen, den vorbereiteten Vogelschnabel mit einkleben und mit Binden verkleiden. An beiden Schläfen ein Stück Gummiband mit einkleben. Drei bis vier Schichten Binden übereinander geben der Maske genügend Halt.
Zum Durchtrocknen die Maske auf einen Heizkörper oder in die Sonne legen, das geht sehr schnell.

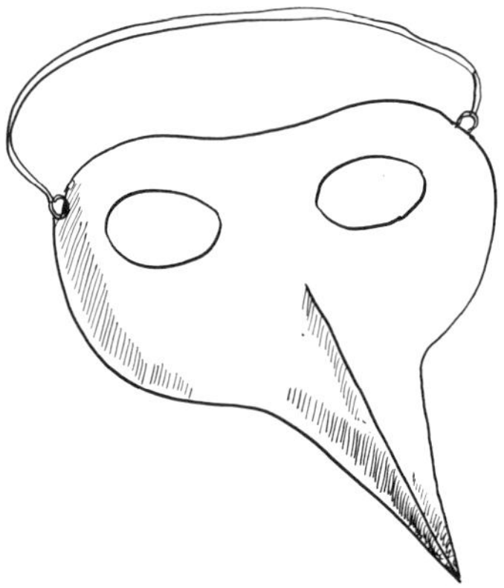

Jetzt malt jeder seine Maske an; dabei können die Strophen des Liedes wiederholt und das Spiel geplant werden.
Während mehrerer Probedurchläufe entstehen immer wieder neue Ideen und Ausschmückungen.
Schließlich können es die Kinder nicht mehr erwarten, bis endlich die Eltern kommen und zuschauen. Vielleicht ergibt sich eine Gelegenheit für eine weitere „Vorstellung"?
Zum Abschluß bekommt jedes Kind einen Bilderrahmen oder ein kleines Fotoalbum, in dem jeweils Bilder vom Fest bewahrt werden können (diese werden später nachgeliefert).

225 Zehn kleine Musikanten (ab 4) Das Lied von den zehn kleinen Negerlein wurde von L.Fromm und D.Kreusch-Jacob in einem Bilderbuch (Ellermann 1984 -aufgegriffen und in „Zehn kleine Musikanten" umgedichtet.
Das Musikantenorchester besteht aus:
Tröte, (Triangel), Rassel, Kochgeschirr, mit Pergamentpapier umspannter Kamm, Flöte, Trommel, (Schlauch), Xylophon, klatschende Hände oder irgendetwas anderes. (Was in Klammern steht, kann durch ein anderes Instrument ersetzt werden).

226 Frederic (ab 5) L.Lionnis Geschichte von der Maus, die an Stelle von Körnern Farben, Wörter und Wärme als Wintervorrat sammelt, gehört inzwischen zu den klassischen Kinderbüchern (Middelhauve Verlag, Köln). Die Vertonungen der darin enthaltenen Gedichte durch F. Vahle taten ein Übriges dazu. Vielen Kindern sind die Lieder geläufig. Es gibt sie auch auf Platte und Kassette (Schwann Verlag H&L 228 oder 22 228 K) für die Erwachsenen zum Nachlernen, notfalls auch als Stütze zum gemeinsamen Lernen. Sehr schön ist es, wenn jemand die Lieder mit der Gitarre begleiten kann.
Vor dem eigentlichen Spiel müssen sich die Kinder in Mäuse verwandeln: Jeder bastelt sich dazu eine Mausmaske mit großen Mausohren:
Aus grauem Plakatkarton werden zwei Scheiben mit zehn Zentimetern und eine mit 15 Zentimetern Durchmesser ausgeschnitten. Alle drei werden bis zur Mitte eingeschnitten, die Schnittkanten so übereinandergeklebt, daß die größere Scheibe mit der grauen Seite nach außen gewölbt ist, die beiden kleineren nach innen. Die große Scheibe bekommt zwei Augenlöcher, eine angemalte Nasenspitze, aufgemalte Schnurrhaare (oder Wollfäden werden durchgezogen). Mit einem Hefter wird jeweils seitlich ein als Schlaufe gelegtes Gummiband befestigt, ebenso am oberen Rand die beiden Ohren.

Wenn möglich bekommen die Mäuse eine Mausehöhle - im Zimmer aus Polstern und Decken gebaut, im Garten auch in einem Zelt. Die Mäuse futtern auch in ihrer Mausehöhle, nicht an der gedeckten Tafel. Die Leckereien dafür haben sie sich aus der Küche „stibitzt".
Sind die Lieder noch nicht allen Kindern bekannt, müssen sie erst einzeln geübt werden. Dann kann das Spiel beginnen. Ein Erzähler liest den Text aus dem Buch, die wörtliche Rede übernehmen die Mäuse. Schließlich wird gesungen und getanzt.
Die abholenden Eltern bekommen das ganze Stück sicher noch einmal vorgespielt.

Märchen-Theater

227 Improvisiertes Theater Als Stoffvorlage eignen sich sehr viele gut bekannte Märchen und Geschichten, in denen möglichst viele Personen oder Tiere vorkommen, damit alle Kinder mitspielen können: z.B. „Die Bremer Stadtmusikanten", „Der Wolf und die sieben Geißlein", „Der Froschkönig", „Von einem, der auszog, das Fürchten zu lernen" (hierfür fallen den Kindern sicher besonders schöne, gruselige Spiele ein).
Auch manche inzwischen klassisch gewordenen Kinderbücher bieten sich an, wie z.B. Michael Endes „Traumfresserchen" (Thienemann Verlag, Stuttgart).

228 Kleines Theaterspiel Zu Beginn wird die gewählte Geschichte am besten noch einmal vorgelesen, damit sie allen Mitspielern und -innen in gleicher Weise im Kopf ist. Gemeinsam wird überlegt, wie man sie am besten spielen kann.
Werden noch irgendwelche Requisiten gebraucht? Nur wenige Andeutungen genügen in der Regel: Die Lehne eines Stuhles oder das verkleidete Kasperletheater wird z.B. zum Fenster eines Räuberhauses, aus dem die Bremer Stadtmusikanten herausschauen; Polsterteile bilden den Rand des Brunnens, aus dem der Frosch die goldene Kugel (einen gelben Softball) holt usw. Das Spielen soll den Charakter der Improvisation nicht verlieren, das macht gerade den besonderen Reiz aus.
Jedes Kind sucht sich eine Rolle aus, verkleidet und schminkt sich, und ein erster Durchgang kann beginnen.
Schaffen es die Kinder, zu spielen und zu sprechen? Bei kleineren ist es sinnvoll, als Erwachsener in der Rolle des Erzählers die Zwischentexte zu sprechen, so daß für die Spieler nur die wörtlichen Reden bleiben. Auf diese Weise können Sie das spontane Spiel der Kinder sehr gut lenken und über eventuelle Klippen hinweghelfen, z.B. wenn jemand nicht mehr weiß, was er sagen muß oder seinen Auftritt verpaßt. Oder möchte ein Kind die Geschichte vorlesen und dabei nur die wörtlichen Reden aussparen?
Bleibt noch genug Zeit bis zur „Vorstellung" vor Eltern, Nachbarn und Freunden, werden Plakate, Eintrittskarten und Programme gemalt und geschrieben.

229 Schattenspiel mit ausgeschnittenen Figuren Solch ein Spiel hat den großen Vorteil, daß es gerade in einer Gruppe sehr einfach zu bewerkstelligen ist. Da jeder sich an der Herstellung der Figuren beteiligt, dauert dies nicht zu lange. Selbst kleinere Kinder können dies schon, genauso wie das Spielen damit.
Hinter der Leinwand versteckt, vergessen sie die Zuschauer und spielen ganz unbefangen mit ihren Figuren. Außerdem kann leicht das Sprechen und das Führen der Figuren entkoppelt werden, indem ein Erzähler den ganzen Text übernimmt, oder indem dieser die ganzen Zwischentexte spricht und den Akteuren nur kurze wörtliche Rede überläßt. Wer schon einmal professionelles Schattentheater gesehen hat, weiß, welch' erstaunlich große Wirkung diese Art Theater hat - und die behält es auch in einer sehr einfachen Ausführung.
Zunächst müssen die häuslichen Möglichkeiten einer Bühnenkonstruktion überlegt werden. Gibt es ein Kasperletheater, so kann man dessen Bühnenöffnung einfach mit einem Leintuch hinterspannen. Der Nachteil ist allerdings, daß die Bühnenöffnung eigentlich zu klein ist, wenn viele Kinder gleichzeitig spielen wollen. Für eine große Gruppe eignet sich besser ein aufgespanntes Leintuch, das oben und unten (damit es gespannt ist) mit Reißzwecken an Stangen oder Holzleisten festgemacht wurde. Es kann dann hinter eine Türöffnung oder

auch frei im Raum aufgehängt werden (die Stangen oder Holzleisten an den Enden mit Nylonschnur umwickeln und daran aufhängen).
Als Beleuchtung genügen Strahler (z.B. von einer Stehlampe), die aber möglichst hoch, d.h. über die Köpfe der Kinder hinweg, die Leinwand von hinten beleuchten sollen. Die agierenden Kinder selbst dürfen keine Schatten werfen, sondern nur ihre Figuren.
Welche Geschichte soll gespielt werden? Sie kann der Festversammlung vorgegeben oder am Fest selbst erst gemeinsam beschlossen werden. Die Gruppe kann sich eine eigene ausdenken, was aber einige Zeit erfordert; einfacher ist es, eine allgemein bekannte Geschichte auszuwählen, z.B. ein Märchen, und es noch einmal vorzulesen. Es ist wichtig, daß in der Geschichte möglichst viele Figuren vorkommen, damit alle Kinder eine Rolle übernehmen können.
Jetzt können die einzelnen Figuren und auch Requisiten (z.B. Bäume, ein Haus usw.) verteilt werden: Jedes Kind malt seine Figur (im Profil!) auf ein Stück Karton und schneidet sie aus. Erwachsene müssen dabei eventuell ein wenig nachhelfen bzw. allzu komplizierte Profile „vereinfachen". Anschließend wird an die Mitte jeder Figur mit Tesakrepp das Ende einer schmalen, 30 Zentimeter langen Leiste geklebt, so daß die Leiste beweglich wegsteht.
(Ein Tip für die, die das Spiel noch vervollkommnen wollen: die Figuren werden farbig, wenn man sie innen ausschneidet und mit Transparentpapier hinterklebt. Dann kann z.B. ein Mond auch golden leuchten.)
Jetzt kann schon das Spielen beginnen. Wichtig ist aber, erst einmal ausprobieren zu lassen, wie die Figuren gehalten und geführt werden müssen, damit die Zuschauer sie auf der anderen Seite der Leinwand gut erkennen können: Die Figuren müssen immer ganz auf der Leinwand aufliegen, d.h. gespielt wird direkt an der Leinwand. Je weiter weg von der Leinwand gespielt wird, desto größer und undeutlicher erscheinen die Figuren.

230 Schattentheater Hier lassen die Kinder hinter der aufgespannten Leinwand ihre eigenen Schatten spielen, dabei muß zunächst von allen sehr genau ausprobiert werden, wie das geht und wie das wirkt. Eine gute Wirkung des Schattentheaters kann nämlich nur erreicht werden, wenn die Darsteller sich immer im Profil zeigen und sich ganz nah an der Leinwand halten. Jede Bewegung von der Leinwand weg läßt den Schatten unschärfer und größer werden.
Ebenso muß die Verkleidung allein auf ihre Wirkung im Schatten hin bedacht werden. (Eine Prinzessin kann z.B. außer ihrer Krone als Kennzeichen einen

etwas hochstehenden Spitzenkragen aus einem Stück Tortendeckchen bekommen.)
Der Text wird entweder ganz vom Erzähler übernommen, oder die Akteure sprechen die wörtlichen Reden, der Erzähler die Zwischentexte. Vor allem bei kleineren Kindern empfiehlt sich dies, da das gleichzeitige Spielen und Sprechen noch sehr schwierig ist.
Kinder, die gerade nichts zu tun haben, schauen dem Spiel der anderen zu - und werden vom Erzähler rechtzeitig wieder hinter die Leinwand geschickt. Die abholenden Eltern werden sicher erstaunt sein, was eine Kindergruppe an einem Nachmittag alles zustandebringen kann.
Variante: Eine Zaubervorführung als Schattenspiel hat einen ganz besonderen Reiz. Diese kann von einem oder zweien vorbereitet und vorgeführt werden; anschließend aber werden alle versuchen, diese und ähnliche Kunststücke selbst auszuprobieren. Wie geht dieses Zaubern? - Kinderleicht: Aus dem Hut kann alles nur Denkbare herauskommen: Stoffhase und anderes Getier, Blumenstrauß, Regenschirm usw. Liegt nämlich der Hut mit der Öffnung nach oben auf dem Tisch, so holt der Schattenspieler alle Gegenstände einfach hinter dem Tisch hervor - im Schattenbild sieht es wie aus dem Hut aus. Ebenso leicht läßt sich der unstillbare Hunger des Zauberers demonstrieren: Alles, was er ißt, läßt er neben sich herunterfallen. Sein Bauch aber wird immer dicker (von unten her ein Kissen hineinstopfen), bis er ohnmächtig niedersinkt. Was tun? Der Doktor legt den Zauberer auf den Tisch, schneidet ihm mit einer überdimensionalen Papp-Schere den Bauch auf und holt Stück für Stück wieder heraus, was dieser zuvor in sich hineingestopft hat (er nimmt es einfach hinter dem Tisch vor). Und Wunder über Wunder - zum Schluß kommt sogar ein lebendiges kleines Kind daraus hervor (das kleinste Kind hatte sich hinter den Tisch gekauert und klettert nun über einen Stuhl auf den Tisch hinauf).

Kapitel 7

Themenfeste II: Für Piraten, Indianer und Nachtgespenster

Wohl jeder Junge und fast jedes Mädchen spielen irgendwann einmal intensiv Indianer (und Cowboy): Bemalen, Verkleiden, Lagerfeuer, Tapferkeit, Geschicklichkeit und geheimes Wissen sind spannend und erstrebenswert. Wird in dieser Phase mit vielen Kindern ein Indianerfest gefeiert, bleibt dieser Höhepunkt sicher unvergeßlich.

Indianerfest

Kann das Indianerfest im Freien stattfinden, gibt es viele gute Möglichkeiten für die Ausstattung und die Spiele. Doch auch in der Wohnung können solche Feste gut steigen.
Über verschiedene Zeltkonstruktionen wurde schon im Kapitel Festliche Dekorationen (S. 25ff.) berichtet.
Viele Kinder besitzen kleine Indianerzelte. Sie könnten diese auch zum Fest mitbringen.

231 Verkleidung und Dekorationen Zu einem Indianerfest gehört einiges an Drumherum. Kommen die Kinder schon verkleidet? Es kann auch besonders schön sein, wenn sich alle zusammen einheitlich verkleiden. Am Fest selbst kann eine Menge gemeinsam gewerkelt werden. Anderes bekommen die Gäste vielleicht als Geschenk.

232 Poncho Aus einem quadratischen Stück Stoff wird ein einfacher Poncho (von Ecke zu Ecke etwa 70 cm). Der Durchschlupf für den Kopf wird einfach hineingeschnitten.
Farbigen Stoff nicht weiter verzieren, glatter, heller kann mit Filzstiften bemalt oder auch bedruckt werden.

233 Kopfschmuck Er ist einfach und schnell aus einem etwa vier Zentimeter breiten Stück Wellpappe gefertigt, das hinten mit einer Büroklammer geschlossen ist. Vorher noch bemalen, mit Filzschreibern oder Wachsmalkreiden. Zum Schluß wird hinten noch eine schöne Feder hineingesteckt.

234 Schminken Die Farben zum Schminken bekommen die Gäste vielleicht geschenkt. Schminken können sich die Indianer gegenseitig, je phantasievoller und bunter, desto besser. Vielleicht hat jemand ein Buch, in dem geschminkte Indianer abgebildet sind. Manche Ideen können daraus entnommen werden.

235 Werkzeug Aus Papprollen, wie sie zum Versand von Bildern gebraucht werden, entstehen Köcher für die Pfeile. Am offenen Ende und am Boden wird ein Stück Kordel befestigt, damit die Indianer den Köcher auch umhängen können. Bemalt wird er von jedem Kind selbst.

236 Schmuck Armbänder entstehen aus breiteren Lederstreifen, die mit einem Lederband zugebunden werden. Mit einer Lochzange kann jeder ein Muster einstanzen.
Für Friedenspfeifen sucht man möglichst gerade Stöckchen und klebt einen Korken als Pfeifenkopf daran. Die Stöckchen können mit Kerben und Farben verziert werden, mit bunten Bändern und Federn.

237 Pferd Ein Indianer ohne Pferd ist nur ein halber Indianer.
Ein Steckenpferd hat jeder mit etwas Anleitung schnell gefaltet und an einem Stock befestigt:
Zwei aufeinanderliegende geöffnete Zeitungs-Doppelseiten werden zweimal von der langen Seite her aufgefaltet, der entstandene Streifen in der Mitte zusammengelegt. Denken Sie sich den Streifen in drei Teilen und knicken jetzt jeweils zwei Teile von der offenen Seite her im rechten Winkel nach außen.

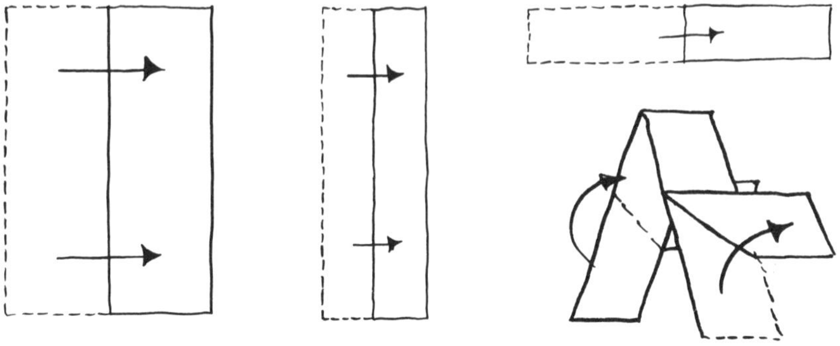

Mit Hilfe von Tesaband oder Teppichklebeband wird der etwa 80 Zentimeter lange Stab (Laternenstock oder Bambusstab) zwischen die Streifenenden geklebt.
Die Mähne entsteht so: Ein halbes Zeitungsblatt von der Schmalseite her dreimal auffalten und von einer Seite her einschneiden. Sie muß nun noch zwischen die Streifen des Kopfes gelegt und mit einem Bürohefter festgeklammert werden. Wer will, malt sein Pferd anschließend noch an und zieht eine Schnur als Zügel durch das Maul.

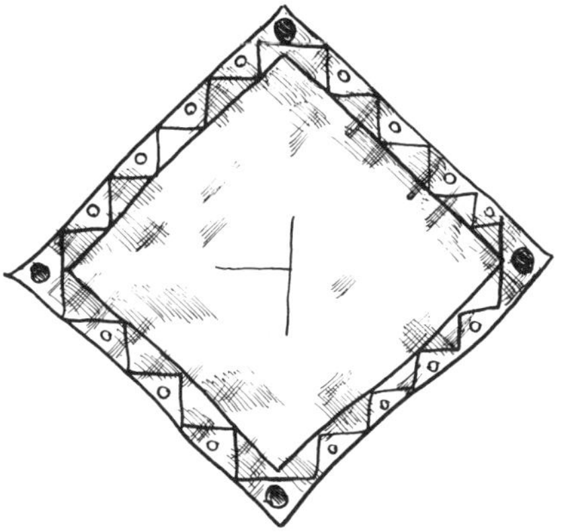

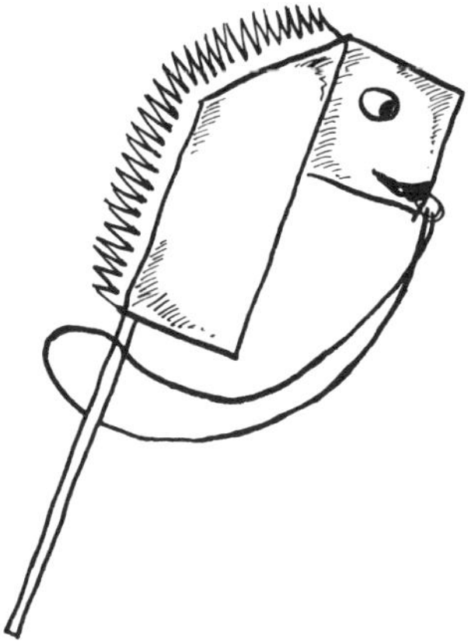

238 Indianermusik I Dafür eignen sich Trommeln und Rasseln aller Art: Verschiedene Dosen werden mit Steinchen, Bohnen oder Reis gefüllt und gut verschlossen, damit sie beim Rasseln nicht aufgehen. Umgedrehte Plastikeimer oder -schüsseln und Waschmitteltonnen werden zu großen Trommeln, eventuell mit etwas Kreppapier umkleidet; Stöcke oder Kochlöffel dienen als Schlegel.

239 Indianerzelt Findet das Fest in einem Wald statt, in dem gerade Bäume geschlagen wurden, kann man auch aus den Abfallästen eine wunderbare Laubhütte bauen.
Eine weitere Variante im Freien ist folgende: Eine Bohnenstange wird in eine halbhohe Astgabel gelegt, und über diese schräge Stange werden Decken oder Leintücher gelegt. Um die Zipfel jeweils ein Stück Schnur knoten, so können sie mit Hilfe von in den Boden gesteckten Stöcken oder Zeltheringen aufgespannt werden.

240 Lagerfeuer Unentbehrlich ist auf jeden Fall ein Lagerfeuer oder zumindest die Andeutung davon. Die Faszination des Feuers ist für Kinder so groß, daß jedes Bemühen darum dankbar aufgenommen wird.

Für kleine Gärten oder Terrassen, wo kein echtes Feuer brennen kann, gibt es einen guten Kompromiß: Die Kohlenschale eines Grills wird auf ein paar Steine gestellt und in ihr das Brennholz angerichtet.
Am schönsten ist es allerdings, wenn die Indianer sich ihr Brennholz selbst zusammensuchen und unter Anleitung zu einem Lagerfeuer aufbauen.

Schließlich beginnt das eigentliche Fest!

Eine ganze Reihe gängiger Geschicklichkeitsspiele läßt sich für ein Indianerfest verwenden. Hat sich das Rollenspiel der Kinder so richtig entwickelt, kann es durchaus geschehen, daß all die vorbereiteten Spiele überflüssig werden, weil die Gruppe sich selbst organisiert.

241 Indianermusik II Das Fest kann mit einem typischen Indianerlied beginnen: Dafür kann man z.B. die Melodie eines bekannten Liedes einfach mit fremd klingenden Lauten unterlegen.
In dem „Liedmobil" von Dorothee Kreusch-Jakob (Kassette bei Deutsche Grammophon Nr. 3346 056) findet sich ein Lied, das sich wunderbar als „echtes" Indianerlied eignet und von den Kindern leicht gelernt wird: Ein Vorsänger singt ein Stück vor, das dann von allen wiederholt wird. Das Lied beginnt leise und tief und wird mit jeder Wiederholung einen Ton höher und etwas lauter. Es endet schließlich in einem rechten Schlachtgesang, begleitet von Rasseln, Trommeln, Klatschen und Stampfen.

242 Indianerlied

Hat dieser gemeinsame Gesang gut geklappt, gelingt vielleicht auch eine reine Trommelmusik: Zunächst werden die verschiedenen Klänge der einzelnen Rasseln und Trommeln ausprobiert: Wie klingen sie, wie laut, wie leise, wie klingen einzelne miteinander?
Abwechselnd macht einer den Dirigenten und zeigt an, wer spielen darf und wie er spielt. Zunächst wird z.B. ganz leise begonnen, je mehr dazukommen, desto lauter wird es, bis schließlich die Lautstärke wieder zurückgeht, und der letzte leise Klang verschwindet.

243 **Pferdewettrennen** Ist das Gelände groß genug, reiten alle gleichzeitig los. Stehen Hindernisse im Weg oder muß jeder Reiter von der Wendemarke irgendetwas mitbringen, z.B. einen Stein oder einen Tannenzapfen o.ä.?
Ist weniger Platz, wird in zwei Mannschaften (von zwei Indianerstämmen?) geritten; ist jeweils der erste zurück, darf der zweite starten. Gesiegt hat dann die schnellste Mannschaft. Als Variante reiten immer zwei Indianer auf einem Pferd um die Wette. Das ist gleich viel schwerer, weil die Bewegungen koordiniert werden müssen.

Indianer sind sehr geschickt und üben sich im Werfen aller Art.

244 **Flatterbälle** Sie müssen in einen Zielkreis hineintreffen oder so weit wie möglich geschleudert werden.
Ein wenig Zeitungspapier wird zu einem faustgroßen Ball geknüllt. Um ihn legt man drei etwa 80 Zentimeter lange verschiedenfarbige Kreppapierbänder, dann noch ein rechteckiges Stück, das den Ball ganz umschließt. Mit einem Stück Schnur zubinden und dabei eine Schlaufe stehen lassen, mit der der Ball geschleudert wird.
Diese Bälle hoch, weit oder in ein bestimmtes Ziel fliegen zu lassen, sieht wegen der flatternden Bänder sehr hübsch aus und macht lange großen Spaß.
Mit Tennisbällen muß eine Dose von einem Pfosten heruntergeschossen werden.
Die Bälle müssen in eine entfernte Schachtel treffen.
Wer kann nach hinten über den eigenen Kopf hinweg in einen aufgemalten Kreis hineintreffen? Gerechnet wird der Punkt des Aufpralls.

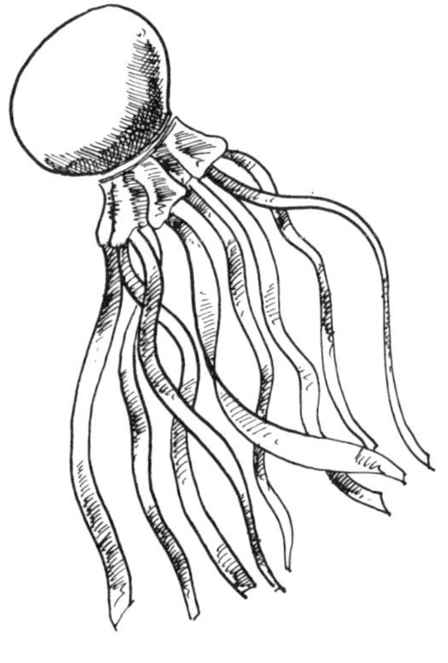

245 Rinder fangen Dieses Spiel geht auf eine in Südamerika gebräuchliche Methode, die Rinder einzufangen, zurück: An das Ende einer langen, kräftigen Schnur wird ein Strumpf mit einem Tennisball darin geknotet. Alle stehen im Kreis, einer in der Mitte. Er nimmt die Schnur so lang, daß sie gerade bis kurz hinter die Füße der Umstehenden reicht und schleudert sie knapp über dem Boden im Kreis herum. Wie bei einem Springseil muß jeder geschwind über das heranschwingende Seil springen - sonst wickelt es sich um seine Füße. Muß derjenige ausscheiden, der zu langsam war, oder wird so lange geübt, bis es alle gut können?

246 Mit Speer, Pfeil und Bogen Finden sich im Wald Stöcke, die sich als Speere eignen? Diese erst verzieren und markieren, bevor um die Wette geworfen wird.
Gleiches gilt für Pfeil und Bogen: Selbst schnitzen, dann schießen. Vielleicht auch mit einem vorhandenen Bogen abwechselnd um die Wette?

Kim-Spiele

Die fein ausgebildeten Sinne der Indianer können durch verschiedene Kim-Spiele getestet werden, durch Spiele zum genauen Hören, Riechen, Tasten und auch Schmecken. (Siehe Seite 224ff.)

247 Büffeljagd Indianer können noch mehr: spurenlesen. Bevor sie sich am Lagerfeuer stärken können, muß erst der „Büffel" gejagt werden. Spuren werden ausgelegt in Form von zu Pfeilen gelegten Stöcken, Papierstreifen oder kurzen Bändchen, die an den Büschen festgebunden werden. Diese müssen auf dem Weg aber vollzählig eingesammelt werden. Die Spuren führen zu dem Büffel - vielleicht die in einem verschlossenen Eimer aufbewahrten Fleischbällchen. Im Triumph werden sie zum Lagerfeuer gebracht. Gehen mehrere Gruppen auf Büffeljagd, so sollte jede Gruppe nicht größer als vier Kinder sein. Erfahrungsgemäß sind sonst sehr bald nur noch einige aktiv, und die anderen laufen gelangweilt hinterdrein. Mit verschiedenfarbigen Bändchen z.B. lassen sich sehr leicht mehrere Spuren auslegen.

248 Erschöpfte Indianer Die erschöpften Indianer sitzen dann um das Lagerfeuer herum und stärken sich mit dem gejagten Büffelfleisch und einem Indianertrank, gebackenen Maiskolben und Fladen oder Stockbroten. Dabei hören sie gerne eine erzählte oder vorgelesene Indianergeschichte.

Indianertänze

Kein Indianerfest ohne Tänze und Gesänge!
Das zu Beginn gelernte Lied wird wiederholt, ebenso die Trommelmusik. Vielleicht traut sich jetzt jemand, mit der Flöte zu den Trommeln eine ausgedachte Melodie zu spielen? Wer nicht spielt oder trommelt, tanzt frei dazu.

249 Medizinmann Schließlich verzaubert der große Medizinmann den ganzen Indianerstamm: Alle müssen seine Bewegungen nachahmen. Er begleitet jede Bewegung mit leisen und lauten Beschwörungsrufen oder -geräuschen. Nach und nach stimmen die anderen ein.

250 Tanz des großen Geistes Beim „Tanz des großen Geistes" bricht die Musik plötzlich ab. Niemand darf sich mehr bewegen - wer es doch tut, ist gebannt und muß stehen bleiben. Wer als letzter übrig bleibt, erlöst alle Gebannten durch Handauflegen. Die Schlußrunde tanzen alle zusammen.

Nach einem solchen Fest schleichen alle Indianer müde, doch sehr glücklich nach Hause. Danach werden die Kinder keine Schwierigkeit mehr haben, sich frei und wild zu schneller Musik zu bewegen.

Ritter Kunibert lädt zum Feste

Die Gilde der Ritter übt auf viele Kinder im Kindergarten- und Grundschulalter eine gleichgroße Anziehungskraft aus wie die Indianer: Diese Mischung aus Kämpfen, Abenteuer, Tapferkeit und vergangener Welt ist einfach faszinierend. Bei vielen Mädchen mischt sich diese Phase mit Prinzessinnen und Burgfräulein-Phantasien.
Ein Burgfest könnte eine Mischung aus Wettkampfspielen, Zirkus und Lagerfeuerromantik sein: Die Ritter haben ihre Kampfspiele veranstaltet; neben ihnen traten bei jedem Fest allerlei Schausteller auf und zeigten ihre Künste; und nachts wurde es im Burghof um die Lagerfeuer romantisch.
Zu diesem Fest kommen alle Gäste schon verkleidet oder sie entscheiden sich an Ort und Stelle.
Daraus kann gleich ein erstes Spiel werden: Wer auf dem Fest welche Rolle spielt, wird ausgelost: Bei Hofe gibt es den Sänger, Musikanten, Koch, Hofnarr, Mundschenk, Arzt, Gaukler, Vorschneider, Sekretär und die Hauptpersonen Ritter und Burgfrauen.

Verkleidung und Ausstattung

251 Verkleidung der Burgfrau Ein vornehmer Hut: Aus Fotokarton wird eine Tüte in Kopfweite gedreht, zugeklebt und mit etwas Tüll überzogen. Der Gummi zum Festhalten wird mit einem Hefter seitlich befestigt. Solch ein Hut paßt zu jedem Prinzessinnengewand und begeistert jedes Mädchen - auch wenn es ihn bald auf die Seite legt, weil er beim Spielen zu hinderlich ist.
Vielleicht bekommt Frau Ritter - passend zur Hutfarbe - noch einen Beutel fürs Handgelenk dazu: Aus Stoff Scheiben von etwa 30 cm Durchmesser ausschneiden und versäumen oder mit der Zick-Zack-Schere schneiden. Durch den Rand zwei Kordeln ziehen, mit denen der Beutel geschlossen werden kann.

252 Verkleidung der Ritter Ein richtiger Ritter braucht einen Helm: Eine Spülmitteltonne wird für das Gesicht aufgeschnitten, so daß die Augen herausschauen können und Platz für die Nase bleibt. Ein Visier entsteht aus einem Stück Karton, etwas größer als die Gesichtsöffnung mit waagrechten oder senkrechten Sehschlitzen. Zwei Einschnitte von der Seite her, die übereinandergeklebt werden, wölben das Visier leicht auf. Es wird mit zwei Heftklammern seitlich am Helm befestigt. Der zukünftige Ritter gestaltet seinen Helm sicher selbst gerne.
Bequem ist solch ein Helm nicht, er wird schnell abgelegt werden.
Sehr viel einfacher sind Schilde herzustellen: Aus einem großen, festen Karton (z.B. von einem großen Malblock) wird ein Schild geschnitten und mit dem jeweiligen Familienwappen bemalt. Etwa in der Mitte zieht man durch vier Schlitze zwei breite Bänder, mit denen der Schild gut von hinten gehalten werden kann.

Ein Rittergewand entsteht sehr einfach aus einem ausgeliehenen väterlichen Pullunder, auf den mit wenigen Stichen das Zeichen des Ritters genäht wird: Z.B. aus einem weißen Stück Stoff zwei große Kreuze ausschneiden - eins für den Rücken und eins für die Brust. Sicher findet sich auch ein Stück Stoff, das sich zu einem nicht zu langen Umhang raffen läßt.

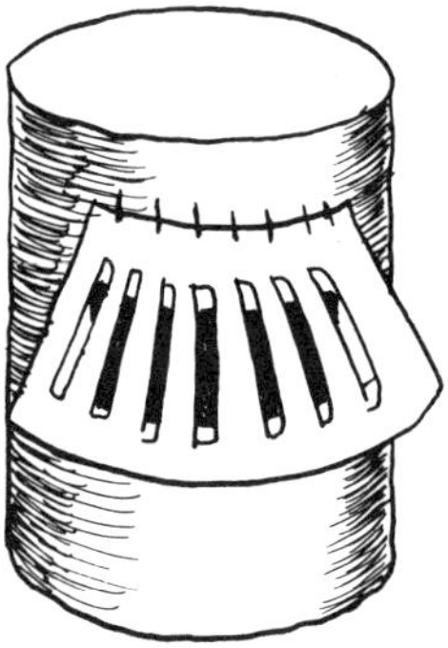

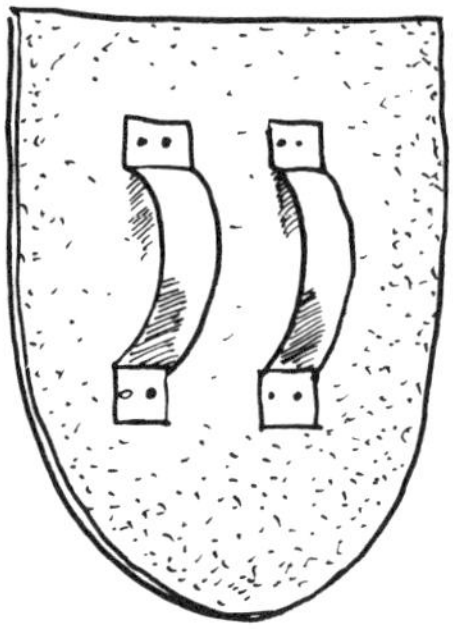

– Ritter und Ritterfräulein brauchen selbstverständlich ein Pferd. Eine Anleitung siehe S. 101 (Indianerfest).
– Wer weder Ritter noch „Ritterin" werden möchte, verkleidet sich vielleicht lieber als Clown, Tänzer oder als Akrobat. Auch Zauberer sind willkommen.
– Die Festgesellschaft speist zuerst an einer festlich gedeckten Tafel.
– Zum Lagerfeuer im Burghof gibt es beim Indianerfest (S. 102ff.) eine Anregung.

Das Fest beginnt: Spiele und Unterhaltungen

253 **Festtanz** Die ganze Gesellschaft formiert sich zu einer Polonaise (Siehe S. 81) und schreitet zu getragener Musik auf Umwegen zu der Festtafel. Oder der Festzug wird von der eigenen Musikkapelle mit Flöten, Rasseln und Trommeln begleitet.
Danach können die Wettspiele beginnen. Ausnahmsweise sind zu ihnen auch die Burgfrauen zugelassen (früher schauten sie nur zu)!

254 **Reiterspiele** Da die Pferde für die Ritter besonders wichtig sind, sollten Sie sich allerlei Spiele mit „Pferden" ausdenken:
– Ringelstechen: Auf einem Schaukelpferd sitzend und kräftig schaukelnd muß versucht werden, den hin und her schwingenden Ring einer Schaukel mit einem (Holz-) Schwert oder einer Lanze (=Stock) aufzuspießen. Kann das Schaukelseil nicht aufgehängt werden, steigt einfach jemand auf einen Stuhl und hält es hoch.

– Zielwerfen: Wer kann in vollem Ritt (auf dem Schaukelpferd) mit einem Ball aufgestellte Dosen abwerfen? Drei Würfe hat jeder Reiter.
– Findet sich ein Akrobat, der auf dem Schaukelpferd Kunststücke zeigen kann?
– Wie beim Indianerfest wird auf Steckenpferden ein Wettrennen veranstaltet, entweder alle miteinander oder jeweils in Mannschaften (S. 104)
– Wer kann aber mit einem (leeren) Becher oder einem anderen (leichten) Gegenstand auf dem Kopf möglichst schnell reiten? Wem der Becher herunterfällt, der muß zum Start zurück und von neuem beginnen. Passiert ihm das dreimal, kommt der nächste dran. Das eignet sich als Wettspiel oder einfach nur so zum Spaß.

255 Kraftprobe Jeder sucht sich einen etwa gleich großen und gleich starken Partner. Beide nehmen ihren Schild oder verschränken ihre Arme vor der Brust. Auf einem Bein hüpfend müssen sie versuchen, den anderen aus dem Gleichgewicht zu bringen, so daß er sich mit seinem zweiten Fuß abstützen muß. Die Sieger treten in einer neuen Runde gegeneinander an, bis nur noch einer übrig bleibt.

256 Verschiedene Attraktionen Nach den vielen Wettspielen wird es Zeit für verschiedene Einlagen:
Jeder überlegt sich irgendeine Attraktion, mit der er die Festgesellschaft unterhalten kann: Das können vorgeführte Kunststücke wie im Zirkus (siehe dort S. 86ff.) sein; das kann ein Lied sein, das den anderen beigebracht wird; das können Zauberkunststücke sein oder auch eine Rätselrunde (einer gibt den anderen Rätsel auf, oder jeder muß sich ein Rätsel überlegen).
Für seinen Festbeitrag bekommt jeder von Ritter Kunibert oder der edlen Frau Adelaide eine Erinnerungsmedaille umgehängt.
(Dafür wurden vor dem Fest aus Metallfolien-Platten Scheiben mit etwa acht Zentimeter Durchmesser geschnitten und mit einem stumpfen Bleistift „geprägt" (= beschrieben und verziert):
„Ehrenmedaille zu Erinnerung an Ritter Kuniberts (der edlen Frau Adelaides) Fest am ....für den edlen Herrn... (die edle Frau...)". Die Enden eines breiten Geschenkbandes werden dahintergeklebt, so kann der Empfänger die Medaille bequem um den Hals tragen.)
Speist die Festgesellschaft anschließend am Lagerfeuer, so wird zur Erholung gesungen und erzählt.

257 Rittermusik Dafür eignet sich z.B. ein bekanntes Lied, das umgedichtet wird, so daß nur der Text dazu schnell gelernt werden muß. Oder eine Melodie wird improvisiert. Ritter sind nämlich sehr unkonventionell, besonders bei einem Gelage.

258 Ritterlied

2. Lustig ist's im Turnier zu reiten,
Tun dafür auch ganz schön uns kleiden.
Reiten auf den Gegner zu.
Wer nicht siegt, gibt keine Ruh'.
3. Hat der Ritter voll den Ranzen,
will er noch ein Tänzchen tanzen.
Will sich froh im Kreise drehn.
Keiner will nach Hause gehn.
(Melodie: Lustig ist das Zigeunerleben)

259 Vom armen tapferen Ritter Die darauffolgende Geschichte könnte von dem armen, aber tapferen Ritter handeln, der die Prinzessin durch seinen mutigen Kampf gegen den bösen Drachen errettet - es wäre ihm aber nicht gelungen, wenn die Prinzessin nicht kräftig mitgeholfen hätte; für seinen Mut wird er von den Eltern der Prinzessin reich belohnt; und wenn sie nicht gestorben sind...
Eine ganz besondere Überraschung wäre es, wenn mitten in diese Geschichte hinein plötzlich ein Burggespenst auftauchen würde, dargestellt von einem

Nachbarn oder einem am Fest unbeteiligtem. Dabei soll keine ängstigende Szene entstehen, und das Geheimnis des Gespenstes sollte möglichst aufgeklärt werden.

Fest der Seeräuber

Seeräuber sind wild, mutig und tapfer. Sie suchen und finden Schätze, erobern fremde Schiffe. Stoff genug für ein Abenteuer- Kinderfest.
– Verkleidet sind die Seeräuber schnell: Ein buntes Tuch um den Kopf geknotet, Augenklappe über ein Auge - eventuell auch nur gemalt, gemalter Bart oder Bartstoppeln, ein breiter Gürtel über dem Ringelshirt, darin steckend ein Gummi- oder Holzmesser - mehr ist nicht nötig.
– Seeräuber leben nicht sonderlich komfortabel: Mehrere Obstkisten dienen als Hocker und Tische.

Das Fest beginnt.

260 Seefestigkeit Bevor es richtig los geht, muß die Seefestigkeit der einzelnen erst getestet werden:
Wem wird es schlecht, wenn hoher Seegang ist?
Ein Kind legt sich auf eine Decke, die von zwei Erwachsenen kräftig geschwungen wird.
Haben alle den Test bestanden, kann es weiter gehen.

261 Seeräuberhauptmannsprüfung Als erstes braucht es einen Seeräuberhauptmann. Der wird durch eine echte Seeräuberprüfung ermittelt.
Z.B.: Wer Kirschkerne am weitesten spucken kann, wird ein würdiger Hauptmann. Jeder hat fünf Versuche.

262 Ate kate nuva Dann brauchen Seeräuber unbedingt einen schmissigen Gesang, der alle mitreißt. Wie wäre es mit „Ate kate nuva"?

Dieser Unsinn-Text wird in jeder Strophe wiederholt, durch Gestik und Mimik aber jeweils eine andere Bedeutung hineingelegt:
1. Der Koch wird herbeigerufen (Ate kate....missa de)
Der Magen knurrt fürchterlich (Hexa kolla...vote.)
Der Koch wird in die Küche geschickt (Ate kate...missade)
2. Die Eßnäpfe werden aufgefüllt, es riecht gut.
Das Essen schmeckt.
Alle reiben sich satt die Bäuche.
3. Der Koch wird herbeigerufen.
Es fehlt etwas zu trinken.
Der Koch wird weggeschickt.
4. Rum wird ausgeschenkt, er riecht gut.
Alle trinken.
Alle sind betrunken und schunkeln begeistert.
5. Alle lallen sich betrunken in den Schlaf.

263 Spiele um die Wette Kein Seeräuber kann bestehen, ohne ein guter Ruderer zu sein. Als Ruderboote dienen Bananenkisten, in die sich der Seeräuber hineinkniet. Er kommt vorwärts, indem er sich außen mit den Händen abstützt und mit der Kiste nachrutscht. Immer zwei rudern auf einer bestimmten Strecke um die Wette, dann kommen die nächsten dran.
– Die Seeräuber sind an einer fernen Insel gelandet. Dort finden sie viele Riesenschildkröten. Mit ihnen veranstalten sie ein Wettrennen in zwei Mannschaften: Einer ist die Schildkröte, die auf allen vieren läuft, der andere führt sie, lockt sie und treibt sie an, damit sie so schnell wie möglich voran kommt. Welche Mannschaft hat ihre Schildkröten als erste alle im Ziel?
– Seeräuber trinken sehr gerne und leeren dabei viele Fässer. Zwei Mannschaften müssen je ein Faß (z.B. eine leere Waschmitteltonne) eine Strecke weit um eine Wendemarke rollen, dann kommt der nächste dran. Welche Mannschaft ist am schnellsten?
– Seeräuber würfeln sehr gerne. Wie wäre es mit den Glücksspielen von S. 189?
Rundum wird gewürfelt. Jeder notiert sich sein Ergebnis. Wer als erster 20 Punkte zusammen hat, darf sich blind aus einem Sack eine Überraschung holen. Die anderen würfeln weiter, bis alle dran waren.

264 Seemannsgarn Eine typische Seeräubereigenschaft ist es ebenfalls, Seemannsgarn zu spinnen, d.h. daß sie die verrücktesten und unglaublichsten Geschichten erzählen können. Wem fällt eine solche unglaubliche Geschichte ein, allein oder zu zweit, von irgendwelchen Seeungeheuern, Gespensterschiffen, Schaumfeen, Meeresgöttern und Unterwasserstädten? Die verrückteste Geschichte wird prämiert, aufgeschrieben und vielleicht von allen mit Zeichnungen versehen.

265 Seetaufe Wenn allen sehr heiß ist und die Umgebung es möglich macht, fährt das Seeräuberschiff über den Äquator: Alle, die ihn noch nie überquert haben, müssen getauft werden. Das kann mit Hilfe eines Gartenschlauches passieren, mit einer Gießkanne oder auch mit Wasserballons, die über dem Kopf zum Zerplatzen gebracht werden. Dabei bekommt jeder seinen Seeräubernamen zugeteilt.

266 Schatzsuche Wichtigster Programmpunkt des Seeräuberfestes kann eine Schatzsuche sein. In eine kleine Geschichte eingekleidet, werden die Schatzkarten ausgegeben, z.B.:
„Vorgestern ging ich dort drüben am Bach spazieren. Ich denke an nichts Böses, da seh ich auf dem Wasser etwas schwimmen. Es taucht wieder weg, kommt wieder hoch; da werde ich neugierig....
Es ist nur eine alte Flasche. Enttäuscht will ich sie gerade wieder ins Wasser zurückwerfen, da sehe ich, daß in der Flasche etwas steckt. Ich öffne sie und ziehe dies heraus. Wißt ihr, was das ist?...."

Heraus kommen Schatzkarten, für jedes Kind eine, auf denen der Weg durch wichtige Orientierungspunkte in der Landschaft aufgezeichnet ist, z.B. ein Bach, eine Brücke, ein Kirchturm, ein alleinstehender Baum o.ä.
Oder steckte die Schatzkarte in viele Teile zerrissen in der Flasche und muß erst wieder zusammengesetzt werden? Die fertig zusammengesetzte Karte klebt man am besten auf, damit der genaue Weg zum Schatz auch sorgfältig studiert werden kann.
Wurde die einführende Geschichte spannend genug erzählt, sind sicher einige Kinder fest davon überzeugt, daß die Karten wirklich alt sind. Damit sie auch möglichst alt aussehen, nimmt man gelbliches Papier, brennt vorsichtig ein paar Ecken ab und schwärzt es mit etwas Ruß.
Als Schatz kann etwas zu essen versteckt sein, aber auch kleine Überraschungen für jedes Kind: Lauter kleine Schatzkistchen, kostbar mit Goldpapier umkleidet, mit einem kleinen Schmuckstück darin oder einer Sammlung verschiedener Münzen, die von vergangenen Urlaubsfahrten übriggeblieben sind. Sicher kann man auch im Freundeskreis einige „Schätze" für diesen Zweck bekommen.

267 Seeräuberabschied Zum Abschluß des Festes und zum Abschied der Seeräuber kann es dann ein Lagerfeuer (S. 102) geben, oder sitzen alle gemütlich und erschöpft im Kreis, essen und trinken und erzählen sich Witze und Rätsel? Am Ende des Seeräuber-Tages singen sie noch einmal „Ate kate nuva.

Räuberfest

Wer kennt den berühmtesten Räuber und seine Abenteuer? Die Geschichten vom guten Räuber Robin Hood aus Sherwood forest sind mittlerweile bei vielen Kindern bekannt. Was gefällt ihnen so gut daran? Welche Geschichten sind die Schönsten? Warum soll man nicht einmal ein Kinderfest mit ausführlichen Gesprächen beginnen?
Für ein Räuberfest muß nichts Besonderes vorbereitet werden, wenn die Ausstattung als Spiel mit in das Fest hineingenommen wird. Verkleidung ist nicht unbedingt nötig, eventuell werden Räuberhüte gebastelt (Siehe Einladungen S. 23)

268 Räuberlied
Das Lied „Im Walde von Tolouse ..." kann dann der Aufhänger für ein Räuberfest sein.

Es waren an die 50, verborgen im Gebüsch...
Der Hauptmann sprach zu einem:
„Schau nach, ob einer kommt"...
„Ich sehe einen kommen, der sitzt auf hohem Roß."
„Mein Herr, bleibt bitte stehen. Wo habt ihr euer Geld?"
„Ich hab's in meiner Börse, ich hab's in meinem Rock.
So nehmt denn meine Börse, doch laßt das Leben mir."
In diesem Augenblicke da kam die Polizei.
Im Walde von Toulouse gibt's keine Räuber mehr.

269 Im Walde von Toulouse Gefällt den Kindern der Schluß nicht? Dann dichten Sie das Lied einfach gemeinsam mit den Kindern weiter und lassen das Schicksal der Räuber eine bessere Wendung nehmen. Es versteht sich von selbst, daß jedes „peng peng" mit lautem Klatschen, Stampfen oder Klopfen begleitet wird.

270 Einrichtung der Räuberhöhle Nachdem die Räuber von Tolouse ihren Wald verlassen haben, müssen sie sich ein neues Zuhause schaffen und eine Räuberwohnung einrichten. Wie machen Räuber das?

Indem sie sich die notwendigen Dinge zusammenräubern. Jeder Räuber braucht mindestens einen Becher, einen Teller, Messer und Löffel.
Gibt es in der direkten Nachbarschaft Freunde und Bekannte, die bereit sind, mitzuspielen? Sie scheinen nicht informiert zu sein. Von ihnen müssen sich die Räuber holen, was sie brauchen, ohne daß diese etwas merken. Dabei muß ganz klar abgesprochen sein, daß nur diese Gegenstände „besorgt" werden und sonst nichts. Dann richten sich die Räuber eine gemütliche Höhle ein aus Kisten, Polstern, Decken und Kissen.
Kann das Räuberfest im Wald gefeiert werden, wird die Höhle aus herumliegenden Ästen, Baumstämmen, Steinen und Laub gebaut.

271 Räubern um die Wette Im Wald können auch die Hasen für das Räubermahl gejagt werden: In einem bestimmten Umkreis wurden entweder aus Karton ausgeschnittene Hasen oder gut in Tüten verpacktes fertiges Essen versteckt. Jeweils zu zweit gehen die Räuber auf die Jagd. Wer am meisten gejagt hat, wird Hauptmann bzw. sein Stellvertreter.
Möchte jemand seine Kräfte messen? Sicher liegen im Wald dicke Steine oder vielleicht ein Stück Baumstamm herum. Wer kann sie am längsten stemmen oder am weitesten schleudern?
Doch Räuber sind auch hinterlistig und tricksen sich schon auch mal gegenseitig aus. Jeder Räuber hat einen Baum für sich, aber leider ist einer zu wenig. Wer keinen Baum hat, geht zu einem Kollegen: „Wie heißt du?" Dieser nennt ihm seinen Räubernamen. In der Zwischenzeit wechseln die anderen ihre Bäume. Ist der Räuber schnell genug, so springt er schnell zu einem frei gewordenen Baum, und ein anderer muß sich einen neuen suchen.
-Viele Seeräuber-Spiele lassen sich auch unter Räubern im Wald spielen: z.B. Weitspucken, Fässerrollen oder Würfeln.

272 Die blinde Hexe Die blinde Hexe (Augen verbunden) im Wald sitzt inmitten ihrer „Schätze" und bewacht sie. Diese liegen im Umkreis von einem Meter um sie herum verstreut. Die Räuber versuchen, sie ihr zu rauben. Leise schleichen sie sich an. Werden sie von der Hexe gehört, zeigt sie in die Richtung und verzaubert den Räuber, so daß er sich nicht mehr bewegen kann. Die Hexe hat gesiegt, wenn alle Räuber verzaubert sind. Sieger sind die Räuber, wenn sie alles klauen konnten. Der erste verzauberte Räuber wird die nächste Hexe.

273 Räuberfeuer Ein Lagerfeuer ist bei jedem Räuberfest unentbehrlich; im Wald suchen die Räuber das Holz selbst zusammen und entzünden es unter Anleitung an einer sicheren Stelle. Sie erzählen sich Räubergeschichten und Witze und singen freche Lieder.

Urwaldfest

Was gibt's im Urwald? Vor allem viele wilde Tiere, aber auch einige Menschen, z.B. Urwaldforscher und Eingeborenenstämme; zum Fest wird viel trommelnde Urwaldmusik gebraucht, es wird wild getanzt. Essen und Trinken bestehen aus den Früchten des Urwaldes, viel Obst, als Salat oder Schokoladenfondue und erfrischende Fruchtmixgetränke.

274 Urwaldforscher Zum Urwaldfest kommen alle Teilnehmer schon verkleidet. Ein Erwachsener tritt als Urwaldforscher auf und studiert die einzelnen Bewohner. Er notiert ihre Besonderheiten , ihre Laute - und verhilft jeder Verkleidung zur Geltung bei der Vorstellung der einzelnen Besucher.

275 Nahrung beschaffen im Urwald Das gemeinsame Essen muß nicht vorbereitet sein. Das Pflücken, Heranschaffen und Zubereiten der Früchte wird in Spiele eingebaut, entweder als Einzel- oder als Mannschaftsaufgaben.
– Bananen müssen oben in einem Baum „gepflückt" werden. Gibt es keinen geeigneten Baum, werden die Bananen eben geangelt: An einen Stock wird eine Schnur mit dem Haken eines Kleiderbügels daran gebunden.
– Verschiedene kleine Früchte sind im Raum oder im Garten versteckt und werden wie Ostereier gesucht.
– Melonen müssen um die Wette ins Ziel gerollt werden.
– Aprikosen werden einzeln auf dem Eßlöffel über eine längere Strecke antransportiert.
– Auch eine Kokosnuß muß herangeschafft werden. Allerdings muß sie geworfen werden. Einer wirft zum Nächsten usw. Der erste stellt sich wieder vorne an.
– Haselnüsse werden einzeln auf einem Teelöffel transportiert.
– Orangen und Äpfel dürfen nicht mit den Händen, sondern nur zwischen zwei Stirnen getragen werden.
- Eine Orange muß geschält und in der Mannschaft aufgeteilt werden.

276 Exotisches Menü Sind alle Früchte beisammen, kann gemeinsam der Obstsalat geschnitten, die Soße für das Schokoladenfondue gerührt (S. 49), können die Getränke gemixt werden. Dann ist allgemeine Stärkung angesagt.

277 Tarzan und andere Geschichten Anschließend marschieren alle gemeinsam durch den Urwald. Der aber ist gefährlich. Verschiedene Spiele können in das Erzählen einer Geschichte eingebaut werden.
Wer kann sich wie Tarzan an einer Liane über den reißenden Urwaldfluß hangeln? Eine Teppichstange oder ein Schaukelgestell eignen sich dazu bestens. Der Weg führt auf einem schmalen Grad entlang, rechts und links droht der Abgrund. Die Lasten müssen gerecht verteilt werden. Nacheinan-

der bekommt jeder einen Korb auf den Kopf, in dem er ein Stück Wegs eine kleine Überraschung transportieren muß, ohne den Korb mit den Händen zu halten. Fällt der Korb herunter, darf er es noch einmal versuchen.
Jetzt wird es noch gefährlicher. Die Brücke ist gerissen. Der einzige Weg über den Abgrund führt über eine dünne Liane: Ein Seil liegt auf dem Boden, auf dem entlang balanciert werden muß.
Dann taucht eine Schlange aus dem Unterholz auf. Die Wanderer müssen sich so schnell wie möglich auf Möbel, Bäume, Leitern retten.
Im Urwald gibt es viele verschiedene und auch fremde Düfte. Wer kann sie blind auseinanderhalten? (siehe S. 226)
Vor der nächsten Etappe haben sich leider mehrere verletzt. Immer zwei müssen sich zusammentun, einer nimmt den anderen Huckepack.

278 Die Affenbande Wer kennt das Lied von der Affenbande und der Kokosnuß?

2. Die Affenmama sitzt am Fluß
und angelt nach der Kokosnuß.
3. Der Affenonkel - welch ein Graus -
reißt alle Urwaldbäume aus.
4. Die Affentante kommt von fern.
Sie ißt die Kokosnuß so gern.
5. Der Affenmilchmann, dieser Knilch,
der wartet auf die Kokosmilch.
6. Das Affenbaby voll Genuß
hält in der Hand die Kokosnuß.
Die ganze Affenbande brüllt: „Es hat die Kokosnuß....es hat ..."
7. Die Affenoma schreit „Hurra"?
Die Kokosnuß ist wieder da.
Die ganze Affenbande brüllt: „Da ist die Kokosnuß....es hat...
8. Und die Moral von der Geschicht':
Klau keine Kokosnüsse nicht,
weil sonst die ganze Bande brüllt: „Wo ist..."

279 Nacht im Urwald Schließlich überkommt alle eine große Müdigkeit und sie legen sich zum Schlafen auf den Bauch, so daß sie nichts sehen können. Der Urwald aber ist auch nachts voller Geräusche.
Kann jemand die Geräusche erraten? (Siehe S. 225)

280 Eingeborenenfest Am nächsten Morgen geht's weiter. Die Mannschaft kommt zu einem kleinen Eingeborenendorf, in dem gerade ein Fest stattfindet. Es wird getrommelt, getanzt und gesungen (siehe Indianerfest S. 102).
„Wir tanzen jetzt wie ein Affe."
Alle anwesenden Gestalten, Tiere oder Menschen, dürfen einmal Vorbild sein für die Art zu tanzen. Entweder macht jeder jeweils die Bewegungen vor, die die anderen nachmachen, oder die Figur wird nur benannt, und jeder tanzt so, wie er sich dessen Bewegung vorstellt.

Wenn Nachtgespenster sich grauseln

Ein solches Fest muß in absoluter Dunkelheit steigen. Die Wohnung dafür zu verdunkeln, wäre eine Möglichkeit. Noch besser ist es, wenn es auch draußen finster ist. Bei der Vorplanung sollten Sie genau abklären, wie dunkel die Wohnung wirklich ist. Scheint vielleicht noch eine Straßenlaterne oder ein Treppenhauslicht durch die Flurtüre? Wo muß besonders abgedunkelt werden?

Wenn das Fest sich im Wesentlichen im Dunkeln abspielt, müssen Sie sich nicht viele Gedanken zur Dekoration machen. Es genügen ein paar über die Möbel gehängte weiße Leintücher, einige weiße Luftballons mit schwarz aufgemalten Fratzen. Ein wenig schummeriges Licht, zwischendurch auch ab und zu Helle. Sie können Lampen verhängen (Achtung Entzündungsgefahr!), ein Windlicht auf einen Schrank oder ins Regal stellen. Besonders schön machen sich ein ausgehöhlter und eingeschnittener Kürbis oder eine große Melone mit einem Teelicht darin.

Die Teilnehmer eines solchen Festes sollten mindestens neun Jahre alt sein. Bei den Jüngeren liegen Phantasie und Wirklichkeit noch so nahe beieinander, daß sie vielleicht nachhaltig von einem Gespenst erschreckt würden - auch wenn es die verkleidete Freundin ist. Selbst für Größere bedeutet die Dunkelheit und die Unsicherheit in ihr, das Ungewisse, was vielleicht gleich kommt, schon Anspannung genug.

Im Mittelpunkt des Abends stehen Spiele mit Geräuschen, mit Licht und Schatten, unheimliche Geschichten und Witze werden erzählt. Alle wollen sich sicher als Gespenster verkleiden und/oder schminken, um jemanden zu erschrecken - vielleicht werden die Gespenster dabei aber selbst von einem anderen Gespenst überrascht und erschreckt? Das eigentliche Gespensterspiel wird wahrscheinlich erst gegen Ende des Festes stattfinden, da wallende Bettlaken und dicke Schminke doch etwas hinderlich sind. Außerdem muß ja auch erst Stimmung aufkommen.

Viele Spiele wirken allein dadurch schon gespenstisch, daß sie in absoluter Dunkelheit gespielt werden.

281 Partnersuche Auf je zwei Kärtchen wird das gleiche Tier geschrieben, die Kärtchen werden verteilt und das Licht gelöscht. Jeder muß seinen Partner suchen. Es darf nicht gesprochen werden, nur Geräusche und Laute sind erlaubt. Je älter die Teilnehmer, desto schwieriger werden die gestellten Aufgaben (Regenwurm, Fledermaus und Fisch!)!

282 Kauderwelsch der Geister

Bei der schummrigen Beleuchtung einer Kerze beginnt einer in Kauderwelschsprache eine Rede zu halten. Mit viel Gestik fordert er die Gruppe immer wieder zu gemeinsam gesprochenem Singsang auf, stellt an einzelne Fragen und gibt das Wort an den nächsten weiter. Jemandem fällt sicher ein, wie er die Geschichte lustig beenden kann.

283 Blindenspiele Eigentlich können alle Blindenspiele gespielt werden. Statt der verbundenen Augen findet einfach alles in einem absolut finsteren Raum statt: Z.B. ertastet sich jemand im Dunkeln jeweils zwei Personen, die er zueinander führt: Beide müssen versuchen, sich durch Abtasten zu erkennen. Es darf absolut kein Geräusch gemacht werden - Kichern verrät einen besonders leicht!

284 Alle Sterne leuchten Gibt es für jedes Gespenst eine Taschenlampe, dann kann eine Abwandlung des Spiels „Alle Vögel fliegen hoch" gespielt werden: Bei allem, was wirklich leuchten kann, müssen die Taschenlampen angeknipst werden: Z.B. alle Sterne leuchten, alle Laternen leuchten, usw.. Wer einen Fehler macht, sei es, daß die Lampe hätte brennen müssen oder daß sie an falscher Stelle brannte, der muß ein Pfand geben.

285 Geräusche Raten Verschiedene Geräusche, im Dunkeln gemacht, wirken völlig anders, viel fremder und unheimlicher.
Jeder überlegt sich ein Geräusch, das er die anderen raten läßt. Die Ratenden könnten dabei Punkte sammeln. Der Beste erhält ein Geschenk.
Für Größere wird das Raten erschwert: Es muß nicht erraten werden, wie das Geräusch gemacht wurde, sondern was das Geräusch bedeutet oder wofür es typisch ist.: Z.B. wird der Nachbar nachgemacht, der sich beim Spaziergang auf seinen Stock stützt. Nicht ganz einfach, aber lustig!

286 Geschichte ohne Worte Ohne Wettbewerb, aber spannend und romantisch ist es, eine Geräuschegeschichte zu erzählen.
Welche Geräusche sind in der Nacht zu hören? Jeder überlegt sich einige. Wichtig ist es, zu Beginn genau abzusprechen, daß niemand redet oder lacht. Jeder soll versuchen, so lange wie möglich still zu sein, auch wenn er noch so sehr kichern muß.
Dann beginnt einer so oder ähnlich zu erzählen:
„Es geschah an einem wunderschönen Sommerabend. Es war warm und windstill. Die Sonne versank an einem verheißungsvoll roten Himmel, die Menschen gingen nach Hause. Manche saßen noch lange auf ihren Terrassen und unterhielten sich, bis eine schmale Mondsichel am Himmel stand und die Nacht in ein fahles Licht tauchte. Langsam begeben sich alle zur Ruhe. Nur wenige Sterne leuchten, ein paar Wolken ziehen vorbei. Es wird still umher, ganz still."
Von jetzt an wird die Geschichte durch Geräusche weitergeführt - (zwei Katzen miauen, Frösche quaken, ein Liebespaar flüstert usw.) - so lange, bis das Gekicher nicht mehr zu unterdrücken ist.
Hinterher erzählt jeder, was er mit seinen Geräuschen gemeint hat.

287 Schattenspiel-Geschichten Eine einfache Stehlampe kann als Lichtquelle ausreichen, um Schattenspiele an die Wand zu werfen, einfach mit den Händen oder einzelnen Gegenständen. Auch einfachste improvisierte Bewegungen der Finger und Hände können eine ganze Geschichte entstehen lassen.

288 Lichtergeschichte Geschichten nur mit Lichtern spielen: So viele Taschenlampen wie da sind, werden verteilt (besser: Die Kinder bringen von zu Hause welche mit). Gut sind solche, deren Lichtkegel verändert werden kann.
Alle sitzen im Dunkeln. Dann beginnt einer mit seinem Lichtpunkt zu wandern, zu suchen. Bald kommen andere dazu. Ob sich die Punkte ohne Absprache verständigen können? Notfalls helfen auch ein paar Zwischenbemerkungen, wenn der Punkt etwas ganz Bestimmtes vor hat. Ganz sicher entsteht ein lustiges Spiel der Lichter.

289 Gespensterspiel Schließlich werden sich alle verkleiden und/oder schminken: In ein altes Bettlaken (das mitgebracht wurde) werden Augenlöcher und ein Mundloch geschnitten und mit schwarzen Filzschreiberstrichen ummalt. Bindet man das Laken mit einem Bändchen um den Hals fest, verrutschen die Augenlöcher nicht so leicht.
Das Laken kann aber auch einfach über die Schultern gelegt und mit einem Gürtel zusammengehalten werden. Das Gesicht wird dann weiß geschminkt mit schwarzen Augenhöhlen; um den Kopf wird ein weißes Tuch gebunden oder ein weißer Kopfkissenbezug mit einem Band festgehalten.

Schließlich müssen die Gespenster nur noch mit unheimlichen Geräuschinstrumenten ausgestattet werden: Rasseln, Ketten, Topfdeckeln usw.
Mit schauerlichem „Uuuuaaahh" zieht die Truppe dann durch verschwiegene Gassen zu Freunden und Bekannten (die nicht vorgewarnt wurden).

290 Matratzenlager zur guten Nacht Nach einem abschließenden Mitternachtsschmaus will sicher niemand mehr nach Hause. Gibt es die Möglichkeit, ein großes Matratzenlager einzurichten? An Schlaf wird in dieser Nacht sowieso nicht viel zu denken sein.

291 Gute-Nacht-Geschichten Als Gute-Nacht-Geschichte erzählen sich die Gespenster noch gegenseitig schauerliche Geschichten? Sie können frei erfunden sein oder sich an vorgegebenen Wörtern orientieren:
- Gartenhäuschen, Garage, Tunnel
- Dracula, kleines Gespenst, Vampir
- Feuer, Wasser, Erde
- Flugzeug, Rennauto, Traktor

Aus jeder Zeile muß ein Begriff in der Geschichte vorkommen.
Solche Schauergeschichten lassen sich auch schon vorher in das Programm einbauen. Sollen sie aufgeschrieben werden? Dann gibt es zwischendurch immer wieder etwas „Schönes" zum Vorlesen. Vielleicht werden dabei die einzelnen Geschichten auch prämiert und die Autoren der besten dürfen sich als erste eine Überraschung aussuchen.
Als Erinnerung an das schaurig schöne Fest bekommt jeder eine kleine Taschenlampe geschenkt.

Kapitel 8

Themenfeste III: Tafeln mit Musik und Puppen

Ein Puppenfest

Wie wäre es, einmal den Geburtstag der Puppe zu feiern und dazu viele Puppen-Freunde einzuladen? Jeder bringt seine Lieblingspuppe oder seinen Lieblingsbären mit.
Sicherlich reichen die vorhandenen Puppenstühle und Puppentische nicht aus. Mit Schachteln kann improvisiert werden oder Freund oder Freundin leihen ihre Puppenmöbel aus, damit auch eine festliche Tafel gedeckt werden kann. Gleiches gilt wohl auch für das Puppengeschirr. Der Verlauf des Festes wird sicher dem sonstigen Puppenspiel entsprechen und große Eingriffe und Mithilfe von Seiten der Erwachsenen überflüssig machen. Vielleicht wird die eine oder andere Idee zu Weiterführung ihres Spiels ja von den Kindern aufgenommen, ohne daß sie sich aus ihrem Spiel bringen lassen.

292 **Puppen-Festtafel** Gemeinsam richten die Puppenmütter und Puppenväter die Festtafel und schmücken sie mit Blumen und kleinen Kerzen.
In kleinen Förmchen werden Puppenkuchen gebacken.
Bunt belegte Minibrote entstehen aus aufgeschnittenen Stangenbroten.
Für den Abschluß wird gemeinsam ein Obstsalat geschnitten.

293 **Puppenspiele** Dann wird gespielt. Sicher schlagen die Kinder all die Spiele vor, die sie von ihren ersten Kindergeburtstagen her kennen, vom Ringelreihen bis zum Topfschlagen.
Werden die Puppen müde, werden sie in Puppen- und Leiterwagen spazierengefahren. Oder müssen sie erst noch gebadet werden? Spaß kommt auf beim gemeinsamen Bad von Puppen und Kindern.

294 **Schulvorbereitung** Kommen die Puppenmütter und -väter bald in die Schule, so bekommen die Puppen einen Schulranzen geschenkt. Hefte dafür sind schnell gebastelt: Für die Seiten werden aus weißem Papier Streifen von etwa 8 x 5 cm ausgeschnitten, mindestens drei je Heft. Ein Heftdeckel in gleicher Größe wird aus farbigem Papier geschnitten. Beides miteinander wird in der Mitte gefaltet und entweder zusammengenäht oder zusammengeklammert. Ein kleines Namensschild drauf darf nicht fehlen. Waren noch irgendwo winzige Bleistifte aufzutreiben, sind die Schulranzen perfekt.

295 Selbstgemachtes Puppengeschirr Ist noch Zeit, können die Puppeneltern aus Ton ein eigenes Puppengeschirr formen. Das können die kleinen Kinderhände mit ein wenig Anleitung schon sehr gut. Kugeln werden zu flachen Tellern gedrückt, Krüge und Becher formt man ganz leicht um das Ende eines Kochlöffelstiels. Damit man später weiß, wem was gehört, ritzt jeder ein kleines Zeichen in den Boden seiner Stücke. Wenn alles gut getrocknet ist, werden die Kunstwerke im Ofen gebrannt. Zur Verteilung und Einweihung kann es schon das nächste Puppenfest geben.
Schließlich wollen die Puppen noch eine Geschichte erzählt oder ein Kasperletheater vorgespielt bekommen.
Gemeinsame Tänze schließen das Puppenfest ab.

Großes Schachtelfest

Ein solches Fest setzt voraus, daß viele mithelfen und zahllose Schachteln sammeln und anschleppen, Schachteln in verschiedener Größe, vor allem aber auch ganz große, z.B. Verpackungskartons von Kühlschränken und Waschmaschinen. Es empfiehlt sich, rechtzeitig vorher einen Elektrohändler um Mithilfe zu bitten, damit er die anfallenden Kartons nicht wegschmeißt. Für das Fest selbst braucht es einen einigermaßen großen Hof oder einen Garten und trockenes Wetter, außerdem viel Tesakrepp, Klammerapparate, Farben und Pinsel, Scheren und Messer, unempfindliche Kleidung und Malkittel. In bereitstehenden Eimern mit Wasser können zwischendurch Hände und Pinsel gewaschen und an alten Tüchern getrocknet werden. Nicht zuletzt ist ein wenig Phantasie gefragt, aber die bringen die Kinder sowieso mit.
Sind alle eingetroffen, ist das Chaos zuerst einmal groß. Inmitten des Schachtelgewirrs muß sich jeder erst orientieren, was jetzt eigentlich laufen soll. Damit zum Schluß auch ein gemeinsames Spiel möglich ist, empfiehlt es sich, zunächst in großer Runde zu überlegen, was man mit den Schachteln alles machen kann und was jetzt hier damit geschehen soll. Gut eignen sich die Schachteln für Häuser aller Art, für Kaufläden, Verkaufsbuden und für Kuschelecken. Ideen kommen sicher genügend. Nötig wird dann eine Beratung sein, wie die jeweiligen Ideen am besten umgesetzt werden können. Das Ausschneiden von Fenstern und Türen aus den Kartons ist nicht ganz einfach und mit dem spitzen Messer auch nicht ganz ungefährlich. Deshalb sollte immer ein Erwachsener als Helfer und Berater bereitstehen.
Das Fertigen der verschiedenen Konstruktionen und ihr Ausschmücken wird fast den ganzen Nachmittag in Anspruch nehmen.
Verkaufsstände können mit den vorbereiteten Speisen, mit Obst und Brezeln usw. gefüllt werden, so daß bei ihnen richtig eingekauft werden kann.

Eine Eisdiele mit Hockern und Tischchen muß unbedingt auch Eis verkaufen für die erhitzten Handwerker.
Nach getaner Arbeit stattet man sich gegenseitige Besuche in den Wohnhäusern ab.
Werden schließlich Dreiräder, Bobbycars und Roller als Fahrzeuge für die Schachtelstadt hervorgeholt? Dann wird bald auch ein Verkehrspolizist nötig werden, der Unfälle vermeiden hilft.
So schön solch ein kreatives Fest ist, so traurig ist doch oft sein Ende. Mit dem Schluß des Festes ist auch dieses Arrangement vorbei. Nur wenige Kinder werden ihr Haus mitnehmen und aufbewahren können. Die Trennung von dem gemeinsamen Werk ist schwer. Viele schöne Fotos davon werden die Trauer vergessen helfen.
Vielleicht schließt sich dem Anlaß entsprechend ein Gespräch über den Sinn und Unsinn von Verpackungen daran an, über ihren Aufwand und ihre Verschwendung?
Es empfiehlt sich, daß der Veranstalter sich vorher überlegt, wo er nach Ende des Festes die vielen Kartons wieder los wird, und wer ihm dabei mit einem geeigneten Auto hilft.
Variante: Mit kleinen Schachteln können (sogar in der Wohnung) auch sehr schöne Gebilde erstellt werden. (Vgl.Kreative Spiele S. 133)

Ein festliches Mahl

Ein ganzes Menü von Anfang bis Ende zu arrangieren, ist für viele Kinder etwas Neues und ganz Besonderes. Solange niemand muß, ist es attraktiv, verantwortlich sein zu dürfen!
Die Kindergruppe überlegt sich, entweder ein Festessen für die Eltern zu arrangieren oder einfach eines für sich selbst. Je nachdem werden die Vorbereitungen aussehen.

296 Das Gasthaus wird eingerichtet Der äußere Rahmen wird entsprechend bedacht:
Die Wohnung bekommt einen phantasievollen Gasthausnamen mit entsprechend gemaltem Schild. Speisekarten werden geschrieben und verziert.
Der Tisch wird prächtig gedeckt und geschmückt.
Zwei Bedienungen verkleiden sich entsprechend.
Auch wenn die Kinder nur für sich selbst kochen: Ein wenig Verkleidung muß sein:

297 Ausrüstung für die Köche Alle Köche und Köchinnen bekommen weiße Kochmützen: Ein etwa 20 cm breiter Streifen Kreppapier wird hinten mit ein bis zwei Büroklammern zugehalten und an der oberen Öffnung nach innen geknickt.
Wer mag, kann vor dem Fest für jedes Kind eine Schürze nähen: An je ein Küchentuch wird weißes Wäscheband genäht: an die beiden Ecken einer

Schmalseite ein Band und zwei etwa an die Mitte der langen Seiten. Mit einem wasserfesten Stift können die Einladenden noch eine persönliche Widmung darauf schreiben. Natürlich darf jedes Kind seine Schürze am Ende mit nach Hause nehmen.

298 Einkausliste Bevor das Kochen beginnen kann, muß die Speisenfolge zusammengestellt werden. Dabei ist die beratende Stimme des Erwachsenen wichtig. Ausgewählt werden Speisen, die so einfach zu bereiten sind, daß die Kinder möglichst selbständig arbeiten können. Sicher werden lauter Lieblingsspeisen gekocht. Was wird alles gebraucht? Auf einer langen Liste wird alles Nötige notiert.
Dann kaufen die Kinder gemeinsam oder in kleinen Gruppen ein. Wenn ein Laden zu weit entfernt ist, kann das Einkaufen schon ein paar Tage vorher stattfinden.

299 Koch-Arbeiten Wieder zu Hause werden die Arbeiten verteilt. Am besten sind immer zwei Kinder für eine Speise verantwortlich. Für die beobachtenden Hausfrauen ist es wahrscheinlich nicht ganz leicht, dem damit beginnenden Treiben gelassen zuzusehen und es geschehen zu lassen. Es ist gut, wenn die Kinder ihre Arbeit weitestgehend selbst organisieren und dabei ruhig auch ein paar Pannen erleben. Besser, sie bitten um Hilfe, als daß sie zu früh mit guten Ratschlägen überhäuft und ihnen die Begeisterung genommen wird.
Kochen die Kinder für sich alleine, kann das Essen selbst auch noch zu einem Spaß werden. Einmal etwas zu dürfen, was sonst grundsätzlich verboten ist, macht diebischen Spaß: Wie wäre es, wenn die ganze Mahlzeit ohne Besteck gegessen werden darf/muß? Besonders lustig ist dies, wenn es superlange Spaghetti mit Tomatensoße gibt (die Kochschürzen empfehlen sich dann als Lätzchen), Nudelsuppe oder Wackelpudding aus kleinen Schüsselchen! Das Essen sollte an einem Platz stattfinden, der hinterher leicht gereinigt werden kann. Variante: Die Speisenfolge schon vor dem Fest absprechen und alle Rezepte aufschreiben. Als kleines Heftchen zusammenstellen und für jedes Kind kopieren. Vielleicht überraschen diese ihre Eltern zu Hause später einmal mit einer selbstgekochten Mahlzeit.
Variante: In der Vor-Weihnachtszeit legt sich auch ein Backfest nahe. Manche Teige sind schon vorbereitet, andere werden gemeinsam geknetet.
Lebkuchenplatten können verziert werden, verschiedene Figuren ausgeschnitten und dekoriert, Plätzchen ausgestochen, andere geformt werden. Am Abend ziehen alle mit einer großen Tüte voller selbstgebackener Kostbarkeiten nach Hause.

Wir machen Musik

Wer mag einmal einen Nachmittag damit zubringen, zu singen und zu tanzen, Instrumente zu basteln, verschiedenste Klänge und Klangkörper auszuprobieren und mit ihnen zu experimentieren?

300 **Schwäbische Musikanten** Die meisten Kinder kennen sicher das Lied von den schwäbischen Musikanten ("Wir sind die Musikanten und kommen aus Schwabenland..") Dieses Lied bietet sich auf jeden Fall an.

301 **Töne und Geräusche erzeugen** Alle Ideen werden zusammengetragen und ausprobiert. Woran erinnern die verschiedenen Klänge? Was oder wen kann man mit einem jeweiligen Klang nachmachen?

Weingläser werden jeweils mit verschiedenen Mengen an Wasser so gefüllt, daß eine Tonreihe erklingt, wenn man mit einem Löffel gegen sie klopft, oder wenn man sie mit dem über den Rand streichenden feuchten Finger zum Schwingen bringt.

Ähnliches erreicht man mit Weinflaschen, die unterschiedlich vollgefüllt sind (Wasser). Durch flaches Blasen über die Öffnung werden verschiedene Töne erzeugt.

– Hängt man verschiedene Küchengegenstände aus Metall mit Schnüren an einem Stock auf, so ergeben sie beim Dagegenklopfen verschiedene Töne.

– Ein Plastiksack, der zur Hälfte aufgeblasen und dann gut zugebunden wurde, gibt beim rhythmischen Stauchen ein ganz eigenwilliges Geräusch von sich.

– Ein Stück eines Gartenschlauches wird zu einer lauten Tröte, wenn man in ihn hineinprustet.

Auch mit verschiedenen Papieren kann ganz unterschiedliche Geräusche machen: Man kann sie knüllen, gegeneinanderrascheln, schütteln, reißen usw. Ganz anders klingt dies jeweils, wenn man Alufolie nimmt oder Backtrennpapier, Zeitung oder Seidenpapier.

302 **Selbstgebastelte Instrumente** Verschiedene Instrumente können während des Festes gebastelt und mit nach Hause genommen werden:

– Ein (bemaltes) DIN A4 Blatt wird von der Schmalseite zu einer Spitztüte aufgerollt, zugeklebt und von der Spitze ein Zentimeter abgeschnitten. Eine herrlich laute Tröte ist entstanden.

– Einige Kronkorken, mit einem dicken Nagel durchbohrt und auf einen festen Drahtring gefädelt, geben eine schöne Rassel ab.

– Wenige auf einen Handschuh oder ein Strickbündchen genähte kleine Glöckchen erklingen bei jeder festeren Bewegung.

– Unterschiedlich große Schachteln und Dosen werden mit verschiedenen Materialien gefüllt und verschlossen.

– Waschpulvertonnen, Plastikeimer, Töpfe und Deckel werden mit Kochlöffeln oder Stöcken traktiert.

– Jeder wird erstaunt sein, wieviele Geräusche er allein mit dem Mund, nur mit den Händen als Hilfsmittel machen kann.

303 Geräuschvolle Geschichte Nun sind genug verschiedene Klänge da, um sie in eine Geschichte einzubinden. Wenn alle gemeinsam versuchen, eine Geschichte zu erfinden, in der möglichst viele verschiedene Klänge vorkommen können, wird's eine aufregende Vorstellung. Einer erzählt die Geschichte mit Schwung und Spannung.

Sie könnte z.B. von zwei Kindern handeln, die beim Spielen im Wald ganz die Zeit vergessen haben. Mit einem Mal ist es Nacht geworden, der Uhu schreit, es raschelt im Laub, Tiere kommen und gehen, kratzen und schaben. Wind kommt auf und heult um die Bäume, es beginnt zu regnen, es donnert und blitzt, es hagelt, die Bäume rauschen, die Kinder zittern usw. Schließlich läßt das Unwetter nach. In der Ferne bimmeln die Glocken einer Kirche. Die Kinder kommen an eine Straße, ein Auto kommt hupend an und bringt die Kinder nach Hause. Im Auto spielt lustige Musik. Müde und froh liegen sie schließlich in ihren Betten. Gemeinsam singen sie noch ein Gute-Nacht-Lied.

In einem ersten Durchgang sollte erst einmal alles mögliche ausprobiert werden, was an Geräuschen passen könnte. Große Erzählpausen sind nötig, damit Klänge entstehen können.

Der zweite Durchgang kann dann schon eine fast perfekte Aufführung sein. Sie können versuchen, den zweiten Durchgang auf Tonband oder Kassette aufzuzeichnen – das Abhören bringt sicher noch einen zusätzlichen Spaß!

304 Tanzspiel mit Instrumenten Nach dieser Anstrengung müssen sich sicherlich alle erst einmal wieder austoben, z.B. bei einem Tanzspiel. (siehe S. 70ff.)

Sind einige Kinder dabei, die schon ein Instrument spielen, so sollten sie damit unbedingt zum Zuge kommen: Sie begleiten bekannte Lieder, die anderen singen, klatschen und trommeln dazu.

305 Die Instrumente leben Wer hat noch Lust, Teil eines lebendigen Instruments zu sein?

Am besten stellen sich alle in einer Reihe auf. Jeder ist gewissermaßen eine Taste des Klaviers und bekommt einen Ton zugeteilt, den er sich merken muß und das ist gar nicht so einfach. Jeder singt nur seinen Ton, wenn der Dirigent das Zeichen dazu gibt.

Am einfachsten beginnt man mit einem bekannten Lied, z.B." Alle meine Entchen". Wichtig ist, daß der Dirigent die Sprünge in Liedern erkennt und die richtigen Töne anfordert. Solange bekannte Lieder gesungen werden, ist es noch relativ einfach. Auf einem gut geübten Instrument kann man aber auch frei und sogar mehrstimmig spielen. Wie wäre es mit einem schönen Dreiklang zum Ausklang des Festes: leise beginnend, immer lauter werdend und wieder leise verklingend?

Malfest mit Ausstellung

So wie es Spaß macht, einen ganzen Nachmittag einmal nur ganz verschiedene Musik zu machen, so sind malbegierige Kinder sicherlich von einem Malfest begeistert: Ausgiebig können verschiedenste Techniken und Farben ausprobiert und zum Schluß zu einer Ausstellung aufgebaut werden.

306 Straßenmalerei Mit farbigen Kreiden kann jeder auf das Straßenpflaster (Gehweg) ein Bild malen oder ein großes Bild entsteht gemeinsam.

307 Pustebilder Mehrere Tropfen farbiger Tusche werden auf ein Papier gegeben und mit Strohhalmen verpustet. Originelle, oft witzige Spinnennetzmuster entstehen.

308 Kleisterbilder Auf dickes Packpapier wird Tapetenkleister verteilt. Darauf gibt man Farbpulver oder einen Löffel voll Fingerfarbe. Mit einem groben Kamm, einer Gabel oder einem Spachtel verteilt, hinterläßt die Farbe Muster. Die getrockneten Papiere sind sehr schöne Geschenkpapiere.

309 Techniken Abwechselnd darf jeder mit Wasser- oder Abtönfarben an einer Staffelei o.ä. ein großes Bild malen.

Einzelne Bilder dürfen nur in einer bestimmten Technik erstellt werden: z.B. durch Druck mit den Fingerkuppen (diese immer in die Farbnäpfchen eintauchen), durch Kartoffeldruck (siehe Einladungskarten), durch Spritzen mit dem Pinsel, durch Umspritzen von Schablonen (ausgeschnittene Schablonen, Blätter oder Blüten werden auf das Papier gelegt, eine alte Zahnbürste mit Farbe getränkt und mit ihr über dem Bild über ein Sieb gestrichen)...

310 Illustrationen Wählt sich die Gruppe eine Geschichte, z.B. ein Märchen aus, so kann jeder eine Illustration dazu übernehmen. Beschränkt man sich dafür auf Schwarz-Weiß-Zeichnungen, so kann daraus ein schönes Erinnerungsgeschenk für alle Teilnehmer werden: Von jedem Bild wird für jeden eine Kopie gemacht, die Geschichte schön aufgeschrieben und alle Blätter zu einem Bilderbuch zusammengeheftet.
Viele Variationen lassen sich noch ergänzen.

311 Vernissage Zu der abschließenden Ausstellung müssen möglichst viele Nachbarn und Freunde geladen werden. Wer macht den Ausstellungsführer? Werden die Bilder zum Abschluß in eine gemeinsame Kasse versteigert (es sollte dabei aber keine Konkurrenz provoziert werden im Sinne von „Mein Bild war mehr wert..."), so können sich alle damit den Besuch einer Eisdiele verdienen oder einen anderen gemeinsamen Ausflug.

Modenschau

Dieses Thema werden vielleicht eher Mädchen bevorzugen, obwohl auch Jungs sich gern mal schön machen. Sich in immer wieder anderen Gewändern auszuprobieren und von den anderen bewundert zu werden, ist zu verlokkend.
Wenn eine Verkleidekiste nicht ausreicht, selbst wenn aus Mutters Kleider- und Schuhschrank noch einiges dazukommt, bringt jeder einfach ein paar alte Klamotten mit. Schminkutensilien und möglichst mehrere Spiegel sollten bereitstehen.
Lange Zeit wird benötigt werden, bis alle Kleider und ihre möglichen Kombinationen ausprobiert sind. Schließlich wird noch geschminkt, dann sind alle fertig gekleidet.
Wie soll die Modenschau ablaufen, in welcher Reihenfolge kommen die Einzelnen dran?
Wer kann gut und viel reden und die jeweiligen Gewänder mit wohlgesetzten Worten, ein Mikrophon oder etwas Ähnliches in der Hand, vorstellen?
Die Zuschauer spenden jedem Mannequin den nötigen Beifall.
Wo sitzen die Zuschauer, und wo ist der Laufsteg? Er kann durch einen langen Flur- oder Schlafzimmerläufer markiert werden.
Flotte Musik leitet die Vorführung ein und füllt jeweils die Umziehpausen.
Zwischendurch werden kleine Erfrischungen gereicht. Vielleicht gibt es Tanz- oder Clowndarbietungen, die in einer Pause vorgeführt werden? Das wäre eine besondere Attraktion. Mit einer Sofortbild-Kamera kann jedes Kostüm gleich festgehalten und das Foto von dem Kind als Erinnerung mit nach Hause genommen werden.
Variante: Jeweils zwei Kinder werden ausgelost oder durch ein Spiel bestimmt (z.B. Puzzlepaare, Wortpaare o.ä. auf kleinen Zetteln, die gezogen werden). „Wie würdest du am besten aussehen? Was würde zu dir am besten passen?" Jeder schminkt und verkleidet sich nicht selbst, sondern läßt dies von seinem Partner machen. Prämiert wird dann der Partner: Wie gut hat er den Typ getroffen, und wie gut hat er seine Idee ausgeführt?

Kapitel 9

Feste mit besonderen Attraktionen

Wenn nicht das ganze Fest unter einem Thema stehen soll, so kann ihm doch dadurch eine eigene Note gegeben werden, eine besondere Aktion als Höhepunkt des Festes einzuplanen. Sie nimmt nur einen Teil des Festes in Anspruch. Daneben bleibt noch Zeit für eine Auswahl der gewünschten Spiele oder sonstigen Beschäftigungen. Die hier angeführten Beispiele verlangen unterschiedlich viel Vorbereitungsaufwand, manche fast keinen (z.B. Kasperletheater), andere wollen sehr gut vorbereitet sein (z.B. eine Rallye). Dabei können die Kinder sehr viel mithelfen, es sei denn, sie sollen auch überrascht werden, (z.B. durch Zauberkunststücke).

Kreative Spiele

Ein Fest kann die Möglichkeit geben, gemeinsam etwas entstehen zu lassen. Das macht Kindern besonders großen Spaß. Dabei kann das Werk ein Geschenk für die Hauptperson sein, als Gemeinschaftserlebnis stehen bleiben oder zuerst dem gemeinsamen Spiel dienen und anschließend als Erinnerung von jedem mit nach Hause genommen werden.
In diesem Kapitel wurden nur die Attraktionen zusammengestellt, die sich variabel einsetzen lassen. Alle Vorschläge, die sich direkt auf ein bestimmtes Festthema beziehen, finden Sie in Kapitel 6-8 unter dem jeweiligen Thema.

312 Festkönig oder Festkönigin (ab 8) Gibt es eine Hauptperson auf dem Fest - ein Geburtstagskind vielleicht? Dann kann diese Person einmal wirklich in den Mittelpunkt gerückt werden:
Alle Anwesenden bekommen die Aufgabe (und den Spaß), sie zu einem König bzw. einer Königin auszustaffieren. Einige übernehmen die Verkleidung, andere den Kopfschmuck, wieder andere das Schminken. Da heißt es, alles nur Denkbare als Ausstattungshilfe parat zu halten: Bettücher oder Tischdecken, eine Sammlung verschiedener Kleider, Goldpapier, Buntpapier, Lametta, Luftschlangen, Perlen, Schminke usw. Das Geburtstagskind darf inzwischen auch etwas tun: Es überlegt sich, welche drei Wünsche es an seine „Untertanen" richten wird, wenn die Krönungszeremonie vorbei ist.

313 Ein Denkmal (ab 8) Gemeinsam wird an einem sichtbaren Erinnerungsstück für dic Hauptperson gearbeitet. Material: verschieden große Kartons und Schachteln, farbiges Papier, glitzernde Folie, Lametta, Schnüre, Knöpfe, Papprohre, Plastikbecher u.v.m., dazu Klammerapparat, Klebestreifen, Tesakrepp, Schnellkleber, Bändchen ..., Farben und Stifte und was immer sich im Haushalt Passendes auftreiben läßt.
Nun wird zusammengeklammert und geklebt - und auf einmal ist ein höchst imposantes Gebilde entstanden, z.B. eine Super-Lernmaschine, ein Lügendetektor oder einfach abstrakte Kunst. Die Namen der Künstler dürfen nicht vergessen werden. Wagt es jemand, in einer großen Rede den tieferen Sinn des Monuments zu erläutern? Zum Schluß muß unbedingt ein Gruppenbild mit dem Werkstück gemacht werden.

314 Ein Klebebild (ab 4) Ein größeres Stück Klebefolie wird mit der klebenden Seite nach oben auf einen Tisch gelegt und an den Rändern mit Klebestreifen festgehalten. Läßt man den äußersten Rand unbeklebt (ein wenig Abdeckpapier drauf lassen), kann das fertige Bild hinter einen Bilderrahmen geklebt werden. (Wird die Folie sehr dick beklebt, so empfiehlt es sich, sie als ganze auf eine Sperrholzplatte aufzukleben.)
Wenn die Gruppe sich besprochen hat, wie das Bild gestaltet werden soll und was man etwa darstellen möchte, kann es losgehen: mit bunten Wollfäden, Papierschnipseln, Blättern, kleinen Samen, Stöckchen und vielem mehr. Zum Schluß sollte die ganze Fläche beklebt sein.
Variante: Gemeinsam wird ein Fensterbild geklebt: Auf durchsichtige Folie wird gerissenes oder geschnittenes Transparentpapier geklebt (mit Klebestift). Durch mehrere Schichten übereinander erreicht man verschiedene Farbabstufungen. Zeigt man den Kindern ein Musterbild, verstehen sie leichter, um welche Technik es sich dabei handelt. Zum Schluß kann das Bild durch eine Deckfolie geschützt und mit einem Rahmen aus Karton umgeben werden.

315 Collage (ab 10) Größere Kinder kleben für die Freundin oder den Freund gemeinsam ein Poster: Zuerst wird überlegt, welche Sinnsprüche und Bilder ihm oder ihr mitgegeben werden? Material dazu findet sich in vielen Illustrierten. Als Hintergrund eignet sich ein farbiger Plakatkarton. Natürlich darf auch zusätzlich gemalt und geschrieben werden.

316 Kunstvolle Gebilde aus fast nichts (ab 8) Mit manch wertlosem Material kann man zu mehreren die erstaunlichsten Kreationen erstehen lassen. Dafür sind kleinere Gruppen mit zwei oder drei Teilnehmern am besten, da so jeder ausreichend zum Zug kommt.
Bunte Pfeifenputzer sind wundervolles Bastelmaterial für phantastische Gebilde. Es läßt sich mit ihnen z.B. durchaus ein hoher Turm bauen.
Wie wäre die gleiche Aufgabe nur mit Papier und einem Klammerapparat

zu lösen? Fairerweise sollte vorher aber eine Information über die Stabilität von gefaltetem und gerolltem Papier gegeben werden. Aufgabe könnte sein, den höchsten Turm zu bauen oder einen Hocker, der auch den schwersten Teilnehmer aushält.
Wer Material gesammelt hat wie z.B. Kronkorken, Weinkorken (kann man sich auch in einem Lokal sammeln lassen!), Joghurtbecher, Klopapierrollen, Küchenpapierrollen, kleine Schachteln aller Art u.ä., kann auch für dieses Material Aufgaben stellen:
In der Faschingszeit etwa könnten die verrücktesten Perücken entworfen werden. Als Untergrund dienen alte Bademützen oder Haarnetze.
Aber vielleicht sollen es ganze Kostüme sein? Dann ist entsprechend mehr und auch großflächigeres Material nötig: Kartons, Packpapier, Eierkartons, Pizzakartons, usw.. Vor solchen Aufgaben muß sehr gut überlegt werden, welche Konstruktionshilfen für verschiedene Materialien notwendig sind. Am wichtigsten, weil am besten zu handhaben, sind Klammerapparate und Tesakrepp.
Da die entstandenen Gebilde sehr vergänglich sind, sollten die Ergebnisse unbedingt auf Fotos festgehalten werden, damit die Schöpfer für später eine Erinnerung daran haben.

Werken für gemeinsame Spiele

317 Stürmische See (ab 4) Aus verschiedenfarbigem Seidenpapier in Postkartengröße faltet sich jeder kleine Schiffchen (Anleitung siehe S. 36), jedes Kind in einer anderen Farbe.
Dann sitzen alle möglichst eng um einen Tisch herum. Die Schiffchen fahren auf hoher See – auf dem Tisch. Doch jetzt kommt der große Wind und bläst – alle Kinder versuchen die Schiffchen der anderen vom Tisch zu pusten. Wessen eigenes Schiffchen vom Tisch fällt, der bekommt einen Minuspunkt, stellt sein Schiffchen wieder hinauf und spielt weiter. Oder soll er lieber ein Pfand geben?

318 Fang den Ball (ab 5) Ein einfaches Geschicklichkeitsspiel für jeden entsteht aus einem Joghurtbecher und einem Tischtennisball: Durch ein Loch im Boden des Joghurtbechers eine etwa 50 cm lange Schnur ziehen und innen um ein Streichholz knoten, damit sie nicht mehr durchrutschen kann. An das andere Ende der Schnur ebenfalls ein Stück Streichholz knoten und dieses durch ein Loch in den Tischtennisball stecken. Es ist gar nicht so einfach, den Ball mit dem Becher zu fangen! Wer möchte, kann sich den Becher noch schön verzieren, bekleben oder bemalen.

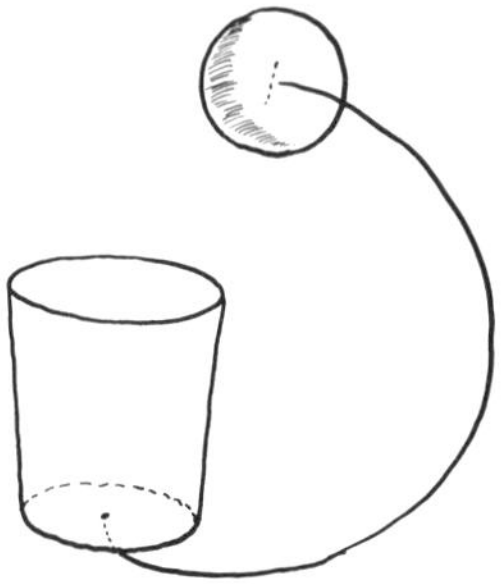

Anstelle des Joghurtbechers läßt sich auch ein Papierbecher falten. Das geht sehr schnell: Die Diagonalen eines Quadrats falten, dann zum Dreieck zusammenlegen. Die Ecken der langen Seite parallel zu dieser einfalten, dann die Spitzen nach vorne und hinten darüber legen. Die Schnur mit dem Ball daran am besten durch den oberen Rand des Bechers ziehen.

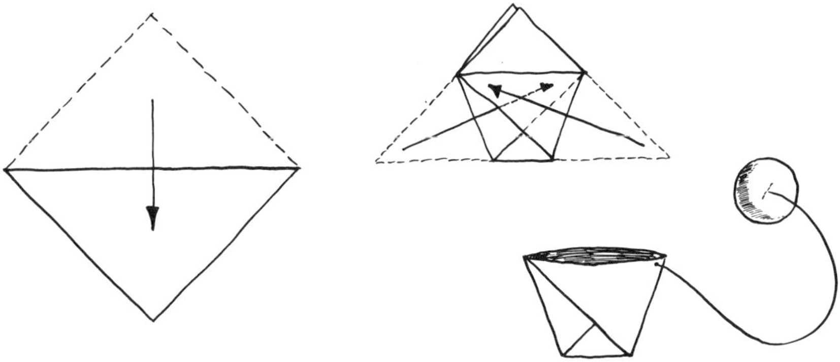

Wer schafft in fünf Minuten die meisten Fänge? Zuerst darf aber geübt werden.

319 Mäusejagd (ab 4) Einen Weinkorken auf einer Seite für bessere Standfestigkeit etwas flach schneiden, dann mit drei Schnitten den Kopf formen; Augen und Nase daraufmalen oder Stecknadeln mit bunten Köpfen hineinstecken. Ohren aus Filz oder einem Stückchen Stoff zuschneiden, mit dem spitzen Messer zwei Schnitte machen und die Ohren mit etwas Leim hineinstecken. Für den Schwanz ebenso einen Schnitt anbringen und eine etwa 25 Zentimeter lange Schnur hineinleimen; sie muß sehr fest sitzen, denn sie muß etwas aushalten! Statt einem Schnitt können Sie auch die Öffnung, die der Korkenzieher im Korken hinterlassen hat, nehmen, um die Schnur darin zu befestigen. Jede Schnur hat eine andere Farbe, damit man die Mäuse unterscheiden kann. (Bei der Farbauswahl empfiehlt es sich, sich nach dem Farbwürfel zu richten.)
Neben Weinkorken eignen sich auch Walnußschalen - Hälften nehmen: Augen und Nase draufmalen, Ohren draufleimen, den Schwanz innen hineinleimen.
Alle Mäuse sitzen auf dem Tisch in einem vorher bezeichneten Feld, jeder hält seine Maus am Schwanz. Ziel ist es, seine Maus möglichst nicht fangen zu lassen. Die Katze aber mag Mäuse gern! Einer würfelt als Katze mit dem Farbwürfel; die Maus, deren Schwanz die gewürfelte Farbe hat, darf nun gefangen werden – wenn sie nicht schon längst weggezogen wurde. Gefangen wird entweder mit der Hand oder mit einem flachen Becher.

Wenn mit einem Punkte-Würfel gespielt wird, kann ausgemacht werden, daß die Katze bei jedem Sechser jede Maus fangen darf.
Die gefangene Maus wird in der nächsten Runde zur Katze.

320 Kunstflug (ab 5) Papierflieger haben von jeher einen eigenen Reiz. Warum soll man nicht einmal anläßlich eines Festes eine Flugschau veranstalten? Das ist am schönsten draußen bei schönem Wetter; es geht aber durchaus auch in einem größeren Raum. Gemeinsam werden verschiedene Faltarten ausprobiert. (Jedes Kind bekommt zum Schluß die entsprechenden Anleitungen mit nach Hause, als eigenes Heft oder aufgeschrieben und aufgezeichnet und anschließend kopiert.) Schließlich entscheidet sich jeder für ein Flugzeug eines Modells und macht es als seines kenntlich: Er bemalt es und schreibt die ihm zugeteilte Startnummer darauf. Nun muß nur noch der Zielflughafen mit der Landebahn bezeichnet werden, z.B. durch ein Stück Papier von der Rolle, oder man klebt einfach mehrere Blätter hintereinander zu einer Landebahn zusammen.
Nun kann der Wettbewerb beginnen: Es gibt verschiedene Runden: Kunstflug, Weitflug und Zielflug. Für den Kunstflug wird am besten von einem etwas erhöhten Standort aus gestartet, z.B. vom Balkon oder wenigstens von einer Standleiter. Jeder nimmt an der Wertung teil und vergibt für jeden Flug maximal fünf Pluspunkte; diese werden dann zusammengezählt und genauestens notiert. Im Weit- und Zielflug bekommt der schlechteste einen Punkt, wer etwas besser ist, zwei Punkte usw. Je nach Zeit kann es pro Wettbewerb mehrere Durchgänge geben.
Als Material eignet sich einfaches DIN A4 Schreibmaschinenpapier; es läßt sich auch gut bemalen.
Pfeil: Papier der Länge nach falten, zwei Ecken einer Schmalseite an die Mittellinie, die neu entstandenen Ecken nochmals an die Mittellinie, und den gleichen Vorgang nochmals. Nun die Außenkanten nach unten an den Mittelfalz - fertig.

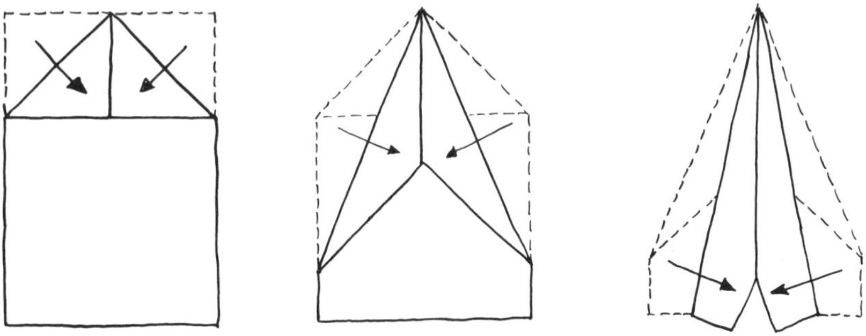

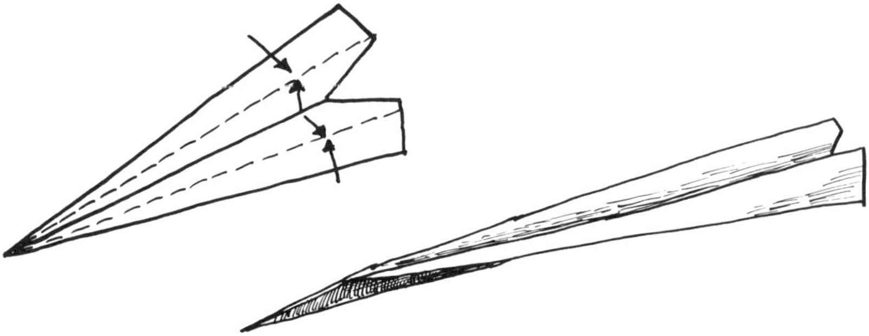

Einfacher Flieger: Zunächst wie beim Pfeil falten, aber nur zweimal die Ecken an die Mitte, dann etwa einen Zentimeter der Flügelkanten nach oben und auf beiden Seiten der Mittellinie einen Zentimeter nach unten falten. Eine kleine Kerbe in diesen Mittelfalz erhöht noch die Flugtauglichkeit.

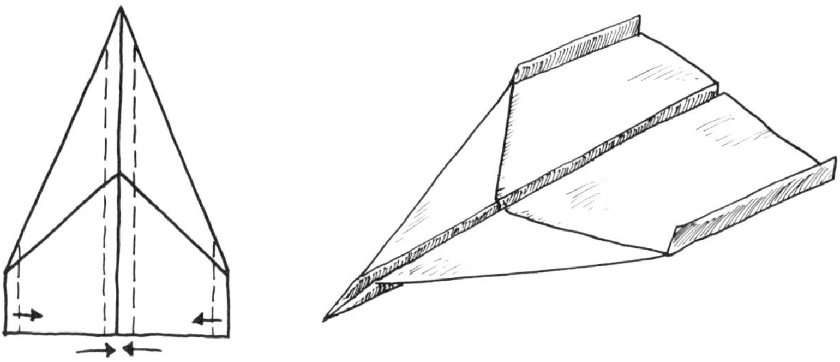

Schwalbe: In ein Quadrat in die Vorderseite Mittelbrüche, in die Rückseite Diagonalbrüche falten. Jetzt so zusammenlegen, daß sich die geraden Faltlinien innen berühren. Die zwei oben liegenden Spitzen werden an die Mittelspitze gefaltet. Die dadurch entstandenen Ecken zunächst nach unten an die Mittellinie, dann wieder geöffnet und nach oben an die Mittellinie. Dadurch entstehen zwei hochstehende Nasen, die zur Fliegernase werden, wenn die

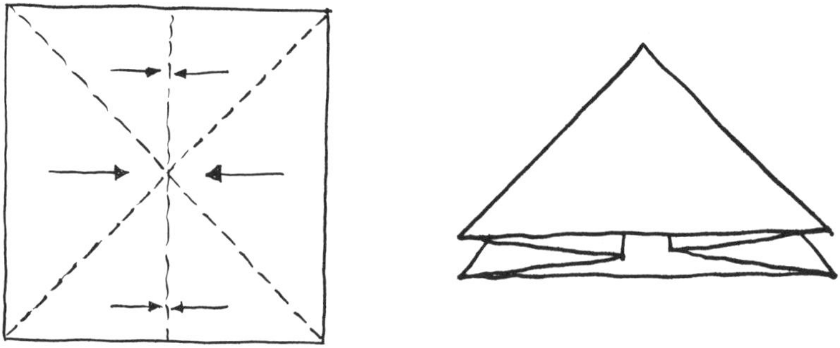

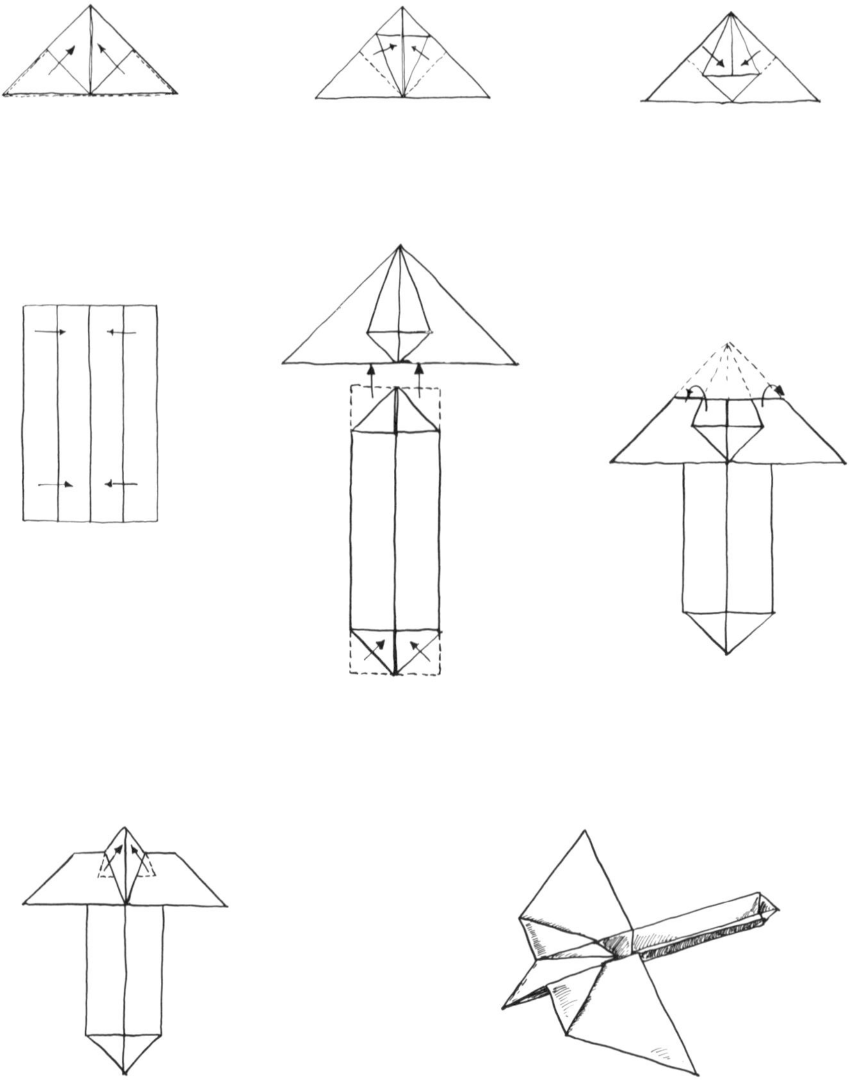

Hauptspitze nach hinten umgeknickt ist. Jetzt noch den Flieger in der Mitte knicken. Das restliche Stück des Schreibmaschinenblattes wird nun zum Schwanz: in der langen Mitte falten, dann beide Seiten an die Mittellinie und an einer Schmalseite die Ecken nach innen. Nun muß man den Schwanz nur noch vorsichtig in den Flieger hineinstecken – ein erster Probeflug ist dran.

321 Kleine Püppchen (ab 5) Aus bunten Pfeifenputzern und Wattekugeln (größere für die Köpfe, kleinere für Hände und Füße) werden ganz einfache kleine, bewegliche Püppchen gebogen und geklebt, mit denen die Kinder richtig spielen können. Aus einem runden Stück Stoff entsteht ein Kleid, das mit einem Wollfaden zusammengehalten wird. Die Hosenbeine einer langen Hose werden an der Innennaht einfach zugeklebt. Zum Spiel mit den fertigen Puppen kommt es dann fast von alleine.

322 Wettlauf der Gnome (ab 4) Jeder stellt seine Füße dicht nebeneinander auf ein Stück Karton, läßt sie ummalen und schneidet sie zu einem Doppelfuß aus. Dann bekommt jeder einen großen, runden Luftballon (einen möglichst stabilen!) zum Aufpusten. Der Knoten wird durch einen kleinen Schnitt zwischen den Kartonfüßen gesteckt - das Männchen ist aufgerichtet. Jetzt muß es nur noch bemalt werden: mit dicken, wasserunlöslichen Filzschreibern ist das kein Problem (Vorsicht! Nur ungiftige Stifte verwenden; stark riechende verbreiten meist giftige Dämpfe). Vielleicht sollen die Füße auch noch angemalt werden?
Nun kann der Wettlauf beginnen: Jeder darf seinem Männchen helfen, indem er es mit der flachen Hand schiebt, schubst oder klopft. Tragen ist nicht erlaubt! Wessen Gnom ist als erster im Ziel?

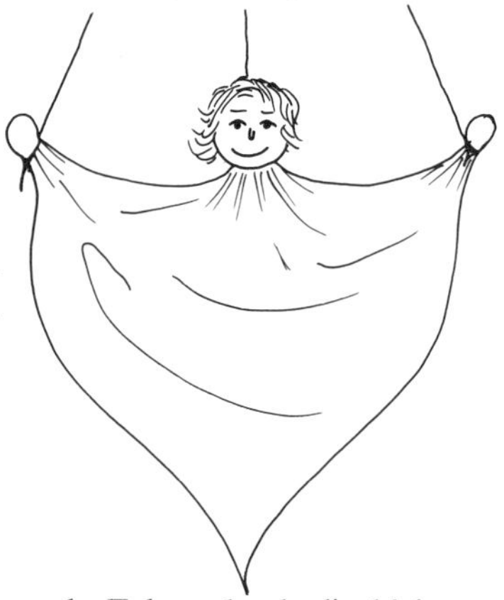

323 Tanz der Feen (ab 8) Für diese einfachsten Marionetten braucht man pro Teilnehmer eine größere Holzkugel (etwa 6-8 cm Durchmesser) und zwei kleinere (ein bis zwei Zentimeter), dazu ein Tuch aus Tüll (oder einfach ein Stück vom laufenden Meter, in der Größe eines einfachen Kopftuchs) oder ein dünnes Baumwolltuch, einen etwa 20 cm langen Stab und Zwirnsfaden.
Die Tuchmitte wird mit Hilfe einer Stricknadel durch die große Kugel gezogen, so daß gerade ein kleines Stück Tuch oben herausschaut. In gleicher Weise zieht man zwei gegenüberliegende Ecken durch die kleinen Kugeln. Drei etwa 70 cm lange Fäden werden um den durchgezogenen Stoff und ihr anderes Ende um den Stab geknotet. Damit ist die Fee schon fertig. Wenn gewünscht, kann man den Kopf noch weiter ausgestalten, z.B. durch Bemalen oder Bekleben des Gesichts und durch Woll- oder Fellhaare.
Jetzt können die Feen tanzen. Die Bewegung der leichten Tücher wirkt sehr elegant und grazil. Am schönsten aber sehen sie auf weißem Hintergrund aus: Spannen Sie eine Schnur in Brusthöhe und legen ein weißes Bettlaken (oder Tischdecke) darüber, dann können die Akteure dahinter stehen und die Figuren vor dem Tuch spielen lassen. Nun brauchen die Feen eine gute Musik, nach der sie tanzen können.

324 Schattenrisse (ab 7) Von jedem Gast wird ein Schattenriß angefertigt: Ein möglichst waagrecht scheinender Strahler wirft das Schattenprofil auf ein Stück Papier an der Wand, es wird nachgezeichnet. Diese Silhouette kann nun direkt auf schwarzes Tonzeichenpapier kopiert (durchpausen) oder mit Hilfe eines Storchenschnabels auf dieses verkleinert übertragen werden. Das ist nicht besonders schwierig, macht aber viel Spaß und hat eine große Wirkung. (Einen Storchenschnabel kann man in guten Schreibwarenhandlungen für wenig Geld kaufen.)
Schließlich wird die Silhouette sorgfältig ausgeschnitten und auf weißes Papier geklebt. Vorher den Grad der Verkleinerung ausprobieren, dann kann das Bild in einen vorbereiteten Rahmen gesteckt werden. Jeder hat so eine schöne Erinnerung an das Fest!
Ob die Bilder gelungen sind, läßt sich zum Schluß mit einem Spiel testen: Die Bilder werden gemischt und jedes Bild bekommt eine Nummer: Auf einen Zettel schreibt jeder die Nummer und den Namen des Kindes, zu dem der Schatten gehört. Sind alle Namen richtig?

Spiele zum Zuschauen und Mitmachen

Mitmachen - das ist bei allen gelungenen Kinderfesten das Schönste, aber oft ist nicht zuletzt auch aus praktischen Gründen das Zuschauen sehr angenehm. Viele Erwachsene aber haben eine Scheu davor, z. B. Kasperlepuppen einfach in die Hand zu nehmen und damit loszuspielen. Vielleicht liegt das daran, daß wir heute den Kasperle nur noch aus perfekten Aufführungen kennen, in denen eben alles stimmt. Vielleicht ist es auch die Angst, es würde einem nichts einfallen. Dabei ist solch Theater eigentlich das Einfachste, was man sich in dem Bereich denken kann.
In den meisten Kinderzimmern gibt es inzwischen ein paar Kasperlefiguren: Einen Kasperle und eine zweite Figur dazu, eventuell auch eine Puppe - mehr ist für ein Theater für die Kleinen nicht nötig, denn jedes Stofftier kann ja auch noch mitspielen.

325 Kasperletheater (ab 3) Wer eine Kasperlebühne hat, benutzt sie. Gerade so gut spielt es sich hinter einem Tisch mit Tischdecke darauf. Das hat sogar den Vorteil, daß für das Spielgeschehen notwendige Utensilien auf der Tischkante abgelegt werden können - bei einer Kasperlebühne kippen diese allzu leicht herunter. Sehr kleine Zuschauer sind zudem vor allem neugierig darauf, was hinter der Bühne passiert. Am liebsten möchten sie von hinten und von vorne schauen, was sie dann aber leicht irritiert. Dieses Problem entfällt, wenn ganz offen hinter einem Tisch gespielt wird.
Wenn vor Beginn des Spielens die Spielfiguren hervorgeholt werden, sind alle neugierig darauf, wollen sie von Nahem sehen, sie ausprobieren, ein wenig damit spielen usw. Ist die ärgste Neugier befriedigt, kann das Spiel beginnen.

Die Spielhandlung muß denkbar einfach sein - nicht nur für die Kleinsten. Nach dem Muster der Kasperlegeschichten läßt sich leicht ein ähnliches „nachstricken"?
Kasperle hat etwas Bestimmtes vor. Dabei erlebt er Überraschungen, die er aber - mit Hilfe der Kinder versteht sich - trotz mancher Komplikationen meistert. Wichtig ist, daß jede Phase des Stücks breit ausgespielt wird und die Kinder mit einbezogen sind. Die Zwiesprache mit den Zuschauern und das Aufgreifen ihrer Vorschläge zum Fortgang der Handlung ist ein wichtiges Element des Kasperlespiels.

Ideen für Kasperlegeschichten

– Kasperle hat etwas verloren: seine Mütze, seinen Spazierstock oder sonst etwas. Die Kinder wissen, wo sich der Gegenstand befindet; Kasperle aber muß erst ein wenig in die Irre gehen, vielleicht noch eine Gefahr bestehen? Die Kinder zeigen ihm schließlich, wo er das gesuchte Stück wieder findet.
– Kasperle gerät in eine Gefahr: z.B. weil ein Krokodil entlaufen ist oder weil der Räuber in der Stadt lauert. Die Kinder erkennen die Gefahr immer früher als Kasperle, den sie deshalb warnen müssen. Kasperle aber besiegt die Gefahr entweder durch Einfalt (er ist fest davon überzeugt, daß das Krokodil ein lieber Hund ist) oder durch Schläue (indem er mit den Kindern ein Komplott schmiedet und dem Räuber eine Falle stellt).
– Kasperle tut etwas Unvernünftiges (ohne Jacke in die Kälte hinaus, allein in den dunklen Wald ...) und wird von Großmutter oder Gretel gewarnt. Mit einem blauen Auge kommt er schließlich aber doch heil aus der Sache heraus.
Nach Ende eines solchen Stücks werden die Zuschauer sicher selbst weiter spielen wollen. Wenn nicht mehr als zwei Kinder gleichzeitig spielen, kann dabei durchaus ein neues Stück entstehen. Allerdings ist es gut, wenn ein Erwachsener durch Fragen und Anmerkungen dazu beiträgt, daß ein Handlungsfaden sichtbar wird. Das ist für viele Kinder noch schwierig. Ohne ersichtlichen Handlungsverlauf wird es für die zuschauenden Kinder sehr schnell langweilig, und die Akteure beklagen sich über Unruhe und Unaufmerksamkeit.
Die Kinder spielen aber auch sehr gerne einfach nur so zu zweit oder zu dritt mit den Puppen. Dabei entstehen nicht selten die schönsten Prügeleien zwischen den Puppen, aber sie versöhnen sich auch wieder.
Wenn sich kein Erwachsener findet, der der Kindergesellschaft ein Stück vorspielt, so sind vielleicht zwei oder drei etwas ältere Kinder dazu bereit? Mit ein wenig Unterstützung bringen Neunjährige das schon ganz gut fertig, zumal der Erwachsene gelegentlich z.B. mit Fragen in das Geschehen eingreift und weiterhilft.

326 Handschuhspiele (ab 8) Großen Spaß macht es, auf alle Puppen zu verzichten und nur mit den Händen als Akteuren zu spielen:
Ein Beispiel: Die eine Hand bekommt einen Männerhandschuh angezogen, die andere einen Spitzenhandschuh. Man überlegt sich zunächst, welchen

Charakter die beiden haben sollen: grob, draufgängerisch oder vornehm; ängstlich, schüchtern oder unternehmungslustig usw.
Dann begegnen sich die beiden und reagieren aufeinander. Finden sie am Ende zusammen oder trennen sie sich im Schmerz? Die Wirkung des Spiels wird noch erhöht, wenn dabei nicht gesprochen, sondern das Geschehen mit Lauten oder Geräuschen begleitet wird.
Beim Handschuhspiel können viele mitmachen; wichtig ist, daß vorher möglichst viele und möglichst verschiedene Handschuhe zusammengetragen wurden: Fellfäustlinge, Theaterhandschuhe, Gartenhandschuhe, Kinderfäustlinge, Fingerhandschuhe aus Leder, neue und schon sehr gebrauchte oder kaputte Handschuhe usw. Jeder der Mitspieler darf sich für sein Spiel zwei verschiedene Handschuhe aussuchen (oder auch jeder nur einen).
Dann am besten einfach abwarten, was sich daraus ergibt. Jeder wird - zunächst noch etwas befangen - den Umgang mit seinem Handschuh ausprobieren: Wie könnte er sein, wie sich bewegen? Wie gefällt er mir, wie mag ich mit ihm umgehen? Meist entsteht sehr schnell ein Spiel daraus, an dem mal dieser, mal jener beteiligt ist. Es ist erstaunlich festzustellen, was man alles mit einer nur durch einen Handschuh verfremdeten Hand ausdrücken kann. Ohne zu reden können nur wenige Geräusche oder Laute den Ausdruck der Hände verstärken.

327 Bemalte Hände (ab 10) Die Hände gut zu bemalen, erfordert etwas mehr Aufwand. Damit lassen sich aber ungeheure Effekte erzielen, und jeder kann sich sein eigenes Phnatasiegebilde erschaffen: Jeder Finger bekommt ein Gesicht.
Die vier Finger bilden mit dem Daumen ein Maul, Augen sitzen auf den Knöcheln.
Nur der Daumen ist ein Männchen, die anderen Finger die Äste eines Baumes usw.

328 Handspiele (ab 10) Sicher können die Hände auch einfach so spielen, wie sie sind, und nehmen allenfalls ein paar Requisiten zu Hilfe?
Ein Beispiel: Eine Hand schläft, die andere versucht sie zu wecken und hat dabei sichtliche Schwierigkeiten: Womit gelingt es schließlich - mit dem nassen Waschlappen, dem Glöckchen oder mit einem schmatzigen Kuß? Schläft jetzt die erste Hand vor Erschöpfung ein - und die geweckte Hand nimmt Rache?

329 Küchenzauber (ab 9) Mit großartigem Effekt lassen sich auch Spiele mit Küchengeräten erfinden. Da gibt es z.B. die Löffel-Familie: Suppenkelle, Soßenlöffel, Suppenlöffel und kleine Löffel. Familie Löffel macht einen Ausflug und erlebt dabei allerhand: Die „Kinder" verstecken sich auf einem Baum (aufgerichteter Unterarm, gespreizte Finger als Zweige), während die Erwachsenen verzweifelt nach ihnen suchen. Da kommt ein gefährliches Tier daher (z.B. eine Kartoffelpresse), die Erwachsenen fliehen auch auf den

Baum und finden so die Kinder. Die Kinder trauen sich, dem Tier auf den Rücken zu springen und reiten mit ihm davon. Zögernd folgen ihnen die Erwachsenen.....

330 Fingermännchen (ab 4) Für kleinere Kinder sind diese Spiele oft noch zu schwierig; sie nehmen stattdessen einfach ihre Finger: Auf die Fingerkuppen wird mit Filzschreiber jeweils ein Gesicht gemalt. Als Hut kann ein kleines Wollknäuel dienen, ein winziger, gefalteter Hut (siehe S. 23) oder auch einfach eine darum geschlungene Papierserviette. Sind gerade kleine Stoffreste (z.B. aus Musterbüchern) zur Hand, lassen sie sich als Gewänder um die Finger schlingen.

Allerlei Zaubereien

Zauberkunststücke haben etwas Geheimnisvolles und Unwahrscheinliches an sich - wie macht der das? Wie kann man sich das erklären? Jeder rätselt und studiert. Große Freude und Begeisterung herrschen, wenn ein Trick wirklich durchschaut wurde - dann kann man ihn nämlich nachmachen und andere damit verblüffen!
Viele Kinder wünschen sich einen Zauberkasten und entwickeln damit bald eine erstaunliche Fertigkeit. Vielleicht hat ein Kind Lust, seine Künste vorzuführen - oder vielleicht auch mehrere Kinder? Dann wird das Fest gleich zu einem Treffen der Zauber-Großmeister umfunktioniert.
Aber auch mit wenig oder gar keiner Übung lassen sich einige Tricks als Unterhaltung zwischendurch oder auch als besonderen Höhepunkt einplanen. Vorgeführt werden sie von einem älteren Kind oder von einem Erwachsenen.
Wichtig ist es, bei allen Tricks viel zu reden und die Aufmerksamkeit der Zuschauer möglichst auf etwas Nebensächliches abzulenken. Von Zeit zu Zeit muß bewiesen werden, daß nicht mit „faulen Tricks" gearbeitet wird, indem man die Zuschauer (fast) alles überprüfen läßt.
Manche der Tricks basieren einfach auf phsikalischen Gesetzmäßigkeiten, andere sind verblüffend - aber sofort erklärlich; wieder andere funktionieren mit kleinen (manchmal faulen) Tricks.

331 Riesengürtel „Ich habe hier einen Streifen Papier, ungefähr einen Meter lang und zehn Zentimeter breit. Ich behaupte, daß dies ein Gürtel ist, in den alle, die hier sind, hineinpassen. Wer kann sich denken, wie das geht?... Damit dies ein Gürtel wird, muß ich die Enden zusammenkleben (Dies geschieht aber verdreht!).
Jetzt paßt ihr noch nicht hinein. Dann machen wir den Gürtel eben größer. (In der Mitte der Länge nach durchschneiden) Jetzt ist er schon ein wenig größer (nämlich zwei Meter). Schneiden wir ihn halt nochmal durch (Er wird vier Meter lang). Reicht es schon? Sonst müssen wir ihn nochmals schneiden."

332 Zauberkarte „Ich wette mit euch, daß der Größte von euch durch diese Karte schlüpfen kann. Ihr glaubt es nicht? Dann schaut her:
Ich falte die Karte der Länge nach und schneide sie von beiden Seiten her in etwa einem halben Zentimeter Abstand bis jeweils fast zur gegenüberliegenden Kante ein. Jetzt schneide ich noch den Falz durch, lasse aber die beiden äußersten Abschnitte stehen.
Wer ist der Größte - probieren wir es aus, ob er durchpaßt!"?

333 Magnetisches Wasser „Ich fülle dieses Glas bis zum obersten Rand mit Wasser; und jetzt drücke ich eine Postkarte oben drauf, so daß sie richtig fest aufliegt. Wenn ich jetzt das Glas umdrehe mit der Öffnung nach unten - fließt dann das Wasser heraus oder nicht? Wollen wir abstimmen? Wer ist der Meinung, daß ..."
(Das Wasser fließt nicht hinaus, weil der Luftdruck die Karte daraufhält.)

334 Papierbrücke „Wer kann aus einem Blatt Schreibpapier einen flachen Steg bauen, der so stabil ist, daß er dieses Glas trägt?" (Blätter liegen bereit, damit alle probieren können.
Ein Blatt von der Schmalseite her in engem Zickzack falten, so wird es stabil genug, um ein Glas tragen zu können.)

335 Salz und Pfeffer „Ich streue hier auf den Tisch etwas normales Kochsalz aus der Küche und dazu Pfeffer. Ich vermenge beides.
Jetzt hätte ich aber gerne Salz ohne Pfeffer. Wer kann mir den Pfeffer wieder herausholen?" (Die Rundung eines Plastiklöffels gut an Wolle reiben, so wird er für den Pfeffer magnetisch. Über das Gemisch halten, der Pfeffer springt hoch und bleibt am Löffel haften.)

336 Münze angeln „In diesem flachen Teller liegt eine Münze - die hätte ich gern. Leider aber liegt sie in ein wenig Wasser und ich darf mir unter gar keinen Umständen die Finger naß machen. Ein Stöckchen oder etwas ähnliches darf ich auch nicht benützen. Wie bekomme ich dann die Münze heraus?" (Ein brennendes Stückchen Papier in ein Glas legen und dieses umgekehrt auf das Wasser stülpen; so verlischt das Feuer bald. Es entsteht im Glas ein leichter Unterdruck durch den verbrauchten Sauerstoff. Dadurch wird Wasser angesaugt - und die Münze liegt mit einem Mal trocken.)

337 Der standhafte Bleistift „Wer kann einen Papierstreifen unter einem aufrecht stehenden Bleistift wegziehen, ohne daß dieser umfällt?" (Man stellt den Bleistift in Tischrandnähe so auf ein Papier, daß dieses noch ein Stück weit über den Tisch hinausragt. Wenn man nun das Papier an diesem Ende hält und schnell und kräftig mit der Handkante auf das Papier schlägt, bleibt der Bleistift stehen (die Masse ist zu träge, um so schnell zu reagieren).
Der gleiche Effekt ist im Spiel, wenn zwei Flaschen mit der Öffnung aufein-

ander gestellt werden, mit einem Papierblatt dazwischen. Dieses läßt sich wegziehen, ohne daß die obere Flasche herunterfällt, wenn nur kräftig und schnell genug geschlagen wird.)

338 Eier blasen „Ich habe hier zwei Eierbecher aus Porzellan und stelle sie direkt hintereinander. In das mir nähere lege ich ein Ei. Es ist ein richtiges Hühnerei – wer mag es testen ? – Ich habe es allerdings vorsichtshalber gekocht, falls hier etwas schief geht.... Ich versuche jetzt durch einfaches Pusten das Ei in den hinteren Eierbecher kippen zu lassen. Helft ihr mir dabei mit zählen? Eins - zwei - drei..."
(Bläst man kurz und kräftig von oben auf den Rand des Eierbechers, so hebt sich das Ei und kippt in den hinteren Eierbecher.)

339 Der verzauberte Luftballon „Ich habe hier sechs Luftballons aufgeblasen – und ich habe hier eine sehr spitze Nadel. Ihr wißt: Nadeln und Luftballons mögen sich nicht besonders. Ich behaupte aber, daß ich die Luftballons so verzaubern kann, daß ihnen ein Nadelstich nichts ausmacht. Ich zeige euch, daß ich hier ganz normale Luftballons habe. Ich steche in einen – er ist nicht mehr.
Jetzt verzaubere ich einen anderen (Zaubersprüche murmeln) und ich steche hinein – er platzt nicht."
(Vorher wurden drei Luftballons präpariert: Der Luftballon platzt nicht, wenn man ein Stück Tesafilm daraufklebt und durch dieses sticht. Nur die Luft entweicht ganz langsam. Die Tesafilmstücke aber kann man aus geringer Entfernung schon nicht mehr erkennen. (Es empfiehlt sich, sich die Farben der präparierten Luftballons zu merken!)

340 Magnetische Luftballons „Ihr seht, ich habe hier keinen Kleber oder etwas Ähnliches. Dieser Luftballon ist ganz normal, nicht präpariert oder so; ihr könnt ihn untersuchen. Ich sage aber, daß ich ihn wie einen Gasluftballon an der Decke kleben lassen kann. Dazu muß er ganz sauber und glatt sein..."
(Während einer ausführlichen Rede reibt man den aufgeblasenen Luftballon unbemerkt an der Kleidung – am besten an Wolle, und zwar an der der Aufblasöffnung gegenüberliegenden Seite. Dabei lädt sich der Ballon auf, so daß er dann eine Zeit an der Decke „kleben" bleibt.) „Will jemand das auch probieren?"

341 Ohne Hände „Wer kann diese nebeneinander liegenden Streichhölzer so wie sie hier liegen in eine Streichholzschachtel zurücklegen, ohne dabei die Hände zu Hilfe zu nehmen? Wer will es probieren. Ich wette, daß es geht."
(Die Schachtelhülle zwischen die Lippen nehmen, so können durch kräftiges Luftansaugen die Streichhölzer transportiert werden. – Besser vorher die roten Köpfe abschneiden wegen des giftigen Schwefels.)

342 Stehende Hölzer „Ich verspreche euch, daß ich diese Streichhölzer ohne weitere Hilfsmittel zum Stehen bringe, und zwar auf den Kuppen. Will es jemand probieren?" (Währenddessen heimlich einen Finger mit Speichel befeuchten und macht damit die Streichholzkuppen naß. Notwendig ist allerdings eine Tischdecke als Untergrund. Auf ihr kann man die durchfeuchteten Streichholzkuppen gewissermaßen „festkleben".)

343 Knoten „Nehmt einmal je ein Ende dieser Schnur in eine Hand. Könnt ihr jetzt damit einen Knoten machen, ohne eines der Enden loszulassen? Glaubt mir, das geht wirklich!" (Es geht wirklich, wenn man nämlich zuerst die Arme verschränkt und erst dann die Schnurenden aufnimmt. Öffnet man jetzt die Arme, verknotet sich die Schnur.)

344 Gefangener Ring „Ich habe hier eine zusammengeknotete Schnur durch diesen Ring gezogen. Ich nehme die Schnur über meine beiden Daumen. Der Ring hängt fest darauf. Ich befreie den Ring, ohne ein Ende der Schnur loszulassen."
(Die Schnur wird so über die Daumen gespannt, daß der Faden parallel verläuft. In schnellen Bewegungen nimmt nun der rechte kleine Finger den hinteren Faden am linken Daumen auf und der linke kleine Finger den hinteren rechten Faden. Lassen jetzt der rechte kleine Finger und der linke Daumen den Faden fallen, so wird der Ring frei.)

345 Eingeknoteter Ring „Ich ziehe jetzt die Zauberschnur durch den Ring und mache über den Ring einen einfachen Knoten. Wer möchte kontrollieren, ob ich nicht getrickst habe? Ich wette, daß ich diesen Ring aus dem Knoten herauslöse, ohne den Knoten dabei zu öffnen. Damit niemand meint, ich würde etwas mit der Schnur machen, dürfen zwei von euch die Enden der Schnur halten. Allerdings brauche ich wirkliche Konzentration für die Arbeit und lege deshalb ein Tuch über den Ring und den Knoten...."
(Während vieler gemurmelter Zaubersprüche wird der Knoten unter dem Tuch leicht gelockert und der Ring mit dem Fadenverlauf durch den Knoten gesteckt - und er ist frei.)

346 Starke Fäuste „Wer ist der Stärkste von euch? Der darf zu mir kommen. Bitte versuche, deine beiden Fäuste übereinander so fest auf den Tisch zu pressen, daß ich die untere Faust nicht wegschlagen kann."
(Mit einem leichten Handkantenschlag wird sich die untere Faust immer wegschlagen lassen. Jetzt zeigt der Zauberer, daß er stärker ist - dabei aber läßt er unbemerkt die obere Faust den Daumen der unteren Hand umfassen. Beide Fäuste hängen jetzt so zusammen, daß sie nicht auseinander geschlagen werden können.)

347 Hellsehen „Jetzt machen wir eine kleine Übung im Hellsehen. Ihr müßt mir aber bitte dabei helfen, daß ich mich wirklich konzentrieren kann. Ich hoffe sehr, daß ich es dann schaffe....
Jeder schreibt bitte irgendeine Frage auf einen Zettel, faltet den Zettel zusammen und legt sie in diesen Zauberhut. Ich werde immer einen Zettel herausnehmen, an ihm riechen und ihn abtasten und dann seine Frage beantworten, bevor ich ihn gelesen habe."
(Der Trick ist folgender: Die erste Frage, die beantwortet wird, ist eine vom Zauberer ausgedachte möglichst unverfängliche Frage. Nach seiner Antwort öffnet er den Zettel, tut so, als würde er die ausgedachte Frage vorlesen. Dabei aber kann er die erste echte Publikumsfrage lesen. Er merkt sie sich, beantwortet sie in der nächsten Runde und zitiert sie, während er die nächste Frage liest usw. Natürlich ist in dem Hut zum Schluß ein Zettel zu wenig. Der Zauberer muß deshalb einen Zettel parat haben, den er zum Schluß heimlich dazutut, sonst kommt sein Trick noch auf!)

Die nächsten Zauberkunststücke brauchen ein wenig Vorbereitung.

348 Ball durch das Tuch In die Mitte eines Zaubertuches wird ein Tischtennisball gelegt und mit einem dünnen Gummi um das Tuch festgehalten.
„Ich habe hier einen großen (undurchsichtigen) Becher. In ihn lege ich einen Tischtennisball. Jetzt nehme ich mein Zaubertuch aus der Tasche, stopfe es ein wenig in den Becher, lege die Ränder schön glatt und beginne."
(Unter Hokuspokus zieht man abwechselnd an den Ecken des Tuches, bis der Ball aus dem Tuch herausgesprungen kommt: Der kleine Gummi nämlich ist beim Spannen des Tuches in den Becher gefallen und hat dadurch den Ball freigegeben.)
„Seht ihr - das Tuch ist ganz unverletzt, und der Ball ist da."
(Den Becher mit dem ersten Ball möglichst schnell verschwinden lassen.)

349 Zahlen riechen (Für diesen Trick acht gleichgroße Plättchen (starkes Papier oder Karton) ausschneiden und jeweils zwei davon aufeinanderkleben. Dabei aber werden jeweils entweder eines, zwei, drei oder vier Haare mit eingeklebt. Jetzt schreibt man auf jedes der Doppelkärtchen die entsprechende Nummer. Zusätzlich braucht man noch vier etwas größere Plättchen zum Abdecken der ersteren.)
„Ich habe hier vier Plättchen mit Zahlen darauf. Wer mag mein Assistent sein? Er muß die Plättchen vertauschen und nebeneinander auf den Tisch legen. Damit ich sie nicht erkennen kann, gibt es vier Plättchen zum Abdecken. Schaut her, sie sind auch wirklich nicht durchsichtig. Ich muß nachher riechen, welche Zahl unter welchem Plättchen liegt. Ich drehe mich um, damit ich nichts sehen kann."
(Während der Zauberer anschließend intensiv an den Plättchen riecht, kann er sehen, wieviele Haare unter den Rändern hervorschauen.)

350 Klappernde Schachteln (Eine kleine Schachtel wird im Ärmel am Handgelenk befestigt. In ihr befinden sich ein paar Streichhölzer oder Erbsen usw.)
„Ich habe hier drei kleine Schachteln. Ich schüttle sie nacheinander - ihr hört, sie sind alle leer. Damit ich nicht unbemerkt etwas in sie hineintun kann, klebe ich sie vor euren Augen zu. Mag jemand noch einmal schütteln probieren?
Jetzt zaubere ich, daß alle Schachteln klappern... Jetzt dürft ihr sagen, welche klappern sollen und welche nicht..."
(Der Trick besteht allein darin, eine Schachtel, die klappern soll, mit der rechten Hand zu schütteln, eine nicht klappernde aber mit der linken!)

351 Zaubertinte „Kennt ihr schon meine Zaubertinte? Sie sieht ein wenig trüb aus, aber sie schreibt sehr gut. Mit ihr geschriebene Briefe sind geheime Briefe und dürfen nicht von jedermann gelesen werden....."
(Die Tinte besteht aus Zitronensaft. Legt man einen Zaubertintenbrief auf die Heizung, so wird die Schrift sichtbar.)

Verschiedene Unternehmungen

352 Rallye (ab 10) Die meisten Kinder ab zehn Jahre sind von einer Rallye begeistert; dabei gilt es, eine bestimmte Strecke möglichst schnell zu absolvieren und die unterwegs gestellten Aufgaben richtig zu lösen.
Die Rallye-Strecke kann zu Fuß (bzw. mit öffentlichen Verkehrsmitteln) oder mit Fahrrädern zurückgelegt werden. Maßgeblich sind die örtlichen Möglichkeiten. Immer wird in (mindestens zwei) kleinen Gruppen losgezogen. Bei den Aufgaben geht es um Geschicklichkeit, Schnelligkeit und um Kooperationsbereitschaft, es geht darum, selbständig Hilfen zu suchen und Lösungen zu finden. Die gestellten Aufgaben können informativen Charakter haben und Wissen vermitteln („Finde heraus, aus welchem Material die Glocken der Kirche sind") oder Wissen abfragen (z.B. „Welche fünf verschiedenen Baumarten kannst du von hier aus sehen?") oder sie sind einfach lustig („Erfinde ein Zweizeiler-Gedicht über den Namen des gesuchten Haustieres?").
Verteilung der Aufgaben:
Jede Gruppe bekommt zu Beginn eine Liste der einzelnen Etappen. Dabei können die jeweiligen Aufgaben (z.T.) schon auf der Liste stehen oder an dem angegebenen Platz gefunden werden.
Oder es wird nur auf die erste Etappe hingewiesen. Die Gruppe wird dann von jeder Station zur nächsten weiterverwiesen.
Wichtig ist es, die einzelnen Etappen sehr eindeutig auszusuchen und zu bezeichnen, so daß die jeweiligen Botschaften auch sicher gefunden werden können (...ein Windstoß oder ein Spaziergänger darf nicht den wichtigen Briefumschlag wegtragen können). Gehen mehrere Gruppen auf die gleiche

Strecke, kann man sie jeweils an einem anderen Punkt beginnen lassen. Die Botschaften an den Stationen müssen dann für jede Gruppe genau bezeichnet sein. Ehrenwort, daß keine Gruppe die Botschaft für die anderen versteckt?
Ein besonderer Tip: Jede Gruppe sollte einige Telefon-Groschen dabei haben, um im Notfall anrufen zu können, wenn etwas nicht ganz klar ist. Haben alle die Telefonnummer im Kopf?
Es versteht sich, daß jede Gruppe einen genauen Stadtplan haben muß.
Wertung: Meist wird eine Rallye mit mindestens zwei Gruppen in zeitlichem Wettkampf veranstaltet. Es empfiehlt sich aber unbedingt, nach einem Punktesystem zu differenzieren, da ja auch alle Aufgaben richtig gelöst sein müssen: Für jede richtig gelöste Aufgabe wird eine bestimmte Punktzahl vergeben, ebenso für das erste (zweite, dritte) Eintreffen. Sieger wird die Mannschaft mit den meisten Punkten.
Prämierung: Erhalten die Teilnehmer eine schön geschriebene Urkunde (sie sollte am besten - ohne Namen - schon vorbereitet sein), auf der ihre Teilnahme und ihre Punktzahl vermerkt sind, haben sie gleich ein schönes Andenken. An Stelle von Pokalen können einfache Saftgläser stehen, die mit Glasfarbe bemalt wurden. ("Zur Erinnerung an...")
Aufgabenbeispiele, die man je nach Gegebenheiten ausbauen , variieren und ergänzen kann:

353 Allgemeine Aufgaben

–Ein Spruch oder ein Wegweiser wurden zu einem Puzzle zerschnitten und müssen wieder zusammengesetzt werden
Verschlüsselte Texte (=Hinweise) müssen entziffert werden:
– Auf einem Zeitungstext werden einzelne Buchstaben markiert, die zusammengesucht werden müssen.
– Eine Botschaft wird durch das Zahlenalphabet ausgedrückt (a=1,b=2,c=3 usw.)
– Der Text muß aus einem Buch zusammengesucht werden: 5 (Seite), 4 (Zeile), 9 (Wort).
– Die einzelnen Wörter stehen auf einzelnen Zetteln und müssen in die richtige Reihenfolge gebracht werden.
– Rätsel müssen gelöst werden, vielleicht auch ein Bilderrätsel (Siehe S. 20)
– Wie hießen die letzten beiden DFB Meister? Wieviel PS hat...?
– Wie lautet das Geburtsdatum von... (Freunden, Bekannten)? Diese müssen aufgesucht (oder angerufen) werden.

354 Aufgaben für einen mehr städtischen Bereich

– Laßt euch in bestimmten Läden einen Stempel geben
– Den Preis für eine bestimmte Ware erfragen und/oder etwas einkaufen
– Auf einem Foto von einem bestimmten Platz ist eine Stelle markiert; dort liegt die nächste Botschaft.
– Eine Auskunft über einen bestimmten Zug (S-Bahn, U-Bahn, Straßenbahn) erfragen

– Wieviele Schaukeln gibt es auf einem bestimmten Spielplatz?
– Wie lautet die Telefonnummer des Klassenlehrers?
– Kurze Rast in der Eisdiele mit Eisessen (kündigt man vorher die Kinder an, kann man auch gleich bezahlen).
– Wann ist eine bestimmte Kirche gebaut worden und in welchem Baustil?
– Wieviele Kirchtürme sieht man von einem bestimmten Platz aus?

355 Aufgaben für einen mehr ländlichen Bereich
– Bringt ein Pfund Steine mit (Wer das Gewicht am nächsten trifft, bekommt die meisten Punkte).
– Wie heißen fünf verschiedene Baumarten (oder Blumen), die man von diesem Platz aus sehen kann?
– Bringt je ein Blatt von fünf verschiedenen Baumarten mit.
– Sucht nach einer Feder, einem leeren Schneckenhaus und drei verschiedenen Zapfen.
– Bringt dem Hund ein Spielzeug mit.
– Etwa einen Meter vom Steg am See entfernt liegt auf dem Grund ein alter Schuh. Holt ihn heraus und bringt ihn mit.
– Meßt den Umfang des Sees mit einem Fahrrad-Tachometer.
– Pflückt einen kleinen Blumenstrauß und bringt ihn an die folgende Adresse.
– Malt den Ort, wie man ihn von der Stelle aus sehen kann.

356 Museumsrallye Eine spezielle Variante ist die Museumsrallye. In einem nahegelegenen Museum (besonders gut eignet sich ein Heimatmuseen oder ein Völkerkundemuseum) müssen verschiedene Fragen beantwortet werden. Manche museumspädagogischen Einrichtungen haben solche Fragebögen schon vorbereitet, und man kann sie bei ihnen anfordern. Es ist aber auch nicht schwer, gemeinsam mit den eigenen Kindern anläßlich eines ausführlichen Museumsbesuchs selbst einen solchen Fragebogen zu erstellen.
Es ist nicht sinnvoll, diese Rallye auf Zeit laufen zu lassen, sondern nur auf richtige Antworten. Braucht eine Gruppe länger, so schaut sie sich vielleicht auch noch etwas anderes an - und das sollte ja nicht bestraft werden. Es reicht, eine Rahmenzeit zu vereinbaren, zu der alle wieder eingetroffen sein müssen.

357 Schnitzeljagd (ab 8) Die einfache Version einer Schnitzeljagd wurde schon beim Indianerfest beschrieben.
Eigentlich wird die Schnitzeljagd aber in zwei Gruppen durchgeführt: Die erste Gruppe (zwei bis drei Personen) startet mit etwa 15 Minuten Vorsprung und legt als Spur Schnitzel aus (werden Papierschnitzel gelegt, müssen sie von der Verfolgergruppe unbedingt aufgesammelt werden; diese Schnitzel kann man auch numerieren; sehr gut geeignet sind aber auch Hobelspäne, die man liegen lassen kann; in der Stadt erfüllen Kreidepfeile auf dem Gehweg die gleiche Funktion). Auch Sackgassen und Fehlwege dürfen gelegt werden, damit es die Verfolger nicht zu leicht haben. Es kann u.U. sinnvoll sein, den Zielort mit der ersten Gruppe abzusprechen. Sollte die zweite

Gruppe den Weg verlieren, kann sie ein „wissender" Teilnehmer notfalls an den richtigen Platz führen.
Die Verfolger versuchen, die erste Gruppe einzuholen. Gelingt es ihnen, sind sie die Sieger, sonst sind es die anderen. Im Grunde aber ist das Siegen oder Verlieren hierbei ohne Bedeutung, da das Spiel selbst so viel Spaß macht.

358 **Ausgräber (ab 6)** Gespielt wird wieder in mindestens zwei Mannschaften. Für jede wurde ein größerer Tontopf in etwa acht Scherben zerbrochen und in einem begrenzten Gebiet vergraben. Diese Stellen dürfen nicht allzu offensichtlich sein. Mit Laub oder Gras werden sie getarnt.
Jede Mannschaft muß einen dieser Plätze finden, die Scherben ausgraben und wieder zu einem Topf zusammenleimen. Wer ist zuerst fertig?

359 **Nachtwanderung (ab 5)** Mit einer nicht zu großen Gruppe kann eine Nachtwanderung zu einem eindrücklichen Erlebnis werden. Was gibt es nachts nicht alles zu beobachten und zu entdecken? Und außerdem ist es so unheimlich und leicht gruselig.
Jeder braucht dazu eine kleine Taschenlampe und einen kleinen Rucksack mit Proviant. Alle halten sich gegenseitig an der Hand, damit niemand verloren geht.
Während einer solchen Nachtwanderung braucht man eigentlich gar nicht viel machen. Wurde ein geeigneter Weg gewählt, so muß man nur auf all das achten, was in der Nacht geschieht. Ist es eine warme Julinacht, so leuchten vielleicht sogar die Glühwürmchen.
Mit größeren Kindern können Sie auch in einem nahegelegenen See schwimmen gehen. Oder auch zur Rast ein kleines Lagerfeuer entzünden, für das alle gemeinsam das Holz zusammensuchen (unbedingt etwas Zeitungspapier mitnehmen!). Das ist bei Nacht gar nicht so einfach. Am Feuer wird eine Geschichte erzählt; nicht zu schauerlich, damit kein Kind Panik bekommt. Wer kann ein paar Abendlieder mitsingen? Wieder zu Hause angekommen, werden alle auf dem vorbereiteten Matratzenlager sehr schnell einschlafen.

Kapitel 10

Der Jahreskreis: Winter

Das Jahr bietet viele Anlässe zum Feiern: Jahreszeiten werden begrüßt – oder endlich verabschiedet. Die Tage des Sonnenwechsels, der Jahresbeginn und die kirchlichen Feiertage – alles Anlässe zum Feiern. Aber auch eine besondere Wetterlage kann Anlaß zum Feiern sein, sei es, daß man dem Regen zum Trotz feiert oder das warme Sommerwetter nutzt. Wer feiern möchte, wird dazu immer Gelegenheiten finden.
In diesem Kapitel wurden unter den jeweiligen Abschnitten solche Ideen gesammelt, die speziell an die jeweiligen Anlässe und Gegebenheiten anknüpfen. Bei einem Sommerfest z.B. sind vielerlei Spiele gefragt. Da diese aber auch zu anderen Anlässen aufgegriffen werden können, finden sie sich in dem Kapitel mit den allgemeinen Spielesammlungen.

Schneefest

Ein Tag mit reichlich Schnee wird die Kinder nicht in der Stube sitzen lassen. Sie werden im Schnee toben, mit Schneebällen werfen, sich gegenseitig „einseifen", wenn der Schnee klebt, einen Schneemann oder eine Schneeburg bauen oder eine Schlitterbahn präparieren (möglichst nicht mitten auf dem Gehweg!).
Bleibt noch Zeit für weitere Ideen?

360 Gefährlicher Luftballon Zwei Mannschaften werden gebildet, zwischen ihnen zieht man zwei Linien im Abstand von etwa einem Meter. In dieses Mittelfeld wird ein aufgeblasener Luftballon gelegt. Beide Mannschaften versuchen, mit Schneebällen den Luftballon zu der anderen Mannschaft hinüber zu schießen. Die Mannschaft, der es gelang, erhält einen Pluspunkt. Der Ballon wird wieder in die Mitte gelegt, und auf ein Startzeichen hin geht es wieder los.

361 Schießbude Mit Schneebällen werden aufgestapelte Dosen abgeschossen.

362 Schneelaufen Gespielt wird in zwei Mannschaften. Ähnlich wie beim „Inselspringen" (S. 234) bekommen immer zwei miteinander drei feste Kartonplatten (z.B. von Pizzakartons), einer ist der Läufer und einer der Helfer: Der Läufer steht mit jedem Fuß auf einer Platte, die dritte legt der

Helfer in Schrittweite entfernt, holt dann die freigewordene Platte wieder nach vorne usw. An der vereinbarten Wendemarke werden die Rollen getauscht. Welche Mannschaft ist am schnellsten?
Jeder kann auch alleine starten - zu zweit macht es aber mehr Spaß.
Variante: Ein Spieler sitzt auf dem Schlitten und wird gezogen; ab der Wendemarke muß er den anderen ziehen - dann sind die nächsten beiden dran.

363 Verfolgungsjagd Dieses Spiel ist besonders schön, wenn es frisch geschneit hat. Als Vorhut starten zwei mit etwa zehn Minuten Vorsprung vor der Verfolgergruppe. Ihre Schuhe hinterlassen gut erkennbare Spuren im Schnee. Sie versuchen, die anderen irrezuführen, indem sie z.B. eine Strecke rückwärts gehen, falsche Wege einschlagen, die nicht weiter führen (sie gehen in ihrer eigenen Spur wieder zurück); einer trägt den anderen eine Strecke, so daß nur eine Spur zu sehen ist usw. Überqueren sie z.B. einen öffentlichen Weg, auf dem ihre Spur nicht erkennbar ist, darf die Strecke nicht mehr als zehn Meter betragen, dann muß ihre Spur wieder zu finden sein. Heimlich abgesprochenes Ziel sind vielleicht gute Freunde oder ein Café oder auch der Ausgangsort, wo sich alle aufwärmen und stärken können.

364 Minigolf Im Schnee läßt sich wunderbar eine Minigolfbahn modellieren, die im Zickzack durch den Garten führt. Gespielt wird mit Tischtennisschlägern und möglichst gelben Tischtennisbällen (die weißen sieht man zu schlecht).

365 Mini-Bobbahn Gibt es in der Nähe einen Hügel, an dessen Hang eine Bobbahn angelegt werden kann? Bobs sind Plastikflaschen, (ausnahmsweise eine Plastikflasche, obwohl umweltschädlich) die mit Schnee, Split oder Wasser gefüllt wurden, damit sie schwer sind und gut gleiten.

366 Schneetürme Wer baut in einer bestimmten Zeit den höchsten Schneeturm? Mehrere helfen zusammen!

367 Bildhauer Mit Papp-Schnee kann man sehr gut modellieren: Wer gestaltet das schönste Tier? Anschließend wird prämiert (und fotografiert).

368 Schneeleuchte Wird es langsam dunkel? Aus Schneebällen werden die Wände einer Pyramide aufgebaut, in deren Mitte ein Teelicht leuchtet und einen sanften Schein verbreitet.

369 Hand- und Magenwärmer Allen ist schon etwas kalt geworden, aber niemand möchte hineingehen: In Folie gebackene Kartoffeln werden verteilt. Sie wärmen zuerst Hände und Wangen und schließlich auch den Magen. Schneeluft macht Durst: Heißer Punsch aus Thermoskannen wärmt äußerlich und innerlich.

Wieder in die Wärme zurückgekehrt, wartet sicher auch schon etwas Warmes zum Trinken und zum Essen: Vielleicht Bratäpfel, eine heiße Suppe oder gebackene Stangenbrote, die mit Kräuterbutter, Käse oder ganzen Würstchen gefüllt wurden.

Fasching

In vielen Gegenden Deutschlands sind häusliche Faschingsfeste sowie auch solche im größeren Rahmen unumgänglich - für die Kinder ein jedes Jahr aufs neue ersehntes Vergnügen. Wenigstens einmal im Jahr werden die Träume von Prinzessinnen, Zigeunerinnen, Cowboys, Indianern und Zauberern wahr.
Zu einem Faschingsfest kann ohne Vorgabe eingeladen werden; dann verkleiden sich alle Besucher vorher ganz nach eigenen Vorlieben.
Man kann auch ein Themenfest daraus machen; dann versucht jeder, seine Verkleidung diesem Thema anzupassen.
Verkleiden und Schminken können aber auch in das Fest eingebunden werden und einen eigenen Programmpunkt bilden - eine gute Möglichkeit für ganz kleine Kinder, die oft noch etwas Scheu vor dem Verkleiden und dem Schminken haben, sowie auch für die Größeren, die sich schon wieder nicht mehr so einfach verkleiden und verrückt schminken wollen.
Auf allen Faschingsfesten herrscht Jubel, Trubel, Heiterkeit. Es wird getanzt, gesungen und getobt, Bewegungsspiele und andere Fröhlichkeiten werden veranstaltet. Gleichzeitig sind ruhigere Phasen zum Erholen und Entspannen unumgänglich. Andernfalls läuft man leicht Gefahr, daß die Veranstaltung aus dem Ruder gerät.

„Willkommen vielerlei Verkleidungen - nicht willkommen Konfetti und Knaller aller Art"
Ein Konfetti-Fest ist schon für so manchen Veranstalter zum Schrecken geworden, wenn sich hinterher die kleine bunten "Dinger" weiter zu vermehren scheinen oder - naß geworden - unangenehme Verfärbungen auf den Polstern hinterlassen. Das Knallen muß sicher auch sein, aber besser nur auf der Straße. Eine grundsätzliche Klärung vorab ist sinnvoll und hilft Ärger zu vermeiden.
Auf vielen Faschingsfesten hat es sich bewährt, wenn ein Erwachsener, z.B. als Clown oder als Zauberer verkleidet, durch das Fest führt. In dieser Rolle kann er neue Tänze und Spiele ansagen und zu besonderen Aktivitäten auffordern. Eine kräftige Stimmc und Durchsetzungsvermögen sind hilfreich oder auch nötig, vor allem, wenn viele Kinder zusammen sind. Leicht tut sich in dieser Rolle, wer über Fähigkeiten verfügt, die denen eines Dompteurs nicht unähnlich sind: Manchmal muß die ganze Bande wirklich gebändigt und gezielt gelenkt werden.
Einige Tips für den "Dompteur":
Er muß sich immer für alle erkennbar bemerkbar machen.
Er sollte nichts ansagen, bevor nicht weitestgehende Ruhe eingekehrt ist.
Diese Ruhe kann er herstellen, indem er z.B. anfängt, leise zu zischen, wovon langsam alle angesteckt werden; schließlich winkt er ab.
Ebenso kann er alle auffordern, gemeinsam ganz laut zu schreien; sind alle dabei, winkt er wieder ab, muß aber die entstandene Pause dann sehr schnell nutzen.
Es ist gut, wenn er sich ein paar Überraschungen ausgedacht hat, die er zu einem passenden Moment anbringt (z.B. wenn alle eine Erholungspause nötig haben): Etwa ein paar Zaubertricks, eine kleine Kasperlegeschichte mit wenigen Figuren, vielleicht sogar ohne Theater, oder aber eine kurze, spannende Geschichte, die er mit viel Gestik und Mimik erzählt. Ist jemand anderer da, der auch etwas vorführen kann?
Er kann auch in der Pause ein Lied oder ein Spiellied einstudieren.
Auf Themenfeste muß hier nicht weiter eingegangen werden (siehe S. 85ff.).
Die dort gemachten Vorschläge sollten für ein Faschingsfest aber durch zusätzliche Tanz- und Bewegungsspiele ergänzt werden.

370 **Schminken** Werden Schminken und Verkleiden ein erster Programmpunkt, muß reichlich Schminke vorhanden sein, dazu mehrere Spiegel oder eine größere Spiegelfolie (erhältlich im Dekorations-Fachgeschäft). Außerdem werden sehr viele verschiedene Verkleidungsstücke gebraucht.
Die sehr kleinen Kinder nähern sich dem Schminken leichter, wenn sie es an den Erwachsenen ausprobieren und sie schminken können. Je bunter diese aussehen, desto schöner!
Die größeren Kinder machen vielleicht ein Spiel daraus: Welche Schminke und welche Verkleidung wäre die passendste für dich? Warum gefällt mir dies für dich am besten? Manche Gespräche können sich daran anknüpfen.

371 Verkleiden Auf S. 107 wurde z.B. beschrieben, wie man aus wertlosem Material spielerisch Verkleidungen herstellen kann. Für etwas größere Kinder kann dies von besonderer Attraktion sein.

372 Faschingstänze Dann wird getanzt: Es beginnt mit einer Polonaise (S. 81) oder mit einem Tanz, der zuerst einmal alle lockert und durcheinanderwirbelt: z.B. „Retter gesucht" (S. 83), „Stell dir vor, du bist..." (S. 82), „Kommando" (S. 82) oder „Stoptanz" (S. 82). Ist eine gute Stimmung entstanden, kann eine bunte Folge von Tänzen, Spielliedern und Spielen ablaufen, mal turbulentere, mal ruhigere. Die Kinder werden bald ihre Lieblingstänze und -spiele einfordern, dennoch sollte man eine Liste mit Vorschlägen parat haben, aus denen ausgewählt werden kann.

373 Essen und Trinken Rezepte dazu finden Sie im Kapitel 3.
Vorbereitete Pfannkuchen, für die verschiedene Füllungen oder Saucen bereitstehen, kommen immer an: Honig, Marmeladen, Nußcreme, Schokoladensauce, Vanillesauce oder auch Eis.
Vor allem aber gehören zu einem Faschingsfest die frischen Krapfen. Mit wenig Aufwand werden aus einigen kleine Clowns:
Ein hölzerner Schaschlikspieß hält zwei übereinanderliegende zusammen und dazu noch einen spitzen bunten Hut (aus buntem Papier Scheiben mit zehn bis zwölf Zentimetern Durchmesser schneiden, bis in den Mittelpunkt einschneiden und die Schnittflächen übereinanderkleben). Kleine Spießchen halten eine rote Zierkirsche als Nase fest, Rosinen mit etwas Marzipan

darunter als Augen und eine Bananenscheibe als Mund. Eine aus buntem Papier geschnittene Fliege oder Krawatte macht den Clown perfekt.

374 Finale Den Abschluß des Festes bildet auf jeden Fall ein gemeinsamer Rundtanz, z.B. der "Ententanz", "Rucki zucki", "Der Flummi-Tanz" (S. 74 u. 82).
Und zum allerletzten Schluß lassen wir gemeinsam eine Rakete steigen, das macht Riesenspaß:
Rakete: Zunächst müssen alle ganz still sein. Dann beginnt ein leises und tiefes Summen, langsam wird es höher und lauter, steigert sich immer mehr - parallel dazu führt jeder die gestreckten Arme nach oben über den Kopf: Je höher sie kommen, desto lauter wird das Summen -, wird lauter und lauter, bis es nicht mehr lauter geht. Mit dem Klatschen über dem Kopf sprüht sie ihre Funken, und das Summen wird zu einem bewundernden "AA-Ahhhhhhhh", das immer leiser wird, je mehr die Funken verblassen; gleichzeitig werden die Arme langsam wieder gesenkt.
Gehören zur Festdekoration auch Luftballons? Sie verhelfen zu einem eindrucksvollen Schluß: Jeder bekommt einen und darf ihn auf Kommando zerplatzen lassen, indem er darauf tritt oder sich darauf setzt.
Vorher sollte man aber klären, ob kleine Kinder dabei sind, die sich vor platzenden Luftballons fürchten. Sie sollten vorgewarnt werden, damit sie den Raum verlassen oder sich die Ohren zuhalten können.

Kapitel 11

Der Jahreskreis: Frühling

So schön der Schnee ist, so sehnen nach einiger Zeit auch die Kinder den Frühling herbei - vor allem warmes Wetter zum Spielen im Freien ohne dicke Kleidung. Dauert der Winter allzu lang, muß man ihn einfach austreiben.

Winteraustreiben

Im Anklang an entsprechende alte Bräuche kann ein Fest gestaltet werden:

375 Masken Um den Winter recht zu erschrecken, bastelt sich jeder eine möglichst furchterregende Maske:
Ein Karton, der gut über den Kopf paßt, bekommt Augenlöcher zum Durchschauen, wird bemalt und beklebt (mit Luftschlangen, Lametta, aufgefädelten Kronkorken oder Korken, Kreppapierbändern, kurzen Zweigen u.ä.).
Oder: Große Pappteller bekommen Augenlöcher und werden beklebt und bemalt. Befestigt man mit einem Hefter einen Gummizug daran, kann man sie aufsetzen. Als Alternative klebt man einen kurzen Stock dahinter, dann kann man die Maske vor das Gesicht halten.
Große Papiertüten lassen sich entsprechend gestalten.
Etwas mehr Aufwand (und auch nicht an einem Nachmittag machbar) erfordert eine Luftballonmaske; sie ist aber auch noch schöner.
Um einen aufgeblasenen runden Luftballon werden mit dickem Tapetenkleister mehrere Schichten Zeitungspapier geklebt. Das zugeknotete Ende des Luftballons dabei wird freigelassen. Sind die Schichten gut durchgetrocknet, dann sind sie stabil und der innere Luftballon kann zerstochen und herausgezogen werden. Man schneidet die Öffnung so groß, daß der Kopf hineinpaßt, dann kann weiter gestaltet werden (siehe oben).

376 Ruten Jeder braucht eine Rute, um den Winter zu jagen:
An trockene Zweige werden bunte Kreppapier-Bänder gebunden, die beim Bewegen der Ruten flattern.

377 Lärm Je schauerlicher der Lärm, desto besser gegen den Winter. Alles, was Lärm macht, wird mitgenommen: Trommeln, Rasseln, Glocken, Schellen, Ratschen u.v.m.

378 Feuer Jetzt wird der Winter ausgetrieben: Aus Strohbündeln wird eine große Figur gemacht, die auf freiem Feld aufgestellt und angezündet wird. Oder man zündet einfach einen Strohhaufen an und tanzt darum herum.
In den kurzen Pausen kommen alle Lärminstrumente kurz und voll zum Zuge. Mag jemand ein Lied singen? „Winter ade, scheiden tut weh." ist sicher vielen bekannt.

379 Sonnenräder Als Stärkung gibt es anschließend gebackene Sonnenräder, Symbol für die wieder wachsende Kraft der Sonne. Sie werden aus einem Hefeteig mit Rosinen darin gemacht.

380 Frühlingsausflug Im ersten Frühling gilt das ganze Interesse der erwachenden Natur. Auf einem gemeinsamen Spaziergang gibt es so allerhand zu entdecken: Welche Blumen und Kräuter sprießen schon? Welche Bäume zeigen die Blätter oder blühen? Welche Vögel kann man hören usw.? Zu dem Spaziergang wird ein kleines Picknick mitgenommen; das macht immer Spaß. Auch wenn es noch zu naß und zu kalt ist, um sich auf den Boden zu setzen, findet sich sicher eine Bank, ein Baumstumpf o.ä..

381 Ich bringe dir den Frühling Am liebsten würde jeder einen ersten Blumenstrauß oder ein Pflänzchen vom Spaziergang mitbringen. Dies sollten Sie jedoch verhindern, um den Bienen nicht ihre erste Nahrung zu schmälern und es den Pflanzen nicht noch schwerer zu machen.
Besser ist es, sich die Frühblüher aus der Gärtnerei zu holen und sie in schöne Töpfe zu pflanzen.

382 Säen Anstelle der fertig gezogenen Pflanzen können die Kinder auch Samen bekommen, die sie selber säen und deren Austreiben sie beobachten können. Dafür empfehlen sich schnell wachsende und unempfindliche Pflanzen: z.B. Sonnenblumen, Kapuzinerkresse, Wunderblumen, Bohnen oder Linsen.
Steht Ostern vor der Tür, kann auch Ostergras (= Hafer) gesät werden. Dieser wächst in zwei Wochen 10 - 15 cm hoch. Kleine Osterüberraschungen können darin versteckt werden.

383 Bunte Töpfe Die Blumentöpfe sollten die Kinder zunächst mit wasserfesten Farben (z.B. Abtönfarbe – umweltfreundich –, Plakafarbe) schön bemalen dürfen.
Für das erste Keimen lassen sich auch halbe Eierschalen verwenden, mit Watte oder etwas Erde gefüllt, die in einen Eierbecher gestellt werden. Hübscher sehen noch drei über Eck zusammengebundene etwa 10 cm lange Aststückchen aus, in deren Mitte das Ei stehen kann. Bemalt ist das Ei noch schöner.

Ostern

Neben Weihnachten ist Ostern das zweite Fest im Jahr, dessen Vorfreude sich in entsprechendem Zimmerschmuck und anderen Vorbereitungen schon Wochen vorher zeigt. In den meisten Wohnungen steht inzwischen zumindest ein Osterstrauß aus Palmkätzchen, Forsythien, Buchen oder Birken, der mit bunten Eiern geschmückt ist.
Vielerlei bunten Osterschmuck gibt es inzwischen zu kaufen. Das erspart die Mühe des Selbermachens; man nimmt sich damit aber auch eine schöne Beschäftigung mit den Kindern. Gemeinsam die Familienfeste vorzubereiten durch Basteln des Zimmerschmucks und Planung verschiedener Überraschungen und Spiele, kann zu einer alljährlich wiederkehrenden, schönen Tradition werden.

384 Osterstrauß Auf die verschiedenen Arten, ausgeblasene Eier anzumalen, muß hier nicht besonders eingegangen werden, es seien nur die wichtigsten genannt:
- Bemalen mit Wasserfarben, Filzschreibern oder Tusche,
- Färben mit Batiktechnik (z.B. Wachstropfen) in verschiedenen Tauchbädern, Färben nach dem Bedecken mit Blättern o.ä., Ätztechnik,
- Bekleben mit Konfetti, Buntpapier, Filz, Gewürzen oder Körnern,
- Aufhängen: Ein Bändchen wird um ein Stück Streichholz geknotet und dieses in die obere Öffnung des Eis gesteckt.
- Kleines Gebäck aus Hefeteig (Ringe, kleine Hasen, Nestchen, Küken...) sieht auch sehr hübsch aus.
- Kleine Figuren können aus Sperrholz ausgesägt oder aus Tonzeichenpapier ausgeschnitten werden.

385 Osterkränze Drei oder fünf bemalte Eier mit einer Reihe bunter Perlen dazwischen fädelt man auf einen steiferen Draht und schließt diesen. Das ergibt schöne Osterkränze. Die fertigen Kränze werden an die Fenster oder an die Wand gehängt. Wer möchte, kann auch noch eine dekorative, bunte Schleife anbringen.

386 Osterecke Ein größeres Tablett wird mit Plastikfolie ausgelegt und mit etwas Erde bedeckt. Aus Moosstücken, Sand, Steinen, kleinen Bäumchen und Blumen entsteht eine Miniatur-Landschaft, die von Osterhasen aus Schokolade oder aus Eiern bewohnt wird. An dieser Landschaft kann während der ganzen vorösterlichen Zeit gebaut und gespielt werden. Entsteht dabei auch eine Hasenhöhle z.B. aus Rindenstücken?

387 Osterpyramide In einen bemalten Blumentopf mit Erde oder Sand wird ein etwa 60 cm langer Stab gesteckt (gut festdrücken). Drei verschieden lange (20 - 35 cm) Stäbe werden durch Kreuzwicklung daran befestigt. Darumgebundene Zweige von Buchsbaum, Eibe oder Fichte verkleiden sie. In der Erde wächst Ostergras (siehe S. 160), oder einige Stücke Moos bedecken sie. Jetzt können die bunten Eier an die fertige Pyramide gehängt werden.

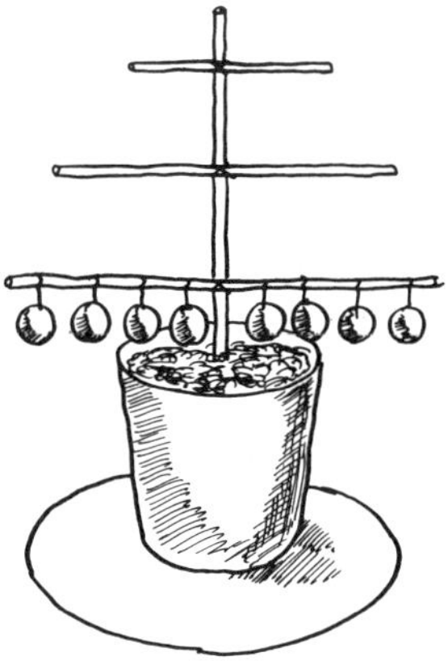

388 Osterspiele An Ostern selbst oder bei einem Fest in der Osterzeit dürfen die traditionellen Osterspiele nicht fehlen.

– Eierkippen: Zwei hartgekochte Eier werden gegeneinander geklopft, zuerst die stumpfen Enden, dann die spitzen. Haben beide Eier noch je ein unbeschädigtes Ende, so werden diese noch einmal gegeneinander gestoßen. Sieger ist, wer zweimal das Ei des anderen gebrochen hat. Er bekommt auch dessen Ei.

– Eierrollen: Über ein schräg gestelltes, breites Brett, zwei gegeneinander gekantete Bretter oder über einen schrägen Hang läßt man Eier herunterkugeln.
Man kann nach verschiedenen Regeln spielen:
Wer ein Ei von einem anderen wegkicken kann, dem gehört das Ei; alle Eier gehören dem, dessen Ei am weitesten rollte
Wessen Ei am nächsten bei einem Zielei zum Liegen kommt, dem gehört dieses oder alle übrigen Eier.
– Eierwerfen: Jeder Mitspieler legt abwechselnd ein Ei in einen etwas entfernt liegenden Hut. Die anderen versuchen, mit einer kleinen Münze dieses Ei zu treffen. Trifft jemand nicht, so gehört die Münze dem Besitzer des Eis. Trifft er das Ei, so gehört es dem Werfer, und der nächste legt sein Ei in den Hut.
– Pack ihn: Viele bunte Schokoladeneier wurden vor dem Spiel in kleine Stückchen Frischhaltefolie gewickelt und mit einem längeren Bändchen zugeknotet. Jeder bekommt eine bestimmte Anzahl Eier (z.B. fünf Stück) von einer Farbe. Wer mag der erste Fänger sein? Alle anderen legen ihre Eier dicht nebeneinander in die Tischmitte und halten am Tischrand die dazugehörigen Fäden sehr fest.
Der Fänger beginnt, mit einem Farbwürfel zu würfeln. Wessen Ei die gewürfelte Farbe hat, der muß es sehr schnell wegziehen, sonst packt es der Fänger mit seinem Sieb (oder einer kleinen Plastikschüssel) - dann gehört es ihm.
Der Fänger wechselt nach einer bestimmten Zahl von Würfen. Jeder darf mit den gefangenen Eiern weiterspielen. Oder wird ausgemacht, daß das Spiel zu Ende ist, wenn keiner mehr eines der ursprünglichen Eier hat?
– Gefährliche Ladung: Bei Wettspielen in der Osterzeit dürfen die Eier auch nicht fehlen:
Gekochte Eier sollen mit dem Suppenlöffel im Mund aus einem Körbchen geholt und in ein Körbchen auf einem anderen Tisch gelegt werden.
Mit einem gekochten Ei in einem Löffel soll um die Wette eine bestimmte Strecke zurückgelegt werden, ohne daß es herunterfällt. Dies kann als Einzelwettbewerb (mehrere starten gleichzeitig) oder als Mannschaftswettbewerb gespielt werden (ist der erste zurück, darf der nächste starten).

389 Osterspaziergang Haben die Kinder wirklich keine Lust auf einen Osterspaziergang? Sicherlich sind sie sehr schnell dabei, wenn sie hören, daß der Osterhase immer noch draußen herumläuft und ab und zu Eier verliert (ein Familienmitglied geht voraus und läßt immer wieder ein Ei fallen). Ganz sicher sind die Kinder diesmal nicht die Langsamsten!
Schön ist es auch, die ganze Ostereiersuche mit einem Ausflug zu verbinden. Man sucht sich einen schönen Lagerplatz, und jemand versteckt heimlich alle Überraschungen in der Umgebung.

Kapitel 12

Der Jahreskreis: Sommer

Der frühe Sommer ist fast überall die hohe Zeit der Sommerfeste. Kindergärten und Schulen laden ein, zahllose Grillpartys werden angesagt. Nicht immer aber sind die Feste so, daß die Kinder mit dem zum Zug kommen, was ihnen wirklich Spaß macht.

Sommerwendfest

Der Johannistag am 24. Juni (oder auch Sommeranfangsfest) ist eigentlich ein kirchliches Fest zur Geburt Johannes des Täufers. Ein großes Johannes-Feuer am Vorabend des 24. ist deshalb wichtigster Teil des Festes.
In einzelnen Regionen gibt es unterschiedliche Traditionen, welches Gebäck zu diesem Tag gebacken wird: z.B. große Brezeln aus Mürbeteig oder Sonnenräder aus Hefeteig (siehe S. 43).

390 **Laternen basteln** Laternenstöcke in die Blumenbeete gesteckt, machen's im Garten heimelig und geben ein schönes Licht:
Zwei runde Scheiben Zeichenpapier (etwa 30 cm Durchmesser) werden bemalt und anschließend mit flüssigem weißen Wachs eingestrichen. Aus farbigem Tonzeichenkarton schneidet man einen etwa 20 cm breiten Streifen, 10 cm kürzer als der Umfang der Scheiben. Große Sterne werden in ihn hineingeschnitten und mit Transparentpapier hinterklebt. Dann können die drei Teile so zusammengeklebt werden, daß die Laterne oben offen bleibt. Die fertige Laterne wird mit einer Reißzwecke auf einem Holzstock befestigt.

391 **Variante** Stabiler wird die Befestigung, wenn die Laterne mit zwei Holzplättchen (innen und darunter) auf den Stock (oder Besenstiel) geschraubt wird. Als letztes wird ein Teelicht hineingeklebt.

392 **Glühwürmchensuche** Ist die Johannisnacht eine laue Juninacht, wird sicher ein nächtlicher Spaziergang oder gar eine Nachtwanderung (siehe S. 152 angesagt. Die Chance ist groß, zahllose Glühwürmchen tanzen zu sehen und ihr Spiel beobachten zu können. Wer weiß, weshalb Glühwürmchen leuchten?

393 Leuchtschiffchen Findet das Sommeranfangsfest an einem Gewässer statt, kann man kleine leuchtende Schiffchen auf dem Wasser schwimmen lassen, die schnell und unaufwendig gemacht sind:
Vorbereitete Brettchen (etwa zwei Zentimeter dick mit einer Seitenlänge von 10 - 15 cm; man kann sie meist als Abfallholz beim Schreiner bekommen) werden mit farbigem Transparentpapier so umklebt, daß dieses 10 cm hochsteht. In die Mitte hinein wird ein Teelicht geklebt - fertig. Je mehr solcher Schiffchen auf dem Wasser schwimmen, desto schöner.

Sommerfest am und im Wasser

Ist am Festtag warmes Sommerwetter, darf auf Wasser nicht verzichtet werden. Findet das Fest im Garten statt, so werden alle größeren Gefäße mit Wasser gefüllt und ins Spiel mit einbezogen.

394 Abkühlung Plantschbecken, Wannen, Eimer voll Wasser bieten Abkühlung. Noch schöner ist ein größeres, selbstgebautes Becken:
Viele leere Getränkekisten werden im Viereck aneinandergestellt und mit einer kräftigen Plastikplane überdeckt - in der Mitte bildet sich eine Kuhle. Damit sie nicht wegrutschen kann, wird sie außen unter die Kisten geklemmt. Nun kann das Wasser eingelassen werden. Aber Vorsicht: Die Kisten sind hart; es sollte nicht zu wild getobt werden, damit niemand auf die Kisten stürzt und sich weh tut.
Eine Gartendusche ist sicher eine besondere Attraktion. Ein Gartenschlauch, in ein Schaukelgestänge gehängt, erfüllt den gleichen Zweck. Auf einem größeren Gelände mit einem kleinen Hügel läßt sich leicht eine Wasserrutsche einrichten: Eine lange Plastikplane wird ausgebreitet, ein nur wenig aufgedrehter Schlauch, an den oberen Rand gelegt, hält die Bahn naß und schlüpfrig.

395 Wechselbad Sind mehrere Becken oder Wannen aufgestellt, beginnt ein wildes Plantschen: Jedes Becken bekommt einen Namen. Ruft der Spielleiter einen Namen auf, so müssen sich alle in dieses Becken stürzen – schon ertönt der Name des anderen Beckens.

Wenn die Gruppe es mag, kann auch um die Wette gespielt werden: Immer der letzte scheidet aus oder muß ein Pfand geben.

396 Nasse Purzelbäume Als Mannschafts-Wettspiel eignet sich dies: Die ersten müssen ein Hemd und eine Hose anziehen, dann durch das Becken einen Purzelbaum (oder etwas Ähnliches) schlagen, die Kleider wieder ausziehen - der nächste kommt an die Reihe.

397 Glücksmünze Weniger turbulent, aber auch naß, ist dieses Spiel: Auf dem Boden eines Eimers oder einer Wanne mit Wasser liegt eine Münze. Jeder Mitspieler bekommt ein paar andere Münzen. Nacheinander muß jeder versuchen, mit seiner Münze auf die im Wasser liegende zu treffen. Das ist gar nicht so einfach. Zwischendurch werden die Münzen immer wieder herausgeholt. Wer trifft, kann dabei Punkte sammeln, für die er sich hinterher etwas aussuchen darf.

398 Wasserstafette Eine Wasserstafette wird ebenfalls mit mindestens zwei Mannschaften gespielt: Mit einem Joghurtbecher muß Wasser von einem Eimer zu einem zweiten, entfernt stehenden Eimer transportiert werden. Der Transport des Bechers kann noch erschwert werden, indem man ihn z.B. mit einem Schubkarren befördern läßt.
Entweder wird eine bestimmte Zeit vereinbart oder es geht der Reihe nach, und jeder kommt einmal dran. Die geschöpfte Wassermenge entscheidet über den Sieg. Gelaufen wird nacheinander. Ist jeweils der erste Läufer zurück, startet der zweite usw.

399 Wasserbomben Viele kleine Luftballons werden zu Wasserbomben. Eine wilde Jagd beginnt. In einem vorher bestimmten (lieber klein gehaltenen) Umkreis versucht der Jäger, die anderen mit Wasserbomben abzuschießen. Wird jemand getroffen, scheidet er aus. Fängt er aber, so wird er zum nächsten Jäger. Sicherlich werden dabei einige Wasserbomben zur Freude aller platzen.

400 Wasserwerfer Immer zwei stehen sich gegenüber und werfen sich eine Luftballon-Wasserbombe zu. Welches ist ihre weiteste Distanz, die sie schaffen, ohne daß die Bombe platzt?

401 Wasserschlacht Werden die „Wasserbomben" nicht mehr gebraucht, kann man sie um die Wette platzen lassen. Andere Hilfsmittel als Hände, Füße und Po sind dabei allerdings nicht erlaubt.

Spiele im See oder Schwimmbecken

402 Wasser-Wettkampf Sehr viele Luftballons wurden am Wasserhahn mit wenig Wasser gefüllt und dann fertig aufgeblasen. Dann wirft man alle gleichzeitig ins Wasser. Wer holt nach dem Startzeichen die meisten heraus? Anstelle der Luftballons tun es auch viele kleine Bälle.

403 Tandem-Schwimmen Auf Schnelligkeit beim Schwimmen kommt es an, wenn eine bestimmte Strecke mit einem Reifen auf dem Kopf geschwommen werden muß, um die Wette, versteht sich!
Wenn immer zwei einen anderen abschleppen,
oder wenn Tandem geschwommen wird: Der Hintermann hält sich an den Füßen des Vordermanns fest.

404 Körpermalereien In einer Badepause werden Fingerfarben ausgegeben. Jeder malt sich selbst an oder läßt sich bemalen. Gibt es Prämien für die schönsten Malereien?
Liegen große (Pack-)Papierbögen bereit, so können Bilder und verschiedenste gemeinsame „Werke" aus den Abdrücken von Fingern, Händen und Füßen entstehen.
Ein anschließendes gründliches Baden oder Duschen wird die Spuren auf der Haut fast ganz beseitigen.

405 Aufwärmen Ist allen doch etwas kalt geworden, weil sich die Sonne versteckt hat? Etwas Bewegung schafft Abhilfe. Im Kreis wird auf zwei abgezählt. Einer übernimmt das Kommando: Sagt er „Plitsch", so gehen alle mit Nr. 1 in die Hocke und stellen sich wieder auf, sagt er „Platsch", alle mit Nr. 2. Je schneller die Kommandos kommen, desto lustiger. Ist es warm genug, kann das auch im Wasser gespielt werden, dann wird eingetaucht.

406 Baumstämme rollen Gibt es eine schöne, weiche Wiese? Mindestens sechs Kinder liegen dicht nebeneinander, ein Kind legt sich quer darüber auf den Bauch. Nun rollen sich die unten liegenden in eine Richtung und nehmen so das oben liegende Kind mit. Wer am Ende frei wird, darf sich als nächstes oben drauf legen, wer oben lag, wird der nächste vordere Baumstamm.

407 Ein ruhiges Spiel für eine Pause Jeder schaut sich die Füße der anderen genau an. Dann bekommt einer die Augen verbunden und muß durch Tasten erraten, wem die Füße gehören. Wer verrät sich, weil er vor lauter Kitzeln lachen muß?

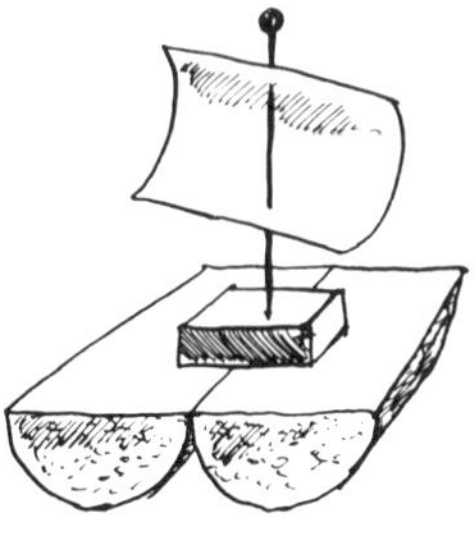

408 Segelregatta Aus Korken, Schaschlikspießen und Papier entstehen kleine Schiffchen: Korken der Länge nach halbieren, andere in knapp einen Zentimeter dicke Scheiben schneiden. Auf die Schnittflächen von zwei Hälften eine Scheibe kleben und in diese ein Stück Schaschlikspieß (etwa 8 cm) als Mast stecken. Am Mast spießt man ein Papiersegel (7x7 cm) auf. Auf das Segel wird aber vorher ein Zeichen des

Besitzers gemalt, damit er es nachher von den anderen Schiffen unterscheiden kann.
Alle Segelschiffe stehen am Start. Auf ein Zeichen hin werden sie in Richtung Ziel gepustet. Wer kentert, scheidet aus und darf erst in einer neuen Runde starten. Einige Reserve-Segel sollten bereit liegen, falls die ersten sehr durchweicht sind.

409 Schiffsbauer Die Kinder könnten auch die Möglichkeit haben, eigene Schiffe zu konstruieren. Gibt es in der Umgebung des Wassers verschiedene Naturmaterialien, so können sich immer zwei zusammentun und bauen: z.B. aus Rindenstücken, aus dicken Ästen oder aus kleinen zu einem Floß zusammengebundenen Ästchen. Hammer und Nägel, kleine Säge, Messer, Schnüre und Kleber griffbereit halten (Pflaster nicht vergessen!). Vielleicht wird für die Segel auch Stoff, Nadel und Faden gebraucht.

410 Blind anziehen Irgendwann müssen sich alle wieder anziehen. Damit das nicht so schmerzlich ist, wird ein Spiel daraus: Alle bekommen die Augen verbunden und müssen sich blind anziehen - um die Wette oder nur zum Spaß?

Ein Fest in Wald und Feld

411 Picknick Zu einem Fest in Wald und Feld gehört an oberster Stelle die Vorbereitung der Verpflegung. Dann stellt sich das Problem des Hingelangens. Wird zum Ort des Geschehens gelaufen oder mit den Rädern gefahren? Das Tragen der Verpflegung und von all dem, was man sonst noch braucht, wird jedenfalls gerecht verteilt. Oder verfügt jemand über einen Leiterwagen, in den alles gepackt werden kann? Eingepackt wird Essen und Trinken, das sich gut transportieren läßt. Gegessen wird aus ausgewaschenen Joghurtbechern, getrunken ebenso. Oder wollen sich alle einen Trinkbecher falten (siehe „Fang den Ball" S. 243)? Eine Plastiktüte für alle Abfälle darf nicht vergessen werden.
Variante: Ein paar Stunden vorher wurde alles für das Fest Notwendige in einem bestimmten Umkreis versteckt: Getränke, Flaschenöffner, Essen, Ball... Damit auch wirklich alles gefunden wird, ist jeder Gegenstand vorsichtshalber mit einem Nummernzettel versehen (oder es gibt eine Liste aller versteckten Dinge).
Braucht jetzt jeder eine Stärkung - oder wird zuerst einmal gespielt?

412 Bäumchen, wechsel dich Ein Baumstamm liegt neben dem Weg: Die ganze Gruppe stellt sich nebeneinander darauf. Jeder bekommt eine Nummer. Zwei Nummern werden genannt - diese zwei müssen jetzt den Platz tauschen, ohne daß jemand herunterfällt. Da müssen alle überlegen, wie das am besten geht, und einander helfen.

413 Helft euch In der Nähe ist ein Baumstumpf: Gelingt es, daß die ganze Gruppe darauf Platz hat? Wer hilft wem auf welche Weise?

414 Fünfer-Sprung Ein handlicher Stein wird soweit voraus geworfen, daß er mit einem Sprung aus dem Stand erreicht wird und berührt werden kann. Wer kommt nach fünf Sprüngen am weitesten? Wer den Stein nach dem Werfen nicht berühren kann, scheidet aus.

415 Zapfen-Boccia Mit Zapfen wird Boccia gespielt. Dabei markiert jeder sich seinen Zapfen, indem er z.B. einige Schuppen entfernt. Welche Mannschaft einen Zapfen am nächsten zum Zielstein wirft, bekommt einen Punkt. Wird der Zielstein selbst getroffen, gehört der Mannschaft ein Extrapunkt.

416 Suchen und Finden Die Teilnehmer werden in kleinen Gruppen losgeschickt, um bestimmte Dinge zu suchen und mitzubringen:
Etwas Zartes, Weiches, Stacheliges, Glattes, Eßbares etc.
oder: Je einen Fichten-, Kiefern- und Lärchenzapfen, ein Ahornblatt, eine Feder, einen Farnwedel, drei verschiedene Arten Moos etc. Welche Gruppe hat am schnellsten alles beisammen?

417 Ein Hütte bauen Im Wald liegen viele trockene Äste. Zusammengetragen, läßt sich daraus, zwischen den Bäumen versteckt, eine Hütte bauen. Diese kann nach Wunsch eingerichtet werden. Vielleicht mit einem Teppich aus trockenem Laub oder Moos und Sitzen aus dicken Steinen oder Aststükken.

418 Stockbrote rösten Wenn sich in der Nähe der Hütte ein geeigneter Platz findet (es gibt ja vorgezeichnete Grill- und Feuerstellen), kann dort ein Feuerplatz errichtet werden. Dafür müssen alle erst mal im Wald Holz sammeln gehen. Wird es ein großes Lagerfeuer, können daran Stockbrote geröstet und Würstchen gebraten werden.

419 Wurzeltheater Auf der Suche nach Brennholz haben manche vielleicht interessant geformte Wurzelteile oder Äste gefunden. Mit ein wenig Schnitzen werden Gnome, Kobolde und Hexen daraus. Ein erstes spontanes Spiel mit den Figuren ergibt sich schon an Ort und Stelle (kann aber zu Hause noch weiter ausgebaut werden). Gespielt wird einfach im Kreis sitzend; jeder überlegt, was seine Figur gerne tut, und was sie gar nicht mag, wovor sie vielleicht Angst hat - und schon ergibt sich der Anfang einer Geschichte.

Kapitel 13

Der Jahreskreis: Herbst

420 Herbstlied

2. Und er wackelt mit dem Ohr,
wackelt mit dem Schwänzchen.
Und er tanzt den Wolken vor,
hui, ein lustig Tänzchen.

Drachenfest

Ein Drachenfest kann mit dem gemeinsamen Basteln der Drachen beginnen. Eine Anleitung zum Selberbauen würde den hier gesetzten Rahmen sprengen. Es sei deshalb auf die vielen Hefte und Bücher mit ausführlichen Anleitungen verwiesen.
(z.B. Karin Mönkemeyer, Babyspiele-Kinderspiele, Scriptor Verlag)

421 Drachen basteln Auch wenn man gekaufte Drachen steigen läßt, so kann die Gruppe doch vorher etwas basteln. Es ist schön, wenn nicht nur die Drachen im Wind stehen. Kleineren Kindern wird zudem das Halten des Drachens bald langweilig - es gibt dabei so wenig zu tun.

Um das Ende eines etwa 40 cm langen Stockes wird ein sehr langes, etwa 4 cm breites Kreppapierband geklebt. Wie in der tänzerischen Gmnastik kann man mit diesem Band sehr schön Figuren zeichnen oder es einfach hinter sich her flattern lassen.
Tip: Es ist gut, einige Reservebänder mitzunehmen, falls welche reißen oder sich heillos verwickeln.

422 Flatterbänder Bindet man etwa fünf verschiedenfarbige ein bis zwei Meter lange Kreppapierbänder zusammen, kann man diese einfach beim Laufen über den Kopf halten und flattern lassen. Das sieht wunderschön aus. Mit Flatterbällen (siehe S. 104) kann man auf dem freien Feld spielen: Werfen auf ein Ziel, auf Weite oder Höhe.

423 Stoppelfeld-Spiele Hat der Bauer die Strohballen noch nicht aufgeladen, so bieten sich viele Spielmöglichkeiten mit ihnen an:
– Zunächst sind sie bequeme Sitze für eine Brotzeit zwischendurch.
– Mehrere Ballen werden zu einem Hindernislauf aufgestellt: nacheinander müssen alle im Bocksprung darüber, unter einem Tunnel hindurch, über mehrere übereinandergestapelte drüber klettern usw.
- Schließlich kann man aus den Ballen eine geräumige Hütte bauen, in der sich alle ausruhen. (Hinterher wieder aufräumen, sonst wird der Bauer sicher ärgerlich.)

424 Kartoffelfeuer Gibt es einen nicht zu windigen Platz, an dem ein Lagerfeuer entzündet werden kann? Von Zuhause werden gut gewaschene und einzeln in Alu-Folie verpackte Kartoffeln mitgebracht. Wurden sie zu Hause schon halb weich gekocht, dauert das Garen in der Glut nicht mehr so lange. In der Zwischenzeit werden Stockbrote gebacken und mit rohem Gemüse gegessen. Die fertigen Kartoffeln ißt man mit ein wenig Kräuterbutter darüber - sie schmecken köstlich.

425 Kürbis-Laterne Ist es inzwischen dunkel geworden, so leuchtet zu Hause zum Empfang die (vorher vorbereitete) Kürbislaterne: Von einem großen Kürbis den oberen Teil abschneiden und Kerne und Fleisch herausschaben. Jetzt auf zwei Seiten eine lustige oder gruselige Grimasse hineinschneiden, durch die das darin stehende Teelicht leuchtet.

426 Kürbissuppe Aus dem Fleisch der Laterne wird eine Suppe gekocht: Das kleingeschnittene Fleisch zusammen mit ein wenig Lauch und Karotten in Gemüsebrühe weich kochen; mit Pfeffer und evtl. etwas Salz abschmekken. Wer mag, gibt noch kleingeschnittene Würstchen hinein oder setzt vor dem Servieren eine Schlagsahnehaube darauf.

Herbstliche Basteleien

427 Herbstliche Spaziergänge Im Herbst lassen sich vielerlei Dinge finden, die ein kreatives Basteln ermöglichen. Ein langer Spaziergang mit anschließender Werkelrunde kann einmal ein besonderes Fest sein. Für dcn Spaziergang unbedingt Taschen, Tüten und Beutel mitnehmen, damit auch alle gesammelten Schätze transportiert werden können: Kastanien, Eicheln, verschiedene Zapfen, Ahornsamen, Federn, Früchte, Rindenstücke, Moos, schöne Steine u.a.

428 Allerlei Schmuck aus dem Wald Zum Bearbeiten aller Materialien braucht man zu Hause:
Streichhölzer, Schaschlikspieße, Schnüre, Klebstoff, Vorbohrer, Messer und Scheren, eventuell Farben.
Bunte Früchte werden zu Ketten auf kräftige Schnüre gefädelt. Allerdings sollte ein Erwachsener die Kastanien und die Eicheln mit einem Vorbohrer durchlöchert haben. Das ist nicht ganz einfach, da der Bohrer von der glatten Schale sehr leicht abrutscht.

429 Tiere und Figuren
- Aus einem Tannenzapfen und einer Eichel wird eine Kuh.
- Männchen entstehen aus Kiefernzapfen mit Kastanienkopf, etwas Wolle als Haar und einem kleinen Kopftuch darüber.
- Männchen entstehen auch aus einem Stück Ast, in dessen oberes Drittel man eine Kerbe als Hals schnitzt. Ein Gesicht wird aufgemalt.
- Zwei verschieden große Eicheln mit zwei Ahornsamen als Schwänzen und zwei Federn als Flügeln werden zu einer Ente.
- Ohne Federn, aber mit kurzen Beinen und einem Schwanz aus Wolle wird daraus ein Hund.
- Aus einer Eichel wird ein Schweinchen.
- Kastanie und Eichel werden zur Giraffe.
- Viele Kastanien ergeben ein Krokodil.
- Halbe Walnußschalen werden zu Schiffchen, in denen etwas Knete den Segelmast hält.

430 Zimmerlandschaft Bringt man von draußen auch Moos, Steine, Wurzelteile, Stöckchen u.a. mit, so kann man gemeinsam auf einem mit einer Plastikdecke geschützten kleinen Tisch eine ganze Landschaft aufbauen, in der sich die Figuren und Tiere bewegen. Wird ein Spiel daraus?

431 Wurfspiel Hubschrauber entstehen aus Kastanien, in deren Rundung etwas schräg zwei Federn gesteckt (und evtl. verleimt) wurden. (Anstelle der Kastanien kann man auch Korken nehmen.) Mit diesen Hubschraubern kann man sehr gut Zielflug üben: Wer trifft einen bestimmten Landepunkt am genauesten?

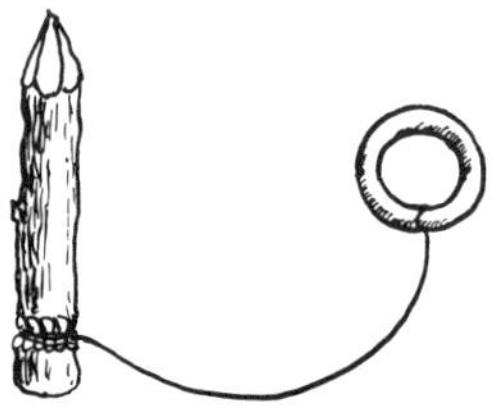

432 Geschicklichkeitsspiel Jedes Kind sucht sich einen nicht zu dicken Ast, von dem man ein 15 - 20 cm langes Stück abschneidet. Das eine Ende wird zugespitzt, die Spitze aber wieder etwas abgerundet. In das andere Ende schnitzt man eine Kerbe, in die eine Schnur gebunden wird - je länger diese ist, desto größere Geschicklichkeit ist nötig. An das andere Ende der Schnur wird ein Gardinenring geknotet: Diesen schleudert man und versucht, ihn mit dem Stock aufzufangen.

433 Waldbild Aus Moosflechten, Tannennadeln, Schuppen von Tannenzapfen, Blättern, Stöckchen, Gräsern, Federn usw. kann sich jeder ein Bild kleben. Am schönsten sieht es aus, wenn man als Untergrund eine kleine Sperrholzplatte oder einen Abschnitt eines Schwartenbrettes vorbereitet hat, auf die mit einem guten Klebestoff geleimt wird.

434 Gesteck Von dem Spaziergang hat jeder einen kleinen Strauß mitgebracht, den er in einem Stück Steckschaum arrangiert. Hieraus kann auch leicht ein Wettbewerb werden: Wer hat das schönste Gesteck, und wer kann sein Gesteck am besten den anderen erklären und anpreisen? Oder sind zum Schluß alle gleich schön?

435 Blumen pressen Wurde als Geschenk für die Kinder eine Blumenpresse vorbereitet (siehe S. 64), so bringen alle vom Spaziergang Blüten, Gräser oder Blätter zum Pressen mit.

436 Schöne Steine Gibt es einen Weg, auf dem interessant geformte Steine zu finden sind? Diese werden dann zu Hause bemalt und lackiert oder auch zuerst mit einem Spezialkleber zu Figuren zusammengeklebt.

437 Steinschmuck Einzelne, interessant geformte kleine Steine findet sicher jeder: Zwei 15 cm lange Stücke Silberdraht werden in der Mitte dreimal miteinander verdreht, dann um den aufrecht stehenden Stein gelegt und oberhalb so zusammengedreht, daß der Stein gut gehalten wird. Zum Schluß wird eine Schlaufe gelegt und noch einmal fest verdreht. Ein schnell trocknender Klarlack (umweltfreundlich) läßt den Anhänger schön glänzen. Jetzt braucht jeder nur noch ein Lederband zum Auffädeln - der Schmuck ist fertig.

Martinsfest

Im Mittelpunkt des Martinsfestes steht der Laternenumzug. In manchen Orten reitet ein verkleideter Martin auf einem Schimmel dem Laternenzug voran, um in der Nähe eines großen, vorbereiteten Feuers einem Bettler die Hälfte seines Mantels zu schenken.
Je bunter und verschiedener die Laternen des nachfolgenden Zuges aussehen, desto schöner. Die selbstgebastelten sind sicher die schönsten.
Sie sollten allerdings schon vor dem Fest fertiggestellt sein. Am Festtag selbst würde dies zu lange dauern.

438 **Martinsgänse** In Erinnerung an die schnatternden Gänse, die das Versteck des (zukünftigen) Bischofs Martin verrieten, wird für jedes Kind aus Hefeteig eine schöne, große Gans gebacken. An einem Bändchen um den Hals getragen, können sie als Proviant mit auf den Umzug genommen werden.

439 **Laternenlieder** Laternenlieder kennt sicher jeder auswendig. Damit alle etwas vom Laternenumzug haben, hat es sich bewährt, mit dem Umzug einen größeren Platz oder eine Wiese anzusteuern, wo sich alle im Kreis aufstellen können: Jetzt kann jeder wirklich alle Laternen sehen; und das gemeinsame Singen kann auch gelingen. Ziel kann auch ein Spielplatz sein, in dessen großen Sandkasten zwischendurch alle Laternen hineingesteckt werden, während die Kinder zur Erholung herumspringen. Nach Abschluß des Zuges kehren alle gemeinsam ein. Wo dies nicht möglich ist, wird draußen eine kleine Stärkung verteilt: Gänse (siehe oben) oder Lebkuchen (die vorher von den Kindern verziert worden sind), dazu Punsch aus Thermoskannen.

440 **Stärkung** Nach Hause zurückgekehrt, warten schon die fertigen Bratäpfel mit Schlagrahm oder Vanillesauce (siehe S. 50) und ein heißer (Kinder-) Punsch (siehe S. 42).
Die Laternen leuchten auch in der Wohnung weiter: In Krügen, Weckgläsern o.ä., mit Sand oder Erde gefüllt, werden die hineingesteckten Laternenstöcke gut gehalten.

Kapitel 14

Der Jahreskreis: Advent, Weihnachten und Silvester

Keine Zeit im Jahr deutet so intensiv auf Feste hin wie die Zeit vor Weihnachten: Adventskalender, Nikolausfest, Backen, Weihnachtsschmuck basteln und Geschenke vorbereiten lassen für die Kinder die Wochen vor dem großen Fest zu einer langen Festzeit werden.

Adventszeit

Zu dieser vorweihnachtlichen Zeit gehören für die Kinder neben dem abendlichen gemütlichen Beisammensein vor dem Adventskranz auch die Adventskalender. Diese Kalender (mit möglichst viel Glitzer und Glimmer darauf), in dem täglich ein Türchen mit einem kleinen Bild dahinter zu öffnen ist, haben noch nicht ihren Reiz verloren. Häufig sind die Kalender mit 24 kleinen Überraschungen: Jeden Morgen ein kleines Päckchen zu bekommen, gewissermaßen als Vorgeschmack auf die großen Überraschungen an Weihnachten, steigert die Vorfreude und versüßt die Tage des langen Wartens.
Der Adventskalender sollte deshalb wirklich nur Kleinigkeiten enthalten, die für das Kind auch sinnvoll sind: Neben kleinen (gesunden) Süßigkeiten kann auch Bastelmaterial für die Weihnachtszeit darin sein, kleine Kerzen, eine Geschichte oder ein Gedicht u.ä.
Am schönsten sind selbstgemachte Kalender, die jedes Jahr wieder hervorgeholt werden können. Für Kinder haben Regelmäßigkeiten und Traditionen besondere Bedeutung. Sie geben Orientierung und erlauben schon lange vorher eine „wissende Vorfreude".

441 Verschiedene Beispiele für Adventskalender Auf einen Wandbehang mit einem Bild aus farbigem Filz (draufgeklebt oder genäht) werden 24 Ringe genäht, an die kleine Päckchen gehängt werden können.
– 24 bunt bemalte oder beklebte Streichholzschachteln werden zu einem Turm aufeinander- oder auf ein breites Geschenkband geklebt.
– Viele verschiedene kleine Schachteln werden zusammengeklebt und bemalt, z.B. zu einer Burg oder einer Stadt, deren 24 Fenster und Türen geöffnet werden können.

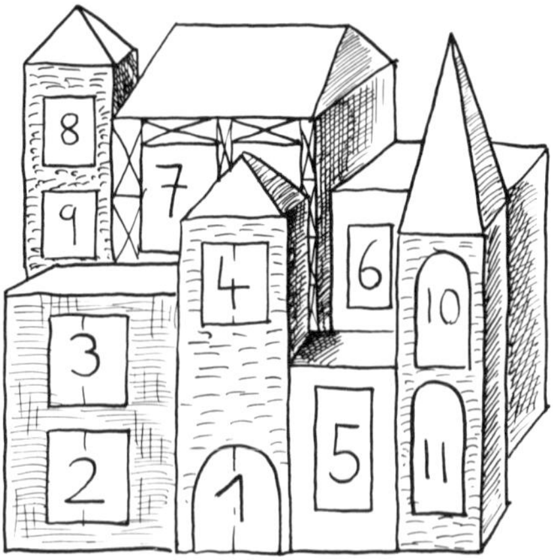

– 24 Briefumschläge mit den entsprechenden Ziffern darauf werden an einer langen Schnur aufgehängt.

442 Andere Arten von Kalendern
– Geschichten-Kalender: Zur Gestaltung der Adventszeit tragen die Kalender bei, die für jeden Tag eine eigene Geschichte oder eine Fortsetzungsgeschichte anbieten. Sie legen nahe, diese Geschichte allabendlich in gemütlicher Runde bei Kerzenschein vorzulesen und vielleicht dazu zu singen und zu musizieren. Die Kinder lieben solche beschaulichen Minuten im sonst meist hektischen vorweihnachtlichen Alltag ganz besonders, und den Erwachsenen tun sie auch gut.
Ein solcher Kalender läßt sich sehr leicht selbst zusammenstellen, indem die Geschichten dafür zusammengesucht oder ausgedacht und aufgeschrieben werden.
– Bastelkalender: Wieder andere Kalender bringen für jeden Tag eine kleine Bastelei, z.B. können im Laufe der 24 Tage alle Einzelteile einer kleinen Krippe entstehen, die dann zu Weihnachten fertig dasteht.

443 Advents-Ecke Stellt man zu Beginn der Adventszeit an einem schönen Platz einen großen Tannenzweig auf (einen gemeinsam oder für jedes Kind einen eigenen), so kann sich das Schmücken dieses Zweiges durch die ganze Adventszeit ziehen: Aller gebastelte Weihnachtsschmuck wird daran aufgehängt oder daneben gestellt. Auch im Adventskalender kann ein besonderer Schmuck dafür enthalten sein, z.B. eine schöne Kugel oder ein gläserner Vogel. An Weihnachten kann davon dann einzelner Schmuck an den Tannenbaum gehängt werden.

444 Vorweihnachtliches Werkeln Wie zu keiner Zeit im Jahr bietet sich die Vorweihnachtszeit zum gemeinsamen, gemütlichen Basteln an, sei es im Familienkreis oder im Kreis von Freunden, die zu einem kleinen Bastelfest geladen wurden.

– Christbaumschmuck entsteht, Kerzen werden gezogen oder gegossen, andere verziert, Transparente werden geschnitten und hinterklebt, Weihnachtskarten gemalt oder geklebt, allerlei Geschenke gebastelt usw. Anregungen dafür finden sich in vielen Bastelbüchern.
– Das Backen spielt in dieser Zeit eine besondere Rolle. Lebkuchen dekorieren, Plätzchen ausstechen und verzieren. Auch dies macht mit einer Gruppe von Kindern besonderen Spaß.

445 In das Basteln kann auch ein Spiel eingebaut werden Duftmandarinen: Jeder bekommt eine Mandarine und etwa 15 Gewürznelken: Jetzt wird gewürfelt: Wer eine sechs hat, darf eine von seinen Nelken in seine Mandarine stecken, bei einer eins bekommt der rechte Nachbar eine hineingesteckt, bei einer drei bekommt man vom linken Nachbarn eine geschenkt. Wer keine Nelken mehr hat, scheidet aus. Sieger ist, wer am Schluß die meisten Nelken in seiner Mandarine stecken hat.
Diese Mandarine verbreitet jetzt über einen langen Zeitraum einen feinen Duft.

446 Schwimmende Lichter Wurden die restlichen Stummel von abgebrannten Kerzen gesammelt, so kann man sie im Wasserbad schmelzen (z.B. in einer Kaffeedose) und die Dochtreste entfernen. Das flüssige Wachs gießt man in kleine Kuchenförmchen oder in (dicht aufliegende) Ausstechförmchen. Ein Stück neuen Docht hält man so lange in der Mitte fest, bis das Wachs soweit erstarrt ist, daß er nicht mehr kippen kann. In flachen Schalen mit Wasser können diese Lichter schwimmen. Durch die Spiegelung im Wasser wirken sie besonders prächtig. Sanftes Pusten läßt sie über das Wasser gleiten.

Nikolausfest

Je nach örtlicher Tradition wird das Nikolausfest sehr verschieden gefeiert. Manche Kinder stellen am Abend des 5. Dezember ihre frisch geputzten Schuhe vor die Tür und hoffen, sie am nächsten Morgen mit allerlei feinen Sachen gefüllt vorzufinden.

Immer häufiger kommt der Nikolaus „persönlich" mit oder ohne Begleitung zu den Kindern in Kindergarten, Schule oder Familie. Benutzt man den Nikolaus nicht als Erziehungsgehilfe (... „wenn du das nicht tust, wird der Nikolaus aber ..."), so ist dagegen auch nichts einzuwenden. Viele Eltern und Erzieher lassen den Nikolaus sich vor den Augen der Kinder „verkleiden", um jede Angst vor dem Nikolaus zu vermeiden. Es ist aber immer wieder verblüffend, zu beobachten, wie kleinere Kinder einem Nikolaus begegnen: Auch wenn sich eine bekannte Person vor ihren Augen als Nikolaus verkleidet hat, so vergessen sie dies beim Anblick des „fertigen" Nikolaus vollkommen. Auch wenn sie sehen, daß der Nikolaus die Schuhe des Vaters trägt und dies durchaus registrieren, so sehen sie doch in erster Linie nur den Nikolaus, der mit seinem goldenen Buch und dem dicken Sack neben sich vor ihnen steht. Auch wenn ihnen nicht mit dem Nikolaus gedroht wurde, bleibt er ein wenig unheimlich, und sie sind unsicher, wie sie mit ihm umgehen sollen.
Wenn ein „professioneller" Nikolaus bestellt wird, ist es wichtig. sich vorher sehr genau mit diesem abzusprechen, damit keine Pannen passieren.

447 Warten auf den Nikolaus Aus dem Besuch des Nikolaus wird ein besonderes Fest, wenn sich mehrere Familien zusammentun und gemeinsam den Nikolaus erwarten. Die Zeit bis zu seinem Erscheinen wird gefüllt durch
- gemeinsames Backen (der Nikolaus bekommt etwas ab),
- Verzieren eines Hexenhäuschens,
- eine Adventsbastelei,
- Erzählen oder Vorlesen einer Adventsgeschichte o.ä.,
- gemeinsames Schmücken eines Adventszweiges, den man zum Abschluß des Festes jemandem als Überraschung bringt, der sehr alleine ist und nur wenig Besuch bekommt.

Wenn dann endlich der Nikolaus erscheint, kann er für alle Anwesenden viele kleine Geschenke aus seinem Sack hervorholen.

448 Kinder spielen Nikolaus Mit größeren Kindern feiert man das Nikolausfest wohl auf andere Weise: Jeder der Anwesenden darf einmal den Nikolaus spielen:
Ein Bischofshut wird reihum weitergegeben: Wer ihn aufsetzt, darf seine kleinen Geschenke an die anderen verteilen. Dazu sagt er aber jedem einzelnen - so wie der Nikolaus -, was dieser seiner Meinung nach gut gemacht hat, und was er an ihm nicht so gut fand. Dabei können ganz überraschende Dinge zutage kommen, sei es, daß geheime Wünsche auftauchen, sei es, daß bisher unbekannte Ärgerlichkeiten oder auch Kummer benannt werden.

Weihnachten

Jede Familie entwickelt wohl mit den Jahren ihren eigenen Stil, Weihnachten zu feiern. Bestimmend sind dabei in der Regel die Kinder mit ihren Wün-

schen und Bedürfnissen. Sind die Kinder groß oder nicht mehr im Haus, bleibt allerdings vom Weihnachtsfest oft nicht mehr viel übrig.
Trotz der Bemühungen, das Fest des Jahres zu einem Fest der Kinder zu machen, hört man aber immer wieder von Eltern enttäuschte Kommentare: Statt eines gemeinsamen Festes würde sich nur ein großes Raffen nach den schönen Geschenken abspielen - und jeder sei im Grunde unzufrieden.
Die ganze Zeit des Wartens auf Weihnachten mit all den Überraschungen, Heimlichkeiten und Vorbereitungen erzeugt bei den Kindern eine sehr große Anspannung und Neugier. Diese Hochstimmung aber kann sehr leicht umschlagen in Enttäuschung, wenn nicht alles so in Erfüllung gegangen ist, wie erhofft, oder wenn alles einfach viel zu schnell geht. Solche Stimmungsumschwünge kann man durchaus abfangen, wenn man entsprechend vorausschauend plant und arrangiert.
Oftmals liegt es nur daran, daß die Kinder und die Erwachsenen sich mit Beginn des Festes ausschließlich jeweils ihren Geschenken widmen, sie auspacken und begutachten, von den anderen aber nichts mitbekommen. Ehe sie sich versehen, ist alles ausgepackt - und was dann? Dann entsteht eine Stimmung wie: War das jetzt alles, worauf wir uns so lange und so sehr gefreut haben?
Es hat sich stattdessen bewährt, das Auspacken der Geschenke gemeinsam zu „veranstalten". Der Reihe nach packt jeder unter den neugierigen Blicken der anderen jeweils ein Geschenk aus. Jeder kann so alle Geschenke begutachten und bewundern. Das Schenken wird dadurch zu einem lange dauernden Ereignis und zu einem gemeinsamen Erleben, bei dem jeder einzelne Gegenstand gebührend gewürdigt werden kann.
Anschließend gibt es sicher für jeden mit seinen Geschenken einiges zu tun: Spiele zusammenbauen, in neuen Büchern blättern, Funktionen von Gegenständen ausprobieren usw.
Danach finden sich einige, die miteinander etwas machen wollen: vielleicht ein neues Spiel ausprobieren, eine Weihnachtsgeschichte vorlesen, ein paar Weihnachtslieder singen oder etwas musizieren - bis die Kinder, spät, aber froh und zufrieden, ins Bett gehen.

Silvester

Am Silvesterabend dürfen schon viele kleinere Kinder bis über Mitternacht aufbleiben. Die Zeit bis dahin aber ist lang. So bietet sich dieser Abend als idealer Abend für Familienspiele an. Jetzt kann all das gespielt werden, wozu man sonst zu wenig Zeit hat.
Besonders schön ist es, wenn zu diesem besonderen Anlaß zwischendurch auch besondere Spiele gespielt werden:

449 Drei Wünsche Jeder schreibt drei Wünsche an das neue Jahr auf je einen Zettel und legt diese offen in die Mitte. Wer kann dazu beitragen, daß die Wünsche in Erfüllung gehen? Jeder nimmt sich in drei Runden je einen dieser Wunschzettel weg, zu dessen Realisierung er beitragen möchte, und sagt dies dem Schreiber.

450 Ich wünsche mir Ein Wollknäuel (oder ein kleiner Ball) wird in der Runde zugeworfen. „Ich wünsche mir von dir für das neue Jahr, daß ..." Dieser wirft es weiter und nennt seinerseits einen Wunsch an den nächsten, usw.

451 Und noch einmal: Wünsche Jeder schreibt auf je einen Zettel, was er für sich wünscht, was für einen anderen und was für alle gemeinsam. Diese seine drei Zettel verteilt er an einzelne, von denen er annimmt, daß sie helfen können, daß die Wünsche in Erfüllung gehen.

452 Rückblicke Nacheinander erzählt jeder, welches Ereignis oder Erlebnis im letzten Jahr für ihn das schönste oder wichtigste war.
Thema für den Rückblick kann auch sein: Was lege ich mit dem zu Ende gehenden Jahr gerne ab? Was ist für mich zu Ende gegangen, was lasse ich zurück?

453 Glücksspiele Spiele, die die Zukunft zu verraten scheinen, gehören traditionell in die Silvesternacht. So war Bleigießen für Kinder immer ein besonderes Vergnügen. Da man dies aus gesundheitlichen Gründen nicht mehr machen kann, sollte man sich eine Alternative für dieses Vergnügen ausdenken.
Auf einem Löffel geschmolzenes Wachs in kaltes Wasser schütten. Das ergibt beim Erstarren nicht ganz so bizarre Formen, aber man kann trotzdem einiges herauslesen - wenn man möchte.

454 Kartenlegen Das nächste Spiel braucht etwas Vorbereitung: Auf sehr viele Kärtchen (mindestens einige mehr als die dreifache Teilnehmerzahl) werden verschiedene Stimmungslagen, Gegenstände, Ereignisse u.ä. geschrieben. Nachdem diese verdeckt ausgelegt worden sind, darf jeder Teilnehmer sich drei Kärtchen wegnehmen - und sich daraus sein Horoskop für das nächste Jahr zusammenreimen. Möchte jeder mehr Kärtchen nehmen (damit er es ganz genau weiß), so nimmt immer nur einer „seine" Karten und studiert sie mit den anderen. Bevor der nächste an die Reihe kommt, werden alle wieder neu gemischt.

455 Glücksbringer Als Glücksbringer für das neue Jahr erhält jeder ein gebackenes Glücksschweinchen (aus Mürbeteig oder Plätzchenteig geschnitten, mit ein wenig Rote-Bete-Saft färben!).

456 Das neue Jahr An solch einem langen Abend läßt sich gut gemeinsam ein Würfelspiel entwickeln: Das Spielfeld ist z.B. der Jahresablauf. Anhand eines Kalenders wird für jede aufeinanderfolgende Woche ein Kreis (= Schritt) aufgetragen. Dazu kommen die Geburtstage aller Anwesenden, ebenso die Festtage und vielleicht die Urlaube.

Jetzt kommt der eigentliche Spaß, wenn nämlich die Spielregeln ausgedacht werden müssen, z.B.:

– Wer auf den Geburtstag eines Mitspielers trifft, muß für denjenigen dreimal zusätzlich würfeln, oder er bekommt dessen Punkte geschenkt;

– Ostern soll gemeinsam gefeiert werden, wer zuerst da ist, muß deshalb auf die anderen warten.

– Jemand möchte den Urlaub alleine verbringen, also muß er einen Umweg nehmen.

– Für bestimmte Tage werden Überraschungskärtchen geschrieben, die dann gezogen werden müssen, manche mit ganz verrückten Aufgaben, andere mit hintersinnigen Sprüchen usw.

Sieger ist, wer am langsamsten war - oder wer die meisten Leute getroffen oder...

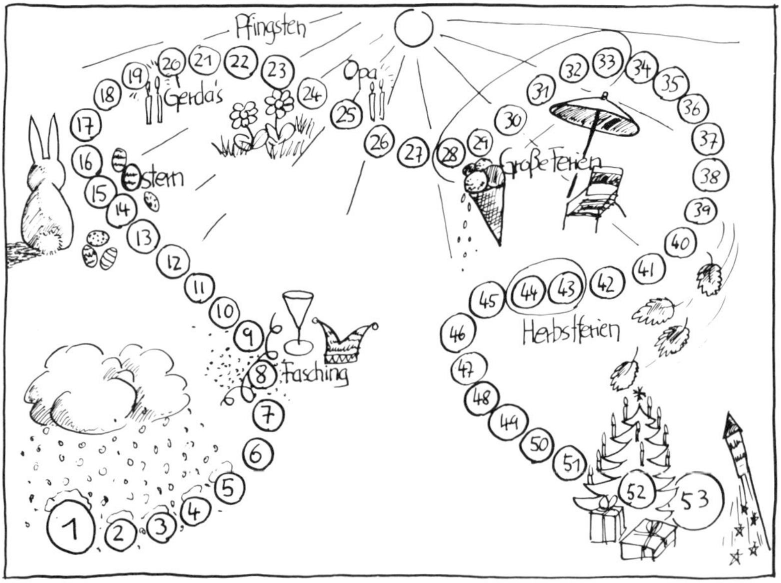

Kapitel 15

Familienfeste

Hochzeiten, Taufen, Jubiläen oder auch Omas Geburtstag sind Anlässe, zu denen sich alle Familienangehörigen immer wieder treffen. Im Mittelpunkt stehen der zu Feiernde oder die zu Feiernden, ebenso aber auch das Treffen selber, das Wiedersehen und der Austausch aller Neuigkeiten. Groß und Klein sind vergnügt beieinander; meist aber wird über das Essen und Trinken hinaus nicht viel geplant. Das hat zur Folge, daß die Erwachsenen sitzen und sich unterhalten, die Kinder sich selbst organisieren und mehr oder weniger Blödsinn machen - je nachdem wieviel Auslauf sie haben.
Dies alles hat sicherlich seinen guten Sinn und seine Berechtigung. Doch nur einige wenige Ideen schon setzen zusätzliche Höhepunkte und lassen Feste für alle Beteiligten noch sehr viel schöner werden. Die folgenden wollen vor allem Erwachsene und Kinder zu gemeinsamem Spiel und Spaß zusammenführen.

Tauf- oder Geburtsfest

457 Wunsch-Leine Die Kinder spannen eine Wäscheleine durch das Zimmer oder den Garten. Immer eine Glückwunschkarte wird vorgelesen - von einem Kind oder einem Erwachsenen – und danach an der Leine aufgehängt.

458 Wünsche-Baum Es ist schön, wenn es die Möglichkeit gibt, die alte Sitte aufzugreifen und dem Kind als Symbol für gesundes und starkes Wachsen z.B. einen Apfelbaum zu pflanzen. Um diese Symbolik noch zu verstärken, bekommt jeder, der am Fest teilnimmt, einen Zettel, auf den er all die guten Wünsche schreibt, die er dem Kind auf seinem beginnenden Lebensweg mitgibt. Anschließend werden sie alle mit kleinen Schleifen an den Baum gehängt.
Vielleicht werden die Kinder dabei an das alte Märchen vom Dornröschen erinnert. Die Taufwünsche der guten Feen, aber auch der Wunsch der bösen Fee, werden darin in den Auswirkungen so sehr anschaulich geschildert. Wer wollte an der Wirksamkeit von intensiven Wünschen zweifeln?

459 Blumenschmuck Das kleine Kind, das eigentlich im Mittelpunkt steht, bekommt von diesem Fest bestimmt kaum etwas mit. Das aber verstehen die anderen Kinder meist nicht recht: Sie wollen schließlich dieses Kind feiern.
Gibt es in der Nähe eine Wiese, auf der die Kinder bei einem kleinen Spaziergang ein paar Blumen pflücken dürfen, dann können sie diese mitbringen und der Hauptperson ein Blumenkränzchen winden. Oder bekommt jedes der Kinder auch eines? Dann müssen die Erwachsenen wohl ein bißchen mithelfen.
Die Kinder können auch viele kleine Sträußchen binden und sie mit Sicherheitsnadeln oder Schnüren rund um das Bettchen befestigen.

Firmung, Kommunion, Konfirmation

Anders als bei dem Geburts- oder Tauffest steht jetzt die Hauptperson wirklich im Mittelpunkt und sollte das Festgeschehen auch bestimmen dürfen. In der Regel werden auch einige etwa Gleichaltrige dabei sein, die gleichfalls wenig Neigung haben, lange still zu sitzen. Es sollten deshalb unbedingt einige Spiele und gemeinsame Beschäftigungen eingeplant werden, damit das Fest auch für die Hauptperson ein wirkliches Fest wird.

460 Foto-Puzzle Ein Foto der Hauptperson auf etwa DIN A2 vergrößern und daraus ein Puzzle schneiden lassen. Dieses wird auf einem Nebentisch ausgelegt, für alle Anwesenden als Aufgabe. Wer gerade Lust hat, beginnt mit dem Zusammensetzen, andere puzzeln ein wenig weiter.

461 Collage Jeder bekommt einen Zettel, Stifte und Farben. Alle Glückwünsche werden auf den Zetteln festgehalten, sei es humorvoll oder ernst, mit Bild oder Schrift, und anschließend zu einer großen Collage auf ein oder zwei Fotokartons zusammengeklebt. Diese können zum Schluß auch noch mit Leisten (oder einfach mit farbigem Tesaband) umrahmt werden.

462 Portrait-Kunst Alle Anwesenden haben die Aufgabe, die Hauptperson zu portraitieren, mit Bleistift, Kugelschreiber, Filzschreibern oder auch Wasserfarben - was immer zur Verfügung steht.
Alle Kunstwerke werden dann von jemand Redegewandtem vorgestellt - unter Herausstellung aller Vorzüge des oder der Porträtierten. Daraus kann durchaus auch eine kleine ehrende Festrede werden. Wenn die Neigung dazu besteht, mag sich eine Prämierung der besten Werke anschließen (z.B. indem jeder den seiner Meinung nach drei Besten je einen Punkt gibt).

463 Steckbrief Wer kennt die Hauptperson wirklich gut und weiß über sie Bescheid? Vor dem Fest wurde ein Katalog mit Fragen ausgearbeitet, der in mehreren Gruppen bearbeitet werden muß: Das können Fragen nach dem

Hobby sein, nach der Schuhgröße, nach dem Lieblingsessen, nach besonderen zurückliegenden Ereignissen, nach bestimmten Plänen usw. Gesiegt hat die Gruppe, die die meisten Fragen richtig beantwortet hat.

464 Rätsel Ist es zu viel Arbeit, solch einen Steckbrief zu entwerfen? Die verschiedenen Fragen kann die ganze Gruppe auch als Rätsel gemeinsam lösen. Wer beantwortet am schnellsten die meisten Rätsel? Eltern und Geschwister sind vom Spiel ausgeschlossen, das wäre zu ungerecht.

465 Dia-Schau Der bisherige Lebensweg der Hauptperson, auf Dias nachgezeichnet und vorgeführt, bietet viel Unterhaltung. Mit einigen lustigen Kommentaren dazu wird es zur Erheiterung der ganzen Gesellschaft. Sollte es keine Dias geben, können Sie die Fotographien auch auf Folien kopieren, die dann über einen Tageslichtprojektor gezeigt werden.

Hochzeit

466 Wer kennt wen? Meist treffen am Hochzeitstag drei Gruppen zusammen, die sich untereinander so gut wie nicht kennen: Die Familien von Braut und Bräutigam und der Freundeskreis von beiden. Man kann etwas dazu tun, daß sich alle ein wenig besser kennenlernen:
– Über jeden Gast wird ein kleiner Zweizeiler verfaßt, der ihn beschreibt. Wer beschrieben wird, müssen die anderen erraten. Vielleicht greift die Gesellschaft die Idee auf und dichtet frei weiter. Nimmt man die Idee der Schnaderhüpferl als Grundlage, können alle miteinander nach jedem Vers das „Holladrihia, holladriho..“ singen.
– Verschiedene Ereignisse und Lebensdaten aus dem Leben von Braut und Bräutigam werden jeweils der Schwiegerfamilie als Rätsel aufgegeben.
– Dias oder Bilder aus dem Leben des Brautpaares werden gezeigt.

467 Glückwünsche Auf einem Plakatkarton an der Wand, mit Filzschreibern dazu, kann jeder seine Glückwünsche kundtun. Vielleicht ensteht ein Gedicht, das immer weiter fortgesetzt wird.

468 Kunstwerke Auf einem Extratisch werden verschiedenste Materialien ausgelegt: verschiedene Papiere (Folie, Kreppapier, Buntpapier...), Naturmaterialien, Kronkorken, Korken, Wolle, Stoffstückchen usw., dazu Schnüre, Hefter und Kleber. Auf einer großen Sperrholzplatte als Hintergrund kann daraus ein freies Kunstwerk geschaffen werden, an dem sich jeder beteiligt. Wird etwas Schönes daraus, spendiert sicher jemand zu guter Letzt noch einen edlen goldenen Rahmen.

Silberne (Goldene) Hochzeit

469 Das Brautpaar Wißt ihr noch, wie's damals war? Kinder verkleiden nicht nur sich selbst sehr gerne, sondern auch andere:
Eine Kindergruppe entführt die Braut, die andere den Bräutigam und verkleidet und schmückt sie dem Anlaß entsprechend, so schön es geht. Dann werden sie einander zugeführt und die Vermählung mitsamt Treuegelöbnis wiederholt. Sicher erzählen sie anschließend, wie es wirklich gewesen war, welche Pannen es gegeben hatte, und was als besonders schön in Erinnerung geblieben ist.

470 Musikkapelle Alles, womit sich Musik oder Krach machen läßt, wird zu einer Musikkapelle zusammengetragen. Diese geleitet das Paar z.B. zum festlichen Mahl.

471 Stammbaum Vielleicht gelingt es bei diesem Anlaß, mit Hilfe von alten Fotos einen Stammbaum aufzumalen und Fotos der Personen dazuzukleben. Wer errät, wer auf den alten Fotos ist? Wer weiß, wo es im Stammbaum hingehört?
Sicher wissen manche der anwesenden älteren Leute über den oder die auch noch etwas Lustiges zu erzählen.

Omas Geburtstag - Opas Ehrentag

472 Der Ehrenplatz Der schönste Sessel wird von den Kindern für Oma noch schöner geschmückt. Anschließend wird sie hochoffiziell auf ihren Platz geleitet, um die Glückwünsche entgegen zu nehmen.

473 Der Kuß Während des Kaffeetrinkens muß sicher irgendjemand einmal die Tafel verlassen. In der Zwischenzeit wird ausgemacht, daß alle anderen diesem nach seiner Rückkehr pantomimisch bedeuten sollen, daß er Oma einen Kuß geben soll (oder irgend etwas anderes). Niemand darf dabei reden oder gar etwas verraten - auch Oma nicht.

474 Rückblick Für Kinder wirklich interessant ist es, wenn es gelingt, ein Stück Zeitgeschichte anhand von Bildern aus Omas Leben als erlebte Geschichte darzustellen. Sehr leicht kann sie durch weiteres Bildmaterial z.B. aus Büchern ergänzt und so verständlicher gemacht werden. Was geschah in der sogenannten „großen Geschichte", als Oma geboren wurde, als sie in die Schule kam usw.? Daraus kann man ein ganzes Erinnerungsbuch werden lassen, das durch Omas Erinnerungen vervollständigt wird. Viele Ereignisse und Erlebnisse werden aus der Erinnerung wiedererstehen und alles lebendig werden lassen.

Familientreffen

475 Festkomitee Jeder Ankommende erhält einen Zettel und einen Stift. „Was würdest du heute gerne machen? Was könnte den heutigen Festtag verschönern?" Seine Antwort schreibt er auf den Zettel. Das Festkomitee (aus lauter Kindern, mit einem Erwachsenen als beratendem Mitglied) tritt zusammen, wenn alle da sind und berät darüber, welche Wünsche wie berücksichtigt und realisiert werden können. Dazu dürfen sie einspannen, wen sie brauchen. Je lustiger die Wünsche sind, desto besser. Die einzelnen Wünsche können auch verfremdet oder ganz anders aufgegriffen werden als gemeint. Schreibt z.B. jemand, er wolle gerne ausspannen, so wird ihm im Wohnzimmer ein Bett gebaut.

Möchte jemand gerne mit den anderen singen, so bekommt er den Auftrag, eine Sängergruppe zusammenzustellen. Ganz sicher muß das Festkomitee sehr dahinter her sein, daß die Einzelnen ihre Aufgaben auch erfüllen.

476 Wer bin ich? Dics ist cin Tcst für gute Beobachtungsfähigkeit. Wer erkennt die anderen nur an den Händen? In eine Türöffnung wird ein Vorhang gespannt (oder eine Tür wird einen Spalt breit geöffnet, aber so, daß man nicht weiter hinein ins Zimmer schauen kann), durch den einzelne Hände gestreckt werden. Wer von den Erwachsenen wagt den Test? Wie viele Hände werden richtig zugeordnet?

477 Sprechspiele Eine lang dauernde Kaffeetafcl wird ganz leicht durch ein paar Sprachspiele (siehe S. 200f.) aufgelockert. Bei vielen haben Kinder die gleichen Chancen wie Erwachsene.

478 Darstellende Spiele Sehr gut eignen sich für solche Anlässe auch Scharaden: Ein zu dem Treffen passendes Wort wird als Ganzes pantomimisch dargestellt, oder aber jeder Buchstabe des Wortes einzeln (von einer oder mehreren Personen) durch ein anderes Wort mit dem gleichen Anfangsbuchstaben. Wer errät das dargestellte Wort zuerst? Der darf seinerseits ein Wort zum Raten darstellen.

Kapitel 16

Feste für sehr viele

Stadtteilfeste, Straßenfeste, Spielaktionen u.ä. zeichnen sich vor allem dadurch aus, daß sie sich gleichermaßen an Erwachsene wie Kinder wenden. Sie gehören inzwischen schon fast überall zu den regelmäßig wiederkehrenden Höhepunkten während der warmen Monate. Zahllose Ideen wurden dabei entwickelt, immer neue entstehen. Oft sind es aber gerade die ganz alten, die „Urideen", die am attraktivsten sind. Einiges von dem, was sich besonders bewährt hat, soll hier weitergegeben werden.

Hier gibt es etwas zu gewinnen

479 Glücksrad Das Spiel mit dem Glück und die Chance, vielleicht etwas Schönes zu gewinnen, haben immer eine besondere Anziehungskraft. Einmal keine Lose verkaufen (zur Deckung der Unkosten), sondern ein Glücksrad aufbauen, das ist eine schöne Alternative: Auf eine große Scheibe werden Segmente mit verschiedenen Ziffern oder Farben gemalt. Die Scheibe wird so aufgehängt, daß sie sich frei dreht. Steht sie still, zeigt ein Pfeil in ein Segment, auf dem entweder steht „Pech gehabt", oder dem jeweils ein Körbchen mit verschiedenen Überraschungen zugeordnet ist. Jeder darf sich eine aussuchen.

480 Angeln In einem Planschbecken schwimmen 10 - 15 aus Holz ausgeschnittene Fische, die geangelt werden dürfen. Sie haben auf ihrem Rücken entweder ein Metallplättchen oder eine aufrecht stehende Öse. Fünf kurze Stöckchen mit Schnüren daran sind die Angeln; sie wurden entweder mit einem Magneten versehen oder mit einem Haken. Die kleineren Kinder angeln mit dem Magneten, die etwas größeren mit dem Haken. Auf der Unterseite der Fische können Farbpunkte sein, die jeweils auf bestimmte Arten von Überraschungen verweisen.

481 Schatzgräber Eine große Spielkiste ist mit Sägemehl gefüllt, in dem eine Reihe von Überraschungen versteckt ist. Jeder darf nun dreimal eine Schaufel Sägemehl nehmen und dieses achtsam durchsuchen – hat er Glück gehabt? Anstelle von Überraschungen kann man auch verschiedenfarbige Murmeln im Sägemehl verstecken: Für jede ausgegrabene Murmel gibt es etwas einzulösen. Die Murmeln werden anschließend wieder vergraben.

482 Goldwäscher Als Vorbereitung wird eine größere Menge Straßensplitt mit Goldbronze gefärbt und so in „echtes" Gold verwandelt.
In ein Planschbecken füllt man etwas Wasser und Sand; dann gibt man ungefärbten Splitt und einige „Nuggets" hinein. Mit einem flachen Sieb dürfen sich die Kinder ihr Gold herauswaschen.

483 Überraschungsautomat „Fühl einmal": Durch die Öffnung in einer großen Pappwand kann man etwas tasten: Einzelne oder mehrere Gegenstände sollen erraten werden - die erratenen Gegenstände (z.B. einen nicht aufgeblasenen Luftballon oder eine andere Kleinigkeit) gibt es als Belohnung.
„Probier einmal": Wer es wagt, hält seinen Mund vor eine Öffnung in der Pappwand und bekommt etwas hineingesteckt, oder er darf durch einen Trinkhalm etwas probieren. Seifenpulver sollte nicht bei den Kostproben sein, aber vielleicht kleingeschnittene Zwiebeln und saure Gurken, Essigwasser und Limonade. Steht ein Eimer bereit, in den ausgespuckt werden kann? Wer errät, was es war? Als Belohnung gibt es aber sicher etwas wirklich Wohlschmeckendes, damit jeder schlechte Geschmack wieder verschwindet.
„Riech einmal": Wer nicht probieren lassen will, kann auch verschiedenste „Wohlgerüche" vorbereiten, die erraten werden müssen. Am besten werden sie in mehreren Gläsern aufbewahrt und zum Riechen immer nur kurz geöffnet. Als Belohnung werden kleine Stoffsäckchen mit Lavendelblüten verteilt (in die Mitte eines quadratischen oder runden Stücks Stoff einige Blüten legen und zusammenbinden).

484 Mohrenkopfschleuder Solche und ähnliche „Maschinen" sind eine besondere Attraktion: Der Wurf gegen ein Brett (mit einem Bild darauf) löst ein anderes Brett aus, das durch einen Gummi gespannt war. Der auf ihm liegende Mohrenkopf (oder etwas Ähnliches) wird dabei dem Werfenden entgegengeschleudert.

485 Erbsen-Zertrümmerungs-Maschine Getrocknete Erbsen rollen durch einen längeren, durchsichtigen Schlauch auf eine kleine Platte. Dort müssen sie im gleichen Moment mit einem Hammer getroffen und „zertrümmert" werden. Das ist nicht so einfach - auch für Erwachsene nicht.

Traditionelle Spiele

Die folgenden Spiele sollten auf keinem Fest fehlen, denn sie werden immer wieder begeistert aufgenommen. Ein Grund dafür ist auch, daß sie für Erwachsene wie für Kinder gleichermaßen schwierig wie interessant sind.

486 Stelzenlaufen Nur wenige beherrschen die Kunst des Stelzenlaufens noch wirklich gut. Liegen einige Stelzenpaare in verschiedenen Größen parat, werden sicher viele ihre Geschicklichkeit daran versuchen. Entweder leihen sich die Kinder für das Fest von anderen Kindern die Stelzen aus, oder eine einfache Version wird gebastelt: An ein Vierkantholz (maximal zwei Meter Länge) wird je ein Dreieckkeil für die Füße geschraubt (Oberkante etwa 30 cm über dem Boden). Für ganz perfekte Stelzenläufer bietet sich ein Wettlauf an.

487 Reifen treiben Am leichtesten geht es mit den Rädern ausgedienter Fahrräder und mindestens etwa 30 cm langen Stöcken, da sich diese leicht in eine Richtung lenken lassen. Mit Hula-Hupp-Reifen ist das sehr viel schwieriger.
Über ein Stück einer gesperrten Straße müssen die Spieler die Reifen um die Wette treiben. Allerdings darf jeder vorher etwas üben, sonst gibt es zu viele Ausfälle.

488 Brett-Ski Auf zwei Bretter (etwa 15 cm breit, 2 m lang) werden je drei stabile Bänderschlaufen sehr fest genagelt oder geschraubt (im Abstand von etwa 50 cm). Ein bis drei Personen - Erwachsene oder Kinder - können mit diesen Skiern laufen. Sie sollten dies aber möglichst auf Rasen tun, weil einige Stürze nicht vermeidbar sein werden, bis die Koordination der Bewegungen klappt. Gibt es zwei Paar Skier, kann um die Wette gelaufen werden. Das Laufen allein aber macht schon riesigen Spaß.

489 Sänfte (Schubkarren-Taxi) An einem Stuhl (möglichst mit Armlehnen für größere Sicherheit) werden zwei Vierkanthölzer befestigt: entweder außen an Beine oder Sitz geschraubt oder unter den Sitz geschoben und fest an die Beine gebunden. Nun müssen zwei starke Lastenträger her, die es wagen, mit einem Gast ein paar Runden zu drehen. Solche Ehrenrunden können übrigens auch bei anderen Spielen als Gewinn ausgeschrieben werden.
Eine einfachere Version, für die Sie nichts extra vorbereiten müssen, ist das Schubkarren-Taxi. Wie wäre es mit einem Wettrennen zwischen den Vätern oder den Müttern mit jeweils einem oder zwei Kindern in einem Schubkarren? Die zuschauenden Fans helfen durch Anfeuerungsrufe.

490 Nagelbalken Vor allem für die Kleineren ist ein Nagelbalken, in den sie nach Herzens Lust hämmern dürfen, immer wieder schön. Spannt man ihn in eine kleine Werkbank ein, so liegt der Balken fest, und es kann nichts passieren.

491 Laufen-Fangen-Toben Verwiesen sei hier auf all die Bewegungsspiele, die Erwachsene und Kinder miteinander spielen können, wie z.B.: Doppellauf (S. 235), Reiterwettkampf (S. 239), Fuchsjagd (S. 239), Drachenspiel (S. 196) und andere sowie Ballspiele aller Art.

492 Alles um die Wette Ebenfalls erinnert sei an all die Wettspiele, die mit sehr vielen gespielt werden können, z.B. alle Stafettenspiele (S. 238).

493 Geschicklichkeitsfahren Auf einer gesperrten Straße wird die Strecke für ein Geschicklichkeitsfahren aufgebaut und aufgemalt (mit Kreide oder anderen wasserlöslichen Farben). Eventuell kann die Bahn statt mit Fahrrädern auch mit Dreirädern befahren werden.
Regel ist, daß jedes Absteigen einen Fehlerpunkt bedeutet und außerdem die Zeit gestoppt wird.
Die Strecke führt zwischen alten Reifen hindurch und über eine Wippe (diese muß allerdings sehr fest liegen und darf nicht verrutschen; außerdem sollten für den Notfall einige Erwachsene daneben stehen). Bestimmte Figuren müssen nachgefahren werden, ein Kreppapierband z.B. von einem Ast heruntergezogen werden usw. Je nach örtlichen Gegebenheiten können geeignete Aufgaben gestellt werden.

Angebote zum Werkeln

494 Salzteig und Ton Schon die kleinsten Mitspieler werden sich begeistert am Salzteig versuchen (Rezept S. 51). Besonders schön sieht er aus, wenn er mit Speisefarbe gefärbt wurde. Zum Salzteig sollte man aber unbedingt verschiedene Materialien dazulegen: Schüsselchen mit großen Bohnen, Erbsen, Nägel, Kronkorken, Korken, stumpfe Messer, Streichhölzer, Deckel, kleine Schachteln, Hammer, Teigrollen etc. Sollen einige Werke mit nach Hause genommen werden? Dies ist kein Problem, wenn die Kinder gleich auf Unterlagen aus Pappkartonstücken (z.B. Pizzakartons) arbeiten.
Das Material Ton macht es möglich, sehr viel gezielter auf ein Produkt hin zu arbeiten: Kleine Schüsseln, Puppengeschirr, Figuren, Schachfiguren oder auch Phantasiegebilde können entstehen. Was gelungen ist, kann ebenso auf einer Kartonplatte zum Trocknen (und vielleicht Brennen) mitgenommen werden.

495 Schaumbeton Schaumbetonsteine sind auch von Kindern schon sehr leicht zu bearbeiten: Mit Hilfe von Hammer und Meißel und mit einer Feile entstehen kleine Häuser und Plastiken. Die gewünschte Grundform wird zunächst mit einer einfachen Säge (z.B. Fuchsschwanz) herausgeschnitten.
Dabei empfiehlt es sich unbedingt, die Steine auf nebeneinander liegenden Paletten liegend zu bearbeiten und die ganze Arbeitsfläche mit einer kräftigen Plastikfolie zu unterlegen, da so der Steinabfall nach Spielende sehr leicht aufzuräumen ist, ohne daß der Staub erneut aufgewirbelt werden muß.
Die fertigen Werke können sehr gut mit Abtönfarben bemalt werden, wenn es gewünscht wird.

496 Flatterbälle (siehe S. 104) Da die Flatterbälle sehr leicht zu basteln sind, können sie mit wenig Anleitung auch bei einem Straßenfest ein Angebot sein. Anschließend sollte ein gemeinsames Spiel organisiert werden.

497 Musikinstrumente Auch für eine Musikinstrumenten-Werkstatt müssen alle vorher sammeln: Blechdosen, Holzschachteln, Kronkorken usw.

Da man bei einem Straßenfest ohne Probleme hämmern kann, lassen sich hier auch größere Instrumente bauen.
Eine nach oben offene Plätzchendose wird auf den unteren Teil einer 60 - 80 cm langen und 10 - 15 cm breiten Leiste genagelt.
In beide Leistenenden werden vier enge Kerben geschnitten, durch die Perlonschnüre über die Dose als Klangkörper hinweg sehr straff gespannt werden (feste Knoten in die Enden machen, den Dosenrand an den Auflagestellen etwas einkerben). Durch unterschiedliche Spannung werden unterschiedliche Tonhöhen erzeugt. Gezupft wird über der Dose; durch Niederdrücken der Schnüre entstehen auf jeder Saite verschiedene Töne.
Haben mehrere Kinder über einen bestimmten Zeitraum hinweg Instrumente gebastelt, könnten sie zu einem gemeinsamen Musizieren zusammengerufen werden: Nachdem alle Instrumente begutachtet und ausprobiert wurden, wird überlegt, wie sie eingesetzt werden. Am einfachsten ist es, mit ihnen den Gesang eines bekannten Liedes zu begleiten.

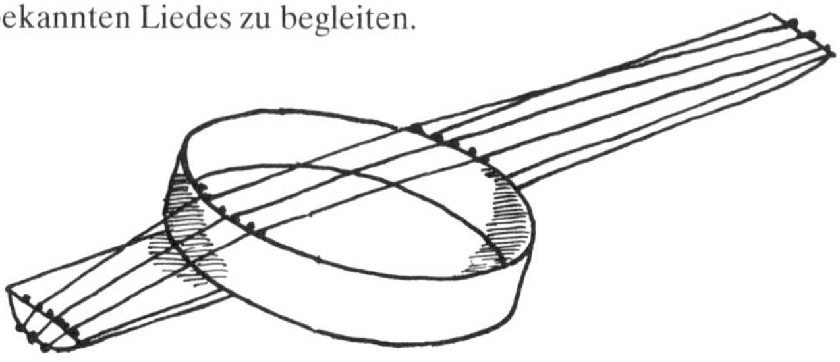

498 Gemeinsames Weben Im Verlaufe eines Spieltages kann ein ganzer Wandbehang entstehen, an dem jeder so viel mitwebt, wie er gerade mag. Da es dabei um freies Weben geht, gibt es kein richtig oder falsch, kein schöner

oder weniger schön. Am Ende ist auf jeden Fall etwas entstanden, was seinen unverwechselbaren Reiz hat.
Man rammt sechs bis acht Pfähle im Kreis in die Erde, so daß die Innenfläche etwa einen Durchmesser von 1.50 Meter hat. Dann wird zwischen diesen Pfosten aus sehr festen Baumwollfäden ein Netz gespannt, das die Grundlage für das eigentliche Weben darstellt. Es sollte deshalb nicht zu locker sein. Das sind schon alle Vorarbeiten - jetzt kann das Weben beginnen. Dazu stehen Körbe mit vielen kleinen Wollknäueln bereit, falls vorhanden auch ungesponnene Wolle, vielleicht auch aufgewickelte Stoffstreifen. Jedes Kind kann einfach irgendwo mit dem Weben beginnen nach dem Motto: drunter und drüber!
Nach Festende werden die Fäden von den Pfählen gelöst und sorgfältig miteinander verknotet oder vernäht. Wird der Wandbehang versteigert oder bekommt er einen Ehrenplatz in einem öffentlichen Gebäude?

499 Schminken Es lohnt sich, vor einem solchen Fest bei allen Bekannten nach Schminkresten zu fragen: Lippenstifte, Lidstifte, Wimperntusche, Faschingsschminke, Nagellack usw. Ein Schminktisch mit viel Auswahl ist immer umlagert. Das Problem ausreichender Spiegel kann man am einfachsten dadurch lösen, daß man eine große Spiegelfolie aufstellt (erhältlich im Handel für Dekorationsbedarf), so daß größere und kleinere Kinder hineinschauen können.

500 Seifenkisten Eine ganz besondere Attraktion vor allem für die größeren Kinder ist das Basteln von Seifenkisten mit einem anschließenden Wettrennen. Dabei ist eine gute Kooperation zwischen (meist) Vätern und Kindern gefragt. Allerdings wird jemand gebraucht, der sich dabei auskennt, und allen mit Rat und Tat zur Seite stehen kann.
Diesen Programmpunkt können Sie nur dann ansetzen, wenn genügend Räder - vor allem von alten Kinderwagen - gesammelt wurden.

501 Malen (siehe auch S. 130 Malfest) Irgendein Angebot zum Malen sollte auf keinem Straßenfest fehlen. Auf Papier oder Karton kann mit Abtönfarben gemalt werden (eine kleine Menge wird jeweils in einem Joghurtbecher ausgegeben), auf dem Pflaster mit wasserlöslichen Kreiden oder Fingerfarben.
Einige alte Oberhemden als Kleiderschutz sollten unbedingt bereit liegen (auf dem Rücken zuknöpfen).
– Gibt es einige Staffeleien, dann wird an ihnen auf der Rückseite von Tapeten(-resten) gemalt, die vorher zugeschnitten wurden.

502 Hütten bauen Für Kinder fast jeden Alters ist dies die Attraktion: Planen, Sägen, Hämmern - und zum Schluß steht wirklich etwas da! Vielleicht kann man sogar noch eine Nacht in den neuen Hütten schlafen. Dann sollten unbedingt Nachtwachen aufgestellt werden.
Vor allem braucht man dafür viel Holz: viele Vierkanthölzer und Schwartenbretter. Vielleicht läßt sich der Besitzer eines nahegelegenen Sägewerks zu einer Spende überreden. Es versteht sich von selbst, daß einige Erwachsene vor allem für den Baubeginn gute Hilfestellung geben.
Das Problem einer solchen Aktion liegt allerdings darin, daß diese Hütten aus Sicherheitsgründen nicht über einen längeren Zeitraum stehen bleiben dürfen. Ein Abriß der Häuser und damit die Zerstörung der mühsamen und liebevollen Arbeit ist grausam. Dieses Problem sollte deshalb schon im Vorfeld gut bedacht werden.

Aktionen

503 Der Tanz des Drachens Als Teil eines Drachens herumzuspazieren und zu tanzen macht besonders kleineren Kindern großen Spaß. Der Drache bedarf einiger Vorbereitung.

Das Wichtigste ist der Drachenkopf: Ein Karton, der sich bequem über dem Kopf auf den Schultern tragen läßt, wird möglichst grausig als Drache verziert: Ein Maul mit furchterregenden Zähnen wird hineingeschnitten (durch das man später hinausschauen kann). Augenwlüste, Ohren und eine Zackenlinie im Nacken können auch aus Pappmaché? (Zeitungspapier mit Tapetenkleister) oder Kartonstücken drangeklebt werden. Dann wird der Kopf grell bemalt. Jetzt muß genäht werden: Am Kopf wird ein langes Tuch (mit einem Bürohefter) festgemacht, unter dem sich alle Kinder verstecken können - je länger der Drachen wird, desto schöner. Dazu werden Stoffstreifen von etwa einem Meter Breite aneinandergenäht. Wirklich beweglich, so daß er auch tanzen kann, wird der Drache aber nur, wenn die versteckten Kinder auch etwas sehen können und nicht blind dem Vorangehenden hinterherstolpern. Dazu schneidet man in den Stoff in einem Abstand von etwa 80 cm Öffnungen hinein, durch die die Kinder ihre Köpfe stecken können. Sie halten sich an den Schultern der Vorausgehenden fest. Soll der Drache öfter in Aktion treten, lohnt es sich, die Öffnungen auch zu säumen.

Gibt es einen Drachenbändiger, der den Drachen zähmt? Mit Hilfe eines

großen Zauberstabs mit vielen bunten Kreppapierbändern daran läßt er den Drachen Kunststücke ausführen:

- Er geht in Schlangenlinien über das Gelände,
- er wickelt sich zur Schnecke auf und wieder auseinander,
- er duckt sich und streckt sich,
- er hebt alle rechten Beine und alle linken,
- er tanzt Ringelreihen, indem sich der Kopf am Schwanz festhält,
- Wellen gehen durch seinen Körper, indem die Bewegung des Hinhockens und Wiederaufstehens jeweils von den Dahinterstehenden nachgeahmt und so weitergegeben wird.
- Zum Schluß streckt sich der Drache noch einmal in die Länge und legt sich schlafen. Bei dieser Gelegenheit können die Drachenkinder wechseln.

504 Fallschirmspiele Fallschirmspiele machen erst mit vielen Mitspielern (mindestens 15, es können aber auch 40 sein) so richtig Spaß. Ein wenig Übung gehört auch noch dazu, sowohl bei demjenigen, der das gemeinsame Spiel anleitet wie auch bei den Mitspielern, die verstehen müssen, wie sie alle Bewegungen gut aufeinander abstimmen können. Wenn das gelingt, steht dem Vergnügen nichts mehr im Weg, sowohl beim Mitmachen wie auch beim Zuschauen. (Fallschirme sind erhältlich über den Sportartikelhandel, Fallschirmclubs oder US-Geschäfte; die Adressen finden sich im Branchenverzeichnis des Telefonbuchs.)

– Aufblasen: Am besten beginnt man mit dem auf dem Boden ausgebreiteten Schirm. Die Mitspieler verteilen sich außen herum und nehmen ihn im gleichen Moment auf. Zunächst muß die Gruppe ein wenig experimentieren: Kleine Wellen entstehen, wenn jeder den Schirm ganz leicht auf und ab bewegt; durch gemeinsame Bewegungen werden die Wellen größer, ganz große Wellen entstehen durch seitenweises Heben und Senken des Schirms

–Regenschirm: Der Schirm füllt sich mit Luft, wenn alle gleichzeitig die Arme über den Kopf heben.

– Ballon: Gehen die Mitspieler anschließend drei oder vier Schritte auf die Mitte zu und nehmen die Arme ein wenig nach unten, entsteht ein großer Ballon. Wenn die Luft langsam aus ihm entweicht, gehen alle wieder nach außen zurück.

– Tanz unter den Wolken: Wird der Schirm in halber Höhe in leichter Wellenbewegung gehalten, so können Kindergruppen oder (wenn genügend Erwachsene den Schirm halten) alle Kinder auf einmal unter den Schirm gehen und unter ihm hüpfen und springen, immer gegen den weichen Schirm. Sie tun dies mit großer Begeisterung. Meist kommen sie erst wieder hervor, wenn sich (nach Ankündigung) der Schirm langsam über ihnen gesenkt hat.

– Tanz auf den Wolken: Einige Kinder dürfen barfuß oder mit Turnschuhen auf dem Schirm herumlaufen, während ihn die anderen in Bewegung halten. Sie treten dabei immer wieder in den hoch aufgebauschten Schirm, der sofort nachgibt. Eine vorherige Warnung sollte nicht vergessen werden: Niemand darf sich der Täuschung hingeben, er könne sich in die Wolke fallen fassen. Er wird sehr unsanft auf dem harten Boden landen, da die Luft ihn kaum tragen kann! Nach einiger Zeit wird gewechselt, und andere dürfen auf den Wolken tanzen.

– Drehendes Rad: Fassen alle den Schirm mit den rechten (linken) Händen, so können sie gehen, springen und hüpfen, während sich das Fallschirmrad dreht. Der Schirm muß dabei gespannt bleiben. Das gelingt, wenn die Kinder sich immer ein wenig nach außen lehnen. Auch hier können Hilfestellungen von Erwachsenen eine gemeinsame Gangart bestimmen.

– Kuschelhöhle: Alle rutschen sitzend unter den Schirm, die Beine zeigen in die Mitte. Wenn sie den Schirmrand über den Rücken unter ihr Gesäß ziehen und darauf sitzen können, so daß der Schirm gespannt bleibt, ist die richtige Position erreicht. Nun darf gemütlich geplaudert und behutsam geschunkelt und geschaukelt werden, hin und her, nach vorne und nach hinten. In dieser

Höhle wird es allen bald warm werden - an einem kühlen Tag sehr angenehm, an einem warmen weniger, weshalb alle bald wieder herauskriechen.
Die Höhle kann sich aber auch in ein unförmiges Tier verwandeln, indem alle aufstehen, dabei aber unter dem Schirm bleiben und ihn hinter dem Rücken festhalten. Das Tier kann sich dann fortbewegen, aber nur in kleinen, vorsichtigen Schritten, damit niemand stolpert, der dabei rückwärts oder seitwärts gehen muß.
Nach Ende einer Spielfolge wird der Schirm wieder flach auf den Boden gelegt, damit die nächsten ganz von vorne beginnen können.

505 Riesenball Riesige Bälle (erhältlich in Sportartikelläden) mit bis zu zwei Metern Durchmesser üben eine große Anziehungskraft aus und fordern zu gemeinsamem Spiel heraus. Allein schon die Größe, die in Widerspruch zu dem geringen Gewicht steht, macht neugierig. Über eine lange Zeit hinweg muß mit ihm experimentiert werden. Viele versuchen, ihn mit etwas Hilfe zu erklimmen, während ihn andere festhalten; andere probieren, sich ihn zuzuwerfen oder zu stoßen. Oft muß man gar nicht weiter anleiten, weil sich von alleine verschiedene Spiele ergeben.

506 Feuerwehr Viele Feuerwehren verfügen über kleine handbetriebene Wasserspritzen, die sie auch ausleihen: Während einer die Pumpe bedient, darf ein anderer spritzen. Man kann dazu kleine Ziele aufbauen (z. B. Kegelfiguren), die dann umgespritzt werden.

Kapitel 17

Wort-Spiele

In diesem Kapitel ist eine Vielzahl von Spielen zusammengetragen, die zu den verschiedensten festlichen Anlässen aufgegriffen werden können. Alle Spiele auf diesen Seiten eignen sich für Feste in Räumen (einige Spiele kann man auch genausogut ins Freie verlegen), die meisten der Spiele mit mehr Bewegung sind besser für draußen geeignet.

Sprach-Spiele

Oftmals gibt es auf Festen Zwischenzeiten, in denen die Gäste nicht so richtig wissen, was sie tun sollen. Vielleicht wird auf jemand gewartet, irgendwelche Vorbereitungen müssen noch getroffen werden, oder alle sitzen einfach am Kaffeetisch und sind noch nicht so recht vertraut miteinander. Dann sind witzige Pausenfüller von Nutzen. Mit einigen der folgenden Ideen lassen sich solche Zeiten gut überbrücken. Die Stimmung soll ja in Gang kommen bzw. nicht abflauen. Viele eignen sich aber auch sehr gut als ruhige Einschiebsel zwischen turbulenten Spielen.

507 **Wörterketten (ab 5)** Einer beginnt mit irgendeinem Wort, z.B. „Esel"..., der nächste fährt fort mit „Laus", der dritte mit „Saft". Das folgende Wort muß mit dem letzten Buchstaben des vorangegangenen beginnen.

508 **Scherzfragen und Rätsel (ab 4)**

- Wer kann alle Sprachen? (Das Echo)
- Welcher Vogel sieht dem Storch am ähnlichsten? (Die Störchin)
- Wieviel Eis kannst du nüchtern essen? (eines)
- Wieviele Buchstaben hat das Buch? (vier)
- Welcher Ring ist nicht rund? (Der Hering)
- Welcher Hahn kann nicht Krähen? (Der Wasserhahn)
- Welches ist die kleinste Mühle? (Der Mund)

509 **Märchenraten (ab 6)** In vielen Märchen kommt an zentraler Stelle ein Satz, ein Spruch o.ä. vor, an denen sie leicht zu erkennen sind. Wer kennt die Märchen so gut, daß er sie nur anhand dieser Zitate erraten kann?

– „Heute back' ich, morgen brau' ich,
übermorgen hol' ich mir der Königin ihr Kind.
Ach, wie gut, daß niemand weiß,
daß ich......heiß!" (Rumpelstilzchen)
– „Spieglein, Spieglein an der Wand,
wer ist die Schönste im ganzen Land?"
Frau Königin, ihr seid die Schönste hier.
Aber... über den Bergen bei den....
ist noch tausendmal schöner als ihr." (Schneewittchen)
– „Knusper, knusper, knäuschen,
wer knuspert an meinem Häuschen?"
„Der Wind, der Wind, das himmlische Kind!" (Hänsel und Gretel)
– „Königstochter, jüngste, mach mir auf!
Weißt du nicht, was gestern du zu mir gesagt
bei dem kühlen Brunnenwasser?
Königstochter, jüngste, mach mir auf!" (Froschkönig)
– „Aber Großmutter, was hast du für große Ohren?"
„Damit ich dich besser hören kann!" (Rotkäppchen)
– „Was macht mein Kind, was macht mein Reh?
Jetzt komm ich noch zweimal und dann nimmermeh." (Schwesterchen und Brüderchen)
– „Was rumpelt und pumpelt in meinem Bauch?
Ich meint, es wären sechs..., doch scheints, es sind nur Wackersteine."
(Der Wolf und die sieben Geißlein)
– „Ruckediguh, ruckediguh, Blut ist im Schuh!
Der Schuh ist zu klein.
Die rechte Braut sitzt noch daheim." (Aschenputtel)
– „Mein Vöglein mit dem Ringlein rot
singt Leide, Leide, Leide;
es singt dem Täublein seinen Tod,
singt Leide, Lei – zikütt, zikütt, zikütt." (Jorinde und Joringel)
– „Kikeriki, kikeriki,
die Goldmarie (Pechmarie) ist wieder hie!" (Frau Holle)

510 Der Lehrer kommt (ab 9) Wenn Schule und Lehrer aufs Korn genommen werden, bereitet dies den Kindern diebische Freude: Jemand ruft einen anderen Teilnehmer beim Namen oder wirft ihm ein geknotetes Taschentuch zu: "Der Lehrer kommt!" Der andere antwortet mit einem Adjektiv, dessen erster Buchstabe vorher ausgemacht worden ist, z.B. "sonnig". Das muß sehr schnell gehen, niemand darf lange überlegen. Der Aufgerufene ruft nun seinerseits einen Mitspieler auf: "Der Lehrer kommt", und dieser antwortet mit einem Adjektiv, usw. Wenn die Adjektive zu einem bestimmten Buchstaben ausgehen, wird ein anderer bestimmt.

511 Ich aber (ab 8) Dies ist ein ähnliches Scherzspiel, nur daß sich jeder selbst veräppelt: Ich brauche schon lange keine Windeln mehr, und du? Er nennt einen Namen oder wirft ein geknotetes Tuch zu. Der nächste muß antworten, immer positiv: Ich aber! Als Rache darf er jetzt selber etwas verneinen und den nächsten bloßstellen. Ich habe keine Angst, in den Keller zu gehen, und du?...

512 Sprichwörterraten (ab 10) Jetzt zeigt es sich, wer sich mit Sprichwörtern auskennt. Die erste Hälfte wird genannt, die zweite muß erraten werden. Etwas schwieriger ist es, wenn die erste Hälfte erraten werden muß.
- Was Hänschen nicht lernt, (lernt Hans nimmermehr)
- Wie die Alten sungen, (so zwitschern auch die Jungen)
- Der Apfel fällt (nicht weit vom Stamm)
- Wie du mir, (so ich dir)
- Es ist nicht alles Gold, (was glänzt)
- Was ein Haken werden will, (das krümme sich beizeiten)
- Der Krug geht so lange zum Brunnen, (bis er bricht)
- Wer andern eine Grube gräbt, (fällt selbst hinein)

Natürlich kann man das Sprichwörterraten auch als eigenes Spiel ausbauen: Kleine Gruppen bekommen den Text und müssen ergänzen, oder der Text wird vorgelesen, die Gruppen müssen sich leise beraten und dann ihre Lösung aufschreiben. Wer hat die meisten richtig gelöst?

513 Paarwörterraten (ab 6) Zu vielen Substantiven gibt es ein Paarwort; beide miteinander werden wie eine Redewendung gebraucht. Diese kann man gut abfragen, entweder spielerisch nebenbei oder auch als eigenes Spiel

Tag und Nacht
Berg und Tal
Romeo und Julia
Wind und Wetter
Pech und Schwefel
Hänsel und Gretel
Freud und Leid
Hinz und Kunz

514 Kein Haus ohne Fenster... (ab 10) ...keine Nacht ohne Gespenster! Wer findet schnell solch einen Reim mit "Kein ... ohne ...?" Einer sagt eine Zeile, wem zuerst eine Parallelzeile einfällt, sagt sie, bekommt einen Punkt und darf sich die nächste Vorgabe ausdenken: "Kein Fest ohne Tanz – Hund ohne Schwanz." Nach einer kurzen Einübungszeit geht das wie am Schnürchen.

515 A-B-C Wörter (ab 6) Auch dieses Spiel kann man in Mannschaften spielen (wem zuerst etwas einfällt, hat für seine Mannschaft einen Punkt geholt) oder einfach einzeln so zwischendurch.
"Schaut euch einmal gut hier im Raum um, was ihr alles seht. Wir gehen jetzt nacheinander die Buchstaben des Alphabets durch. Jeder, dem ein Gegenstand aus diesem Raum einfällt, der mit dem genannten Buchstaben beginnt, sagt ihn ganz schnell. Wenn niemandem mehr etwas einfällt, kommt der nächste Buchstabe dran."

516 Meine Tante mag (ab 9) In diesem Spiel geht es nicht darum, bestimmte Wörter zu finden, sondern eine Gesetzmäßigkeit unter den genannten herauszufinden. Welche Gesetzmäßigkeit das ist, können sich die, die das Spiel anführen, jeweils ausdenken. Beispielsweise sollen alle Wörter gelten, die mit dem gleichen Buchstaben beginnen, wie der Name des Geburtstagskindes. Das wäre eine relativ einfache Gesetzmäßigkeit. Man sagt also "Meine Tante mag Honig (das Geburtstagskind heißt Helga) und keinen Fisch." Sehr viel schwieriger wird es, den Trick herauszufinden, wenn die Buchstaben wechseln, z.B. dem Alphabet folgen. Wenn gar jedes Wort mit einer Handbewegung verbunden werden muß, wird es vollends verwirrend.

517 Welches Wort ist gemeint? (ab 6) Einer verläßt den Raum. Währenddessen vereinbaren die anderen ein bestimmtes Wort (z.B. gestern oder zwar). Dieses sollte nicht zu ausgefallen sein, sonst wird das Spiel zu leicht (für die jüngeren macht man es entsprechend leichter). Nachdem der Rater von draußen wieder hereingerufen wurde, stellt er den Mitspielern der Reihe nach irgendeine Frage. In deren Antwort muß das vereinbarte Wort eingebaut werden. Der Rater soll nun herausfinden, welches das gesuchte Wort ist.

518 Schrei wie du kannst (ab 6) Gibt es während eines Festes in der Wohnung zu wenig Möglichkeiten zum Bewegen, so kann sich eine Gruppe auch beim nachfolgenden Spiel austoben:
Einer geht hinaus. Die anderen vereinbaren ein mehrsilbiges Wort, dessen Silben sie auf die Teilnehmer aufteilen. Nachdem der eine hereingerufen wurde, schreit jeder auf Kommando seine Silbe so laut er kann, heult oder singt sie, immer wieder, schneller und langsamer. Um welches Wort handelt es sich?
Variante: Auf Kommando schreien alle ihre Silben langsam und deutlich, aber nur einmal.
Variante: Alle heulen und quietschen jeweils das ganze Wort.
Nach ein paar Durchgängen dieses Spiels sind die Teilnehmer nicht nur heiser, sondern auch einigermaßen entspannt!

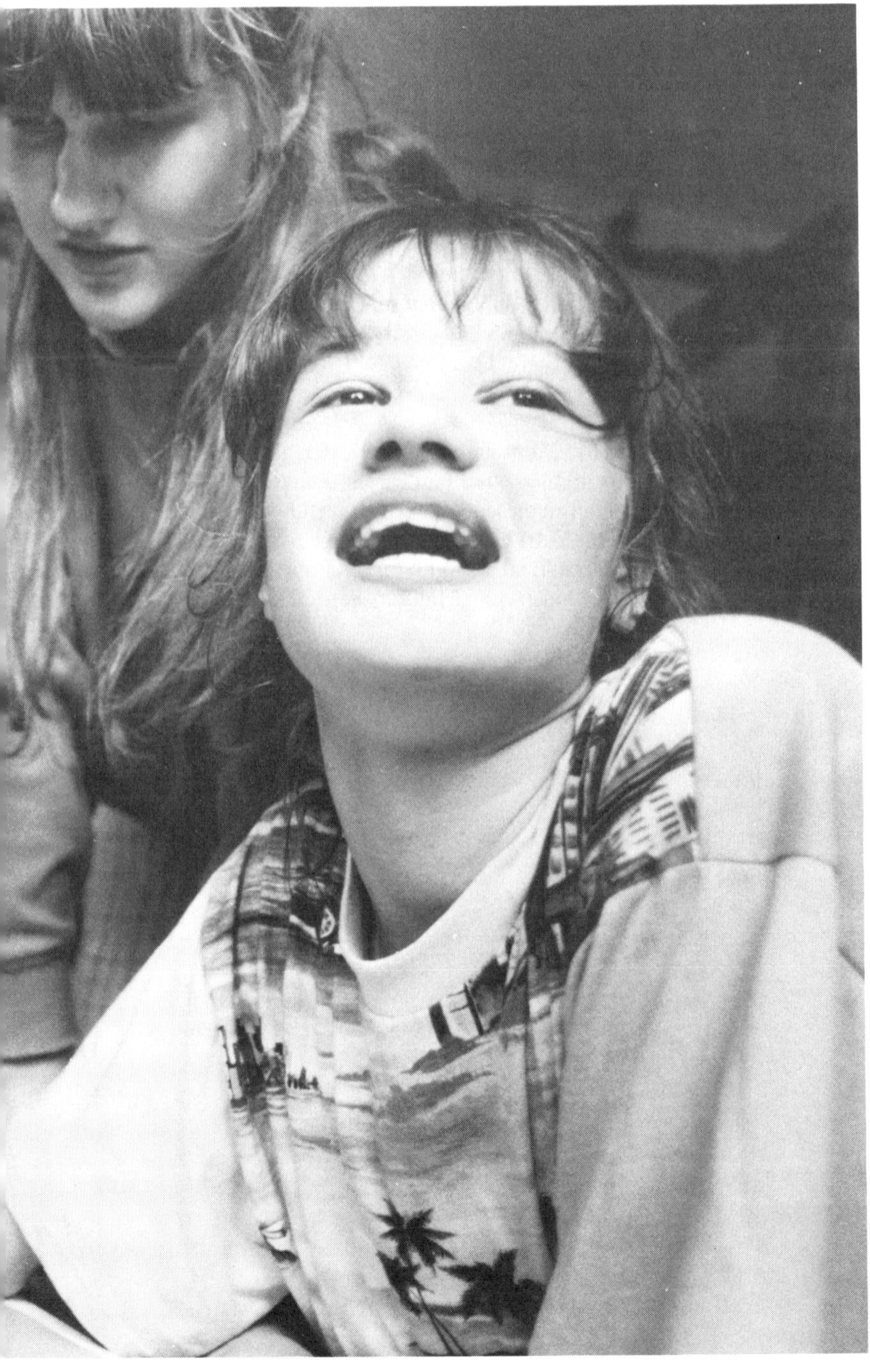

519 Gedanken lesen (ab 10) Der erste denkt sich ein Wort aus (z.B. Hund) und sagt den ersten Buchstaben laut. Der zweite hört H und denkt dabei aber an Haus, er sagt also Ha, der dritte denkt dabei an Hand und sagt Han, der vierte denkt nun vielleicht auch an Hand, wenn er aber Hand sagt und damit ein Wort beendet, scheidet er aus. Also überlegt er sich schnell ein längeres Wort. Ihm fällt ein Hannelore, also sagt er Hann. Hätte er aber doch Hand gesagt und sein Nachbar ohne Einspruch weitergemacht mit Handt (zu Handtuch), so wäre er auch gerettet gewesen. Wurde ein Wort beendet, so fängt der nächste wieder mit einem neuen Wort an. Fällt jemandem nichts mehr ein, scheidet er aus, und sein Nachbar macht weiter. Gleiches gilt, wenn jemand dabei ertappt wurde, daß er kein wirkliches Wort im Kopf hatte, als er seinen Buchstaben hinzufügte. Das Spiel geht solange, bis nur noch einer im Spiel ist

520 Tabu-Wörter (ab 8) Wer schafft es, die Wörter „ja - nein - ich - du" nicht zu benutzen? Jeder bekommt sechs Pfennige als Pfand. Wer mit jemandem spricht, kann versuchen, ihn zu diesen Wörtern zu verführen. Gelingt dies, dann bekommt er für jedes Tabu-Wort einen Pfennig. Hat er dabei bei sich achtgegeben? Wenn nicht, muß er zahlen. Es ist gut, mit mehreren zu reden, man kann auch andere unterbrechen. Nach zehn Minuten werden die Pfennige gezählt!

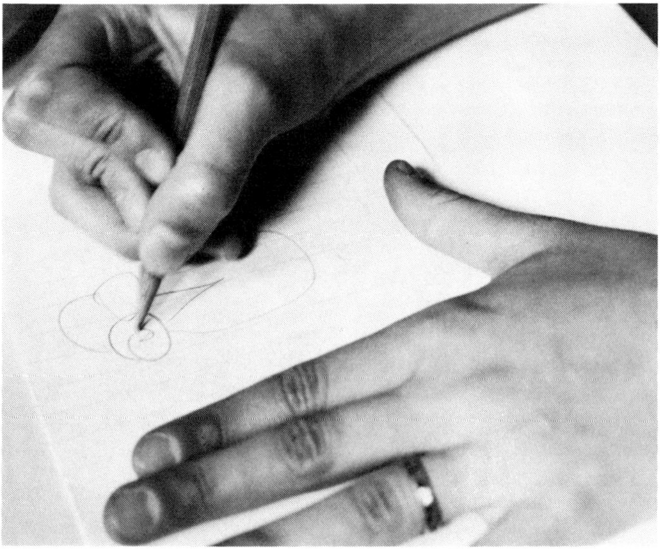

Mit Papier und Stiften

521 Montagsmaler (ab 7) Sicherlich hat keine Fernsehsendung solch einen durchschlagenden Erfolg bei Kinderspielen gehabt wie die gleichnamige Sendung. Bei diesem Spiel sind alle Kinder immer mit großem Eifer dabei: Ein Spielleiter schreibt sich eine Reihe Wörter auf, die gemalt und aus dem Gemalten heraus erraten werden müssen. Die Auswahl der Wörter bestimmt dabei den Schwierigkeitsgrad, den man je nach Alter der Kinder wählt. Es sollten mindestens zwei Gruppen sein mit drei bis vier Mitgliedern. Jede Gruppe schickt einen zum Spielleiter, der ihm das erste Wort zuflüstert: z.B. Gartenzaun. Er versucht nun, den Gartenzaun so zu zeichnen, daß er von seinen Gruppenmitgliedern schnell erraten werden kann. Es versteht sich von selbst, daß er nichts sagen darf. Wer das Wort erraten hat, holt sich schnell das nächste. Welche Gruppe wird die schnellste sein?

522 Dichterwerkstatt (ab 10) Jeder schreibt seine erste Gedichtzeile auf ein Blatt; das letzte Wort aber, das Reimwort, setzt er etwas tiefer, damit es sein Nachbar noch lesen kann, nachdem er die erste Zeile nach hinten umgeknickt hat. Nun kann sich dieser einen Reim darauf machen. Hat er eine Reimzeile gefunden, so setzt er eine zweite Zeile mit einem neuen Reimwort dazu, das auch wieder etwas tiefer geschrieben wird, usw. Am Schluß gibt es viele schöne Gedichte zum Vorlesen.

523 Phantasie gefragt (ab 9) Auf einen großen, für alle gut lesbaren Zettel werden vier Hauptwörter geschrieben, die möglichst wenig miteinander zu tun haben: z.B. Ofen - Nashorn - Lockenwickler - Tulpen. Wer erfindet die schönste Geschichte, in der diese vier Wörter vorkommen? Er bekommt ganz sicher einen schönen Preis.

524 Versteckte Wörter (ab 8) In jedem Wort stecken viele andere verborgen. Man muß nur die Buchstaben ein wenig hin und her schieben. In kleinen Gruppen, zu zweit oder zu dritt, macht das am meisten Spaß. Leichter geht es übrigens, wenn das Wort in die einzelnen Buchstaben zerschnitten wird und so immer wieder anders gelegt werden kann.
Beispiel: Maschine – Masche, Asche, mein, Schein...
Wer findet die meisten Wörter? (nicht die ganz kleinen Wörtchen vergessen wie in, an, ein...)

Kapitel 18

Alte Spiele mit Variationen

Ätsch-Spiele

Spiele dieser Art machen einen Heidenspaß - weniger zwar für den Spielenden als für die Zuschauenden. Es ist tröstlich, daß man sie nur einmal spielen kann, denn sie leben von Tricks, Überraschungen oder kleinen Hinterlistigkeiten, die man nach einmaligem Spielen erkannt hat. Es bleibt die diebische Freude beim Beobachten der anderen, denen es genauso geht wie einem selbst .

Bei diesen Spielen ist es wichtig, darauf zu achten, daß niemand allzu lange dem Druck der Spielsituation ausgesetzt wird. Hilfreich kann es sein, wenn die Kinder sich untereinander schon gut kennen. Die Toleranzschwelle der einzelnen Kinder ist sehr verschieden. Es ist besser, vorzeitig bei einer Lösung zu helfen, als Tränen oder Frust zu riskieren. Altersangaben sind hierbei schwierig zu machen. Schon recht kleine Kinder können einbezogen werden, wenn man ihnen ein wenig Hilfestellung gibt. Ratsam ist es auch, die Gruppen möglichst klein zu halten.

Bei all diesen Spielen müssen die noch Unwissenden außer Sicht- und Hörweite bleiben und werden einzeln herbeigeholt. Deshalb spielt man sie besser in der Wohnung.

525 Verstecktes Pfeifchen (ab 5) Alle sitzen eng beieinander im Kreis. Der erste kommt herein und hört: „In unserem Kreis ist ein Pfeifchen versteckt, das herumgegeben wird. Du sollst es so schnell wie möglich finden." Während dieser Erklärung wird unbemerkt ein Pfeifchen an einer etwa 20 cm langen Schnur mit einer Sicherheitsnadel hinten an seinen Pullover oder an seine Hose gesteckt. Während er nun im Kreis herumschaut, bläst ein hinter ihm sitzendes Kind kurz in die Pfeife. Wird der Trick zu lange nicht entdeckt, macht man dies immer auffälliger.

526 Triff genau (ab 7) „Vor dir hier auf dem Tisch liegt eine zusammengelegte Zeitung. Diese Zeitung zu treffen, mit Schwung und mit der flachen Hand, ist keine Kunst, solange du die Augen offen hast. Ob du es auch schaffst, wenn wir dir die Augen verbunden haben? Wichtig ist, daß du mit gestrecktem Arm und Schwung schlägst! Wir geben dir jeweils das Kommando."

Wird er treffen, doch vor dem dritten Schlag schiebt man heimlich eine flache Schüssel mit Wasser an die Stelle. Sie war zuvor sorgsam unter dem Tisch verborgen. Es ist sicher günstig, den Tisch dafür mit einer Plastikdecke abzudecken! Ungezwungen mit Wasser spritzen können die Kinder, wenn das Ganze im Sommer im Garten stattfindet.

527 Lauter Verwirrte (ab 10) All den Leuten, die hier sitzen, geht es nicht sehr gut. Sie sind im Kopf etwas verwirrt. Du sollst nun herausfinden, was mit ihnen los ist. Du kannst ihnen der Reihe nach irgendwelche Fragen stellen und sie werden dir auch alle antworten; aber irgendetwas ist faul an der Sache. Finde es heraus!
Die Befragten antworten wahrheitsgetreu, aber immer auf die Frage, die dem Vorhergehenden gestellt wurde. Da der erste Befragte keine solche Frage hat, antwortet er irgendwie ausweichend. Wie schnell errät der Fragende das Prinzip? Wenn es zu lange dauert, formuliert man die Antworten einfach überdeutlich.

Bei den nächsten beiden Spielen dürfen alle Wissenden gleich dabei sein. Sie werden mit in das Spiel einbezogen; sie versuchen im Spiel, das Prinzip herauszufinden. Die Wissenden sagen ihnen jeweils, ob sie richtig liegen oder nicht.

528 Stühle riechen (ab 8) Glaubt ihr, daß es möglich ist, durch Riechen festzustellen, auf welchem Stuhl kurz zuvor jemand gesessen hat? Das geht tatsächlich - ihr werdet es sehen. Die Eingeweihten wissen, daß die drei aufgestellten Stühle natürlich nicht riechen, aber...
Ausgemacht wurde, daß mit dem Hereinrufen mitgeteilt wird, welcher Stuhl gerade "besessen" worden ist. War es der erste Stuhl, so ruft man "komm" war es der zweite, so "komm herein", war es der dritte, dann den Namen und "...komm herein". Der Miteingeweihte riecht pro forma ausgiebig an den Stühlen und läßt am besten Zweifel und Überlegungen deutlich werden, bis er sich für einen Stuhl entscheidet. Wer möchte probieren, ob er es auch kann? Wird der Trick sehr lange nicht herausgefunden, läßt man die Absprache immer deutlicher werden, indem ein Wissender z.B. nicht mehr riecht, sondern gleich den richtigen Stuhl benennt.

529 Chinesische Zahlen (ab 8) Mit diesen fünf Streichhölzern lege ich jeweils ein chinesisches Zahlenzeichen zwischen null und zehn. Wer die chinesischen Zahlen auch beherrscht, macht es nach. Probiert es einfach aus. Entscheidend ist nicht das Muster, das mit den Streichhölzern gelegt wird, sondern etwas ganz anderes: Es gilt die Zahl der Finger, die jeweils auf dem Tisch ausgestreckt werden. Dieses Spiel haben schon manches Mal Kinder schneller durchschaut als Erwachsene.

530 Schwarze Kunst (ab 8) Ein „Wissender" verläßt den Raum. Er wird zuverlässig herausfinden, welchen Gegenstand die anderen zum Raten bestimmt haben. Ein zweiter Eingeweihter bleibt im Raum. Er fragt den Hereingekommenen: Ist es dieser Gegenstand? Ist es jener? Bevor der gemeinte genannt wird, fragt er nach einem schwarzen Gegenstand. Damit ist es klar: Der nächste gefragte Gegenstand ist es.

531 Parallel oder gekreuzt? (ab 8) Alle sitzen auf Stühlen im Kreis. Es werden zwei Stöckchen (oder etwas Ähnliches) von einem zum anderen herumgegeben. Wer die Stöckchen hat sagt entweder: Ich gebe die Stöckchen gekreuzt weiter oder: Ich gebe die Stöckchen parallel weiter.
Entscheidend ist nun nicht, wie man die Stöckchen hält, sondern ob man die Beine übergeschlagen hat (= gekreuzt) oder ob sie nebeneinander stehen (parallel).
Verwirrend ist bei diesem Spiel vor allem, daß man sehr oft richtig liegt, obwohl man das eigentliche Prinzip noch nicht begriffen hat.

Spiele mit Stühlen

532 Blinzeln (ab 5) Für dieses Spiel ist eine ungerade Teilnehmerzahl nötig. Die eine Hälfte sitzt auf Stühlen, die andere steht dahinter. Ein Stuhl bleibt frei. Wer niemand vor sich sitzen hat, muß sich schnell jemanden „herblinzeln". Dem versucht aber der Wächter hinter dessen Stuhl zuvorzukommen. Merkt er, daß sein Partner angeblinzelt wird, hält er ihn schnell fest. Sonst aber müssen alle Wächter ihre Hände auf dem Rücken halten, damit es auch eine Chance zum Entwischen gibt. Nach einiger Zeit tauschen Wächter und Bewachte ihre Plätze.

533 „Mein rechter, rechter Platz ist leer... (ab 4) ...da wünsch' ich mir die Martina her". Wieder sitzen die Kinder im Kreis und ein Stuhl bleibt leer. Wer links daneben sitzt, darf sich jemanden herrufen. Wer merkt nicht, daß rechts neben ihm schon wieder frei geworden ist?
Variante: Das gerufene Kind fragt: „Als was soll ich denn kommen?" „Als Pferdchen!" lautet jetzt z.B. die Antwort. Das gerufene Kind springt wie ein Pferdchen zum neuen Platz hinüber; das nächste wird vielleicht zum Krokodil oder gar zur Schlange?

534 Stille Post (ab 5) Alle sitzen im Kreis auf Stühlen oder auf dem Boden und fassen sich an den Händen. Das Kind, das in der Mitte sitzt, muß dies gut sehen können. Durch Händedruck wird die Post von einem Kind zum anderen weitergegeben. „Ich schicke ein Schnellpaket an Christian. - Abgeschickt." In dem Moment muß entweder die rechte oder die linke Hand gedrückt werden, denn die Post kann diese zwei Wege nehmen. Hat der Empfänger einen Händedruck gespürt, sagt er „Angekommen!" und darf die nächste Post aufgeben. Hat das Kind in der Mitte aber gesehen, wo eine Hand gedrückt wurde, so wird es durch denjenigen abgelöst, der zuletzt gedrückt hat.

535 Gestörtes Telefon (ab 4) Jeder darf einmal eine Botschaft (ein kompliziertes Wort oder auch einen ganzen Satz) in das Telefon sagen. Sie wird von einem Ohr zum anderen geflüstert, bis sie durch die ganze Reihe gelaufen ist. Erst der letzte sagt laut, was schließlich aus der Botschaft wurde.

536 Armer schwarzer Kater (ab 4) Wer läßt sich unter keinen Umständen zum Lachen bringen?
Im Stuhlkreis schleicht ein armer schwarzer Kater herum, der sehr viel Trost braucht. Jämmerlich maunzend versucht er, ein Kind zu erweichen. Dieses muß dreimal sagen „Armer schwarzer Kater" und ihn dabei streicheln - aber ohne zu lachen. Hat es das geschafft, muß sich der Kater ein neues Opfer suchen. Hat es aber doch gelacht, so ist der Kater erlöst, und die Rollen werden getauscht.

Ein einfaches, aber gerade bei kleineren Kindern sehr beliebtes Spiel!

537 Die Reise nach Jerusalem (ab 5) Die Stühle werden, mit den Lehnen gegeneinander oder versetzt, in einer Reihe aufgestellt, ein Stuhl weniger als Mitspieler. Solange die Musik spielt, gehen die Spieler zügig um die Stühle herum. Sobald sie abbricht, muß jeder versuchen, schnell einen Stuhl zu ergattern. Wer Pech hatte, scheidet aus und nimmt einen Stuhl mit aus dem Spiel.
Schüchterne und zurückhaltende Kinder mögen dieses Spiel oft nicht so sehr. Vielleicht setzen sie dann hierbei aus und machen bei einem ruhigeren wieder mit, oder ein anderer Kompromiß wird gefunden. Einfach mal die Kinder selber fragen!

538 Häufeln (ab 5) Dieses Spiel ist eigentlich eine Umkehrung des vorangegangenen Spiels:
Statt Stühlen verwendet man aber besser Kissen. Es gibt gleich zu Beginn ein Kissen weniger als es Kinder sind. Bricht die Musik ab, so rettet sich das Kind ohne Kissen zu einem anderen mit auf dessen Kissen. Kein Kind scheidet aus. Alle versuchen, sich gegenseitig zu helfen, damit sie mit immer weniger Kissen auskommen: Solange sie ein Kissen berühren oder jemanden, der ein Kissen berührt, sind sie im Spiel.
Dieses konkurrenzlose Spiel tut zwischen vielen Wettbewerben sehr gut; außerdem bringt es die Kinder einander sehr nahe und das bei ganz viel Spaß.

539 Stühlerutschen (ab 5) Die Kinder sitzen. Die Stühle stehen im Kreis, einer bleibt frei. Ein Kind in der Mitte muß versuchen, diesen zu ergattern, sobald das Startzeichen gegeben ist. Die anderen Kinder aber suchen dies zu verhindern, indem sie immer weiter weg rutschen. Ist es endlich doch gelungen, kommt als nächstes in die Mitte, wer nicht richtig auf einem Stuhl sitzt, sondern irgendwo dazwischen.

540 Platz besetzt (ab 5) Die Stühle (oder Kissen) stehen (liegen) im Kreis und sind alle besetzt. Ein Kind geht außen um den Kreis herum und trägt eine Tasche, ein Kopfkissen mit Mützen darin o.ä. Immer zwei Kinder

müssen sich durch Blickkontakt verständigen, daß sie den Platz tauschen wollen - das sollte so oft wie möglich geschehen. Dem Kind, das einen Platz sucht, gibt das die Chance, sich einen frei werdenden Platz zu belegen, indem es seinen Sack oder die Tasche darauf legt.
Auch dieses Spiel ist ein gutes Anfangsspiel, da die Kinder miteinander Kontakt aufnehmen müssen. Andererseits erlaubt es etwas zurückhaltenden Kindern durchaus, sich noch nicht so sehr in das Spiel einzubringen, denn sie müssen ja freiwillig das Risiko wählen: Wessen Platz besetzt wird, der muß versuchen, sich einen neuen zu „erobern".

541 Fischfang (ab 5) Alle Hände liegen flach auf dem Tisch. Einer aber wischt mit der flachen Hand in der Tischmitte im Kreis herum und sagt:
„Ich fische, ich fische,
auf diesem großen Tische.
Ich hab die ganze Nacht gefischt
und keinen einzgen Fisch erwischt."
Gleich nach Ende des Spruchs versucht er, eine Fisch-Hand zu fangen, die schnell weggezogen wird. Wer gefangen (berührt) wird, gibt ein Pfand oder wird der nächste Fischer.

542 Versteckte Münze (ab 6) Zwei Mannschaften sitzen sich an zwei Tischseiten gegenüber. Die Tischdecke wird am besten weggenommen. Die eine Mannschaft bekommt eine Münze, die einer von ihnen in die Hand nimmt, ohne daß die andere Mannschaft merkt, wer. Sie wird am besten in den leicht gewölbten Handteller geklemmt; da hält sie gut und kann nicht gesehen werden.
Jetzt gibt einer aus der Gegenmannschaft die Kommandos:
Kommando Hoch: Alle Hände werden in die Luft gestreckt,
Kommando Faust: Alle Fäuste liegen auf dem Tisch,
Kommando Flach: Alle Hände werden flach auf den Tisch gelegt. Die letzte Aufgabe ist schwierigste, da dabei sehr leicht die Münze aus der Hand fällt und auf der Tischplatte klappert. Hilfreich ist, daß die ganze Gruppe gleichzeitig und mit lautem „Platsch" die Hände aufkommen läßt.
Jetzt berät sich die Gegenmannschaft, wer die Münze haben könnte. Die richtige Lösung gibt einen Pluspunkt. Die andere Mannschaft kommt dran.
Wichtig: Kleinere Kinder sollten erst ein wenig üben dürfen, wie sie die Münze am besten halten können, denn das ist nicht so einfach.

543 Schatzsuche (ab 4) Um den Tisch herum oder auf dem Boden im Kreis wird gewürfelt. In der Mitte steht eine Schale mit lauter verschiedenen Gewinnen. Vor jedem Kind liegen acht Balken (= Streichhölzer), wenn viele Kinder da sind, nur fünf, die den Weg zum Schatz versperren. Deshalb müssen sie erst weggeräumt werden, bevor der Schatz gehoben werden kann. Jede gewürfelte Sechs erlaubt es, einen Balken zu entfernen. Wer als erster alle weggeräumt hat, darf sich auch als erster einen Gewinn aussuchen. Keine Bange, alle anderen kommen auch dran!

544 Tip - Top (ab 4) Auf einem kleinen Tablett werden etwa zehn verschiedene gute Dinge ausgebreitet: verschiedene Nüsse, Mandeln, Rosinen, Schokoladestückchen oder auch Smarties und kleine Bonbons. Dei erste Ratekandidat geht außer Hörweite, die anderen bestimmen einen Gegenstand als „Top". Der Rater darf nun raten: Er deutet nacheinander auf verschiedene Gegenstände, die anderen sagen jedesmal „Tip", bis sie rufen „Top", weil er auf den vorher bestimmten gedeutet hat. Alle „Tip" – Gegenstände darf er sich nehmen. Für sie oder ihn kommt es also darauf an, den „Top" – Gegenstand möglichst lange zu vermeiden.
Es empfiehlt sich, all die Leckereien nicht gleich im Mund verschwinden, sondern in die eigene Tüte wandern zu lassen.
Nach jeder Runde werden dic Gegenstände wieder aufgefüllt, die nächste Runde beginnt.

545 Gewinnspiel (ab 6) Auf ein größeres Blatt wird ein Spielfeld gezeichnet: eine Leiter mit 11 Feldern. Jedes Feld bekommt eine Nummer von Zwei bis Zwölf. Die Mitspieler haben jeweils sechs Einsätze (Kekse, Nüsse, Bonbons o.ä.). Jetzt wird mit zwei Würfeln gewürfelt: Ist das Feld mit der gewürfelten Zahl leer, muß ein Einsatz hineingelegt werden, liegt schon etwas darin, darf man es nehmen. Bei gleicher Augenzahl müssen zwei Einsätze gelegt werden. Wer seine Einsätze los ist, scheidet aus.

546 Mehl schneiden (ab 5) Ein Suppenteller wird mit Mehl gefüllt - darin aber ist ein Bonbon versteckt. Wer findet ihn? Der Reihe nach darf jeder mit einem Messer drei gerade Schnitte durch das Mehl machen. Spürt er dabei den Widerstand eines Bonbons, darf er versuchen, dieses mit dem Mund aus dem Mehl herauszuholen. Haben die anderen die Schadenfreude über sein weißgepudertes Gesicht, so hat er immerhin die süße Belohnung.

547 Schokolade essen (ab 6) Viele Kinder bestehen immer wieder auf diesem Spiel: Eine Tafel Schokolade wird extra verpackt und verschnürt. Reihum wird gewürfelt: wer eine Sechs gewürfelt hat, muß Mütze, Schal und Handschuhe anziehen und mit Messer und Gabel versuchen, an die Schokolade heranzukommen. Er wird dabei schon bald unterbrochen, weil inzwischen die anderen weitergewürfelt haben und ein Nächster eine Sechs hat - also alles wieder ausziehen und weiter geht es.
Wahrscheinlich entstand dieses Spiel in einer Zeit, in der eine Tafel Schokolade eine Kostbarkeit war; eben dies wird beim Spielen immer noch spürbar. Außerdem ist der Spielverlauf in seiner Aufgeregtheit einfach schön.

548 Marionette (ab 8) Dies ist ein ganz anderes Spiel, in dem es allein auf gute Kooperation und Verständigung ankommt: Es wird in Gruppen mit fünf Personen gespielt. Einer ist die zeichnende Marionette, die von den anderen vier geführt wird. Dazu bekommt sie um das Handgelenk vier Fäden gebunden, die die malende Hand leiten. Es ist wichtig, diese möglichst steif und ganz passiv zu halten. Jetzt kommt es auf die gute Kooperation der anderen an. Die Marionette kann den Strich nicht absetzen, sondern malt in einem Zug. Die Malaufgaben sollten nicht zu schwierig sein (Schiff, Haus, Baum, Schwein...), denn das ganze Unterfangen ist nicht so einfach, wie es klingt. Jeder darf einmal Marionette sein.

Blindenspiele

Blindenspiele haben etwas ganz Eigenes: Sich plötzlich nicht mehr auf seinen wichtigsten Sinn verlassen zu können, macht viele sehr hilflos. Viele kleinere Kinder verweigern es deshalb sehr lange, sich die Augen verbinden zu lassen. Das aber macht andererseits genau den Reiz der Spiele aus: Wie geht es mir, wenn...
Bei all diesen Spielen muß beachtet werden, daß die sehenden Mitspieler die Verantwortung für den Blinden tragen und deshalb sehr gut aufpassen müssen, daß ihm nichts geschieht, daß er sich nicht irgendwo anstößt o.ä.

549 **Hänschen piep einmal (ab 6)** Inmitten des Stuhlkreises steht einer mit verbundenen Augen. Er dreht sich zweimal im Kreis, damit er nicht mehr weiß, wer wo sitzt. Dann darf er sich zu einem der Sitzenden tasten. Er setzt sich ihm auf den Schoß und sagt: „Hänschen piep einmal!" Der so Angesprochene muß dreimal nach Aufforderung piepen - mit verstellter Stimme, denn er möchte möglichst nicht erkannt werden. Wurde er auch nach dem dritten

Piep nicht erkannt, so darf er den Blinden vorsichtig vom Schoß schieben, und dieser sucht sich einen anderen Schoß. Vielleicht hat er auf dem nächsten Schoß mehr Erfolg und wird abgelöst.

550 Wer bist du? (ab 6) Dies ist eine Variation des bekannten „Blinde Kuh" – Spiels.
Einer hat die Augen verbunden. Die anderen gehen umher. „Stillgestanden!" - jetzt darf sich niemand mehr rühren. Der Blinde sucht sich jemanden und versucht durch Abtasten herauszufinden, wer es ist. Hat er ihn erkannt? Wenn ja, kommt der andere dran, wenn nein, wird er sanft weggeschoben; der „Blinde" muß bei jemand anderem sein Glück probieren.

551 Jakob, wo bist du? (ab 7) Dem Knecht Jakob und seinem Herrn wurden die Augen verbunden. Der Herr will seinen Knecht fangen. „Jakob, wo bist du?" Jakob antwortet darauf: „Hier bin ich!" Durch diese Fragen können beide feststellen, wo der andere gerade ist. Hat der Herr den Knecht gefunden, kommen zwei andere dran.
Bei diesem Spiel müssen die Zuschauer besonders gut auf die Blinden aufpassen, damit sie sich nichts tun.

552 Hahn und Huhn (ab 6) Variante von „Jakob, wo bist Du?"
Die Mitspieler bilden einen großen Kreis. In der Mitte stehen Hahn und Huhn mit verbundenen Augen. Der Hahn ruft das Huhn mit „kikeriki", und das Huhn antwortet „Gagagak", versucht aber, dem Hahn zu entkommen. Dabei kommt ihm der Kreis zu Hilfe: Das Huhn darf zwar den Kreis nicht verlassen, dieser kann es aber verbergen, indem er es in einer Ausbuchtung einschließt und so den Hahn täuscht.

553 Wachhund (ab 5) Ein Kind als Hund sitzt mit verbundenen Augen auf dem Boden. Vor sich hat es einen „Knochen" liegen, den es bewacht. Die anderen sind diebische Hunde, die diesen Knochen gerne klauen wollen. Spät in der Nacht, wenn alles ganz still ist, schleichen sie sich an. Der Hund spitzt seine Ohren: Wenn er etwas hört, zeigt er in die Richtung und bellt; dann muß derjenige zurückgehen. Hat der Hund zwei- oder dreimal einen Dieb abgewehrt, wird er abgelöst; den Nachfolger bestimmt er. Hat ein Dieb aber Erfolg gehabt, wird er der nächste Wachhund.
Variante: Ein Kaufmann sitzt in einem Kreis von etwa zwei Metern Durchmesser und bewacht seine um ihn herum liegenden Waren: Stöckchen, Bauklötze, Murmeln u.ä. Diebe versuchen nun, ihn zu bestehlen. Erwischt er einen, indem er ihn abschlägt, so scheidet der aus. Wer war zum Schluß der erfolgreichste Dieb und hat am meisten geklaut?
Variante: Auf dem Boden sitzt ein „Bär". Da er angebunden ist, kann er nicht weg. Während er vor sich hin brummt, tanzen die anderen um ihn herum und necken ihn. Aber wehe, wenn er plötzlich doch jemanden zu fassen bekommt! Dann wird dieser der nächste Bär.

554 Festgeklammert (ab 5) Wieder haben zwei die Augen verbunden. Diesmal aber müssen sie weder raten noch suchen: Jedem werden in die Kleider und auch ins Haar (wer will) zehn Wäscheklammern gezwickt. Die Aufgabe ist es nun, jeweils den anderen von den Klammern zu befreien. Nicht so leicht, diese blind zu finden.

555 Tu genau (ab 8) In diesem Spiel kommt es darauf an, wirklich exakte und unmißverständliche Anweisungen zu geben, die auch ein Blinder ausführen kann:
Auf dem Tisch stehen ein Becher und ein Krug mit Wasser. Der Blinde soll den Becher mit Wasser vollschenken, darf dabei aber nur mit Worten geführt und nicht berührt werden. Wie lange dauert der Vorgang, und geht wirklich nichts daneben? Zur Vorsicht empfiehlt sich trotzdem eine Plastiktischdecke. Danach darf der Blinde führen.

Erraten, Erkennen und Verstehen

Bei den Spielen dieses Abschnitts heißt es, sehr aufmerksam zu sein und gut zu beobachten, oder gute Fragen zu stellen und schnell zu kombinieren.

556 „Ich sehe was... (ab 4) ...was du nicht siehst, und das ist rot". Alle raten: Ist es die rote Tulpe, die Tischdecke oder der rote Schuh? Endlich errät es jemand: Es ist die rote Schüssel auf dem Tisch! Jetzt ist er dran.

557 Was fehlt? (ab 4) Auf einem Tablett liegen verschiedene kleine Dinge: Stift, Schere, Löffel, Kleber usw., bei kleineren Kindern etwa acht Gegenstände, bei größeren mehr (man kann langsam die Anzahl steigern). Alle halten sich die Augen zu oder drehen sich um, dann wird ein Gegenstand weggenommen. Wer weiß, welcher es war, bekommt einen Punkt. Je öfter es gespielt wird, desto leichter ist es, da sich die Gegenstände besser einprägen.
Variante (mit Kindern, die schreiben können):
Die Gegenstände dürfen drei Minuten angesehen werden, dann kommt ein Tuch darüber. Wer erinnert sich an alle und schreibt sie auf?

558 Was hat sich verändert? (ab 4) „Schaut euch in der Runde um, und merkt euch, was die einzelnen anhaben und wie sie aussehen. Wenn gleich einer von euch hinausgeht, verändern wir fünf Dinge an uns. Sicher entdeckt derjenige bald, was wir verändert haben. Wer mag als erster gehen?" Bei kleineren Kindern sollten nicht allzu versteckte Veränderungen vorgenommen werden.
Variante: Alle verlassen den Raum und einer nimmt im Raum Veränderungen vor. Wer beim Reinkommen eine entdeckt, sagt dies und bekommt einen Punkt, wenn es richtig war.

559 Der Schatz im Bienenstock (ab 5) Einer verläßt den Raum, während die anderen für ihn einen kleinen Gegenstand (vielleicht eine kleine Überraschung) verstecken. Wenn er dann nach dem Gegenstand sucht, helfen ihm die anderen dabei durch Summen: Sie beginnen mit ganz leisem Summen, je näher er aber dem Versteck kommt, desto lauter wird es - bis der Schatz gefunden ist.

560 Gegenstände raten (ab 8) Einer verläßt den Raum. Währenddessen bestimmen die anderen einen Gegenstand aus dem Raum, den er erraten soll. Er darf dazu Fragen stellen, maximal 20, die anderen dürfen darauf aber nur mit ja oder nein antworten. Damit kann er den Gegenstand langsam einkreisen, z.B. „Ist der Gegenstand an der Wand?", „Ist er aus Papier?". Schafft er es nicht mit den 20 Fragen, so wird ihm der Gegenstand genannt, und der nächste Freiwillige kommt mit einem neuen Gegenstand an die Reihe.
Kinder, die in diesem Spiel noch unerfahren sind, sollten erst mal eine kleine Einführung in gezieltes Fragen erhalten, damit es für sie nicht zur Enttäuschung wird.
Variante: Ein bekannter Gegenstand wird im Raum versteckt. Alle Kinder suchen.

561 Wer ist der Chef? (ab 8) Wie wäre es mit ein wenig Bewegung für die Gruppe?
Einer verläßt den Raum; drinnen wird jemand zum Chef bestimmt. Er macht Bewegungen vor, die die Gruppe nachmachen muß. Dabei müssen ihn zwar alle genau beobachten, dürfen es aber auch nicht zu auffällig tun, denn der Hereingerufene muß herausfinden, wer der Chef ist und die Bewegungen anführt.
Hereingerufen wird, wenn die ersten Bewegungen schon laufen.

562 Interview (ab 10) Jedem Teilnehmer wird eine berühmte Persönlichkeit zugeteilt. Das kann der Bundeskanzler sein, Mickey Maus, Marylin Monroe oder Asterix usw. Allerdings weiß niemand, wer er selbst ist, denn der eigene Name wurde auf einen Zettel geschrieben und auf die Stirn oder auf den Rücken geklebt. (Es sollten möglichst keine Spiegel im Raum sein und auch keine spiegelnden Fensterscheiben!) „Wer bin ich?" - dies herauszufinden ist die Aufgabe, die jeder hat, indem er den anderen Fragen stellt: „Habe ich in diesem Jahrhundert gelebt? War ich ein Mann oder eine Frau? Kennen mich mehr die Kinder oder die Erwachsenen?" usw. Zugleich muß jeder auch die Fragen des anderen zu dessen Person zu beantworten versuchen. Es ist gut, wenn man öfter seinen Interview-Partner wechselt, denn dann bekommt man sicher mehr Informationen zu seiner Person. Auch wenn man weiß, wer man ist, kann man noch weiterspielen und den anderen auf die Sprünge helfen.

Variante: Dies ist eigentlich eine Umkehrung des Spiels. Immer zwei kommen dran: Jedem wird mit der Sicherheitsnadel ein Papierstreifen einer bestimmten Farbe an den Rücken geheftet. Nun soll möglichst jeder als erster herausfinden, welche Farbe der andere hat. Das geht nicht mit Fragen, sondern mit Geschicklichkeit und vielleicht Tricks. Wem es gelingt, nennt laut die Farbe; er hat gesiegt. Wenn sie mögen, können die jeweiligen Sieger wieder gegeneinander antreten.

563 **Prominente raten (ab 10)** Immer zwei zusammen bekommen ein oder zwei Illustrierte, aus denen sie fünf (oder mehr) Köpfe oder Figuren ausschneiden. Dabei gelten Comic-Figuren genauso wie Filmschauspieler und Politiker. Sie merken sich, um wen es sich dabei handelt. Jedes Paar hat Stift und Papier. Abwechselnd legt es eine gezeichnete Figur in die Mitte des Tisches - wer ist es? Wer es weiß, schreibt den Namen auf. Alle Bilder werden in der Mitte des Tisches übereinander gelegt. Sind alle gezeigt, werden sie noch einmal durchgesehen. Welche sind richtig geraten? Für jeden richtigen Namen gibt es einen Punkt.

564 **Mörder und Detektiv (ab 10)** Dies ist ein Spiel für späte Abende, wenn es schon ein wenig schauerlich sein darf, und das Zimmer gänzlich abgedunkelt werden kann. Die Spielrunde sollte aus höchstens zehn bis zwölf Personen bestehen.
Jeder Mitspieler bekommt einen Zettel. Die meisten davon sind leer, und das bedeutet, daß derjenige ein ganz normaler Mitspieler ist. Auf einem aber steht darauf „Mörder", auf einem anderen „Detektiv". Die beiden, die diese Zettel bekamen, lassen sich aber nichts anmerken. Spielregel ist: Sobald das Licht gelöscht ist, gehen alle im Zimmer umher. Irgendwann wird dann der Mörder jemandem seine Hand ganz schwer auf die Schulter legen. Das bedeutet: Der Mörder hat zugeschlagen. Diese Bewegung darf aber nur der Mörder machen, damit es keine Verwirrung gibt. Der „Ermordete" zählt leise bis fünf, damit der Mörder sich noch ein wenig entfernen kann, wenn er möchte, dann schreit er laut auf, legt sich auf den Boden - und das Licht geht an. Jetzt beginnt der Detektiv mit seiner Arbeit: Er fragt alle aus. Alle außer dem Mörder müssen ihm die Wahrheit sagen. Hat er einen begründeten Verdacht, so kann er den Mörder unter Anklage stellen. War er es wirklich, so muß er es zugeben, wenn nicht, darf der Detektiv noch zwei weitere Vermutungen äußern. Hat er ihn dann immer noch nicht gefunden, gibt sich der Mörder zu erkennen.
Variante: Der Detektiv war während des Mordes nicht anwesend. Nachdem es passiert ist, werden alle der Reihe nach befragt: „Wo warst du während des Mordes?" Das geschieht dreimal um die ganze Runde. Dabei muß aber jeder immer genau das Gleiche sagen. Nur der Mörder ändert seine Aussage beim dritten Mal ganz leicht. Das muß der Detektiv merken.

565 Inkognito (ab 10) Dieses Spiel kann eine Gruppe so richtig durcheinanderwirbeln; doch wird es eigentlich erst ab 15 Personen lustig: Vom Spielleiter werden zwei Mitspieler als König bzw. als Königin benannt, ohne daß die anderen und beide voneinander es wissen. Dann beginnt das aufgeregte Fragen: Bist du die Königin? Bist du der König? Die Schwierigkeit wird erhöht, wenn der König weiblich ist und die Königin männlich! Alle Mitspieler müssen aber wahrheitsgetreu antworten.
Wer findet als erster den König und die Königin in den eigenen Reihen? Oder finden sich König und Königin zuerst gegenseitig?

Kapitel 19

Spiele für alle fünf Sinne

Der Gesichtssinn ist bei den meisten Menschen so dominant, daß die anderen Sinne daneben nur wenig entwickelt sind. Schon in den Blindenspielen wurde diese Thematik aufgegriffen: Wie geht es mir, wenn ich mich nicht mehr auf meinen wichtigsten Sinn verlassen kann? Die folgenden Spiele lassen ausprobieren, wie gut die anderen Sinne entwickelt sind: das Tasten, Riechen, Schmecken und das Hören.

Tast-Spiele

566 **Krabbelsack (ab 4)** In einem undurchsichtigen Sack stecken fünf (bei etwas älteren Kindern auch mehr) verschiedene Gegenstände. Der Sack wird herumgegeben, und jeder darf ausgiebig fühlen, aber nicht hineinblinzeln. Was steckt da alles drin? Wieviele Gegenstände waren es, und wer kann sie nennen? Die älteren kann man die erinnerten Gegenstände auch aufschreiben lassen. Soll der Sack noch einmal neu gefüllt werden?

567 **Was war das? (ab 6)** Verschiedene Gegenstände werden unter dem lang überhängenden Tischtuch herumgereicht, aber so, daß wirklich niemand etwas sehen kann. Noch spannender ist es, wenn man den Raum total verdunkelt. Der Spielleiter hat vor sich - für die anderen nicht sichtbar - verschiedene Gegenstände, die er nacheinander durch die Reihe gibt. Jeder merkt sich möglichst alle. Je witziger die Reihenfolge der Gegenstände ist, desto lustiger das Spiel: nasser Schwamm, Eiswürfel, saure Gurke, Mohrenkopf, Becher mit Wasser, Wurstscheibe usw. Anschließend schreibt jeder auf, was er noch weiß.

568 **Indianerfüße (ab 6)** Unsere Füße haben durch das fortwährende Eingeschlossensein in den Schuhen fast ganz verlernt, daß sie eigentlich auch ein sehr differenziertes Tastorgan sind. Wollen wir ausprobieren, was sie noch können? Allein die Vorbereitung dieses Spiels macht schon riesigen Spaß: Welche verschiedenen Oberflächen lassen sich gut mit den Füßen ertasten? Welche Überraschungseffekte könnten eingebaut werden?

Es sollte alles vorher selbst getestet worden sein: kleine Kieselsteine, trockene Blätter, eine flache Schale mit Wasser, grobes Sandpapier, ein Polster aus Watte, ein Fußabstreifer, geknülltes Papier, eine Schale mit Sand oder Erde, ein großes Stück Rinde usw. Liegt alles bereit, werden die Testpersonen nacheinander mit verbundenen Augen barfuß die Teststrecke entlanggeführt. Die einzelnen Etappen müssen erkannt und erinnert werden.
Wenn jeder sofort nach dem Durchgang sein Erinnertes aufschreibt, kann er mit großem Spaß die anderen beobachten, die nach ihm drankommen.

Hör-Spiele

569 Wo ist er? (ab 3) Einer verläßt den Raum, während die anderen einen tickenden Wecker so verstecken, daß man ihn nicht sehen kann. Dieser Wecker muß anschließend gefunden werden.

570 Was ist das? (ab 4) Einer macht die Augen zu und darf ein Geräusch raten, das jemand anderes macht. Wird das Geräusch hinter dem Rücken gemacht, dürfen die Augen auch offen bleiben. Was war das für ein Geräusch, wie wurde es gemacht? Z.B. Fingerschnippen, Zupfen oder Reiben an einem Luftballon, Schmatzen mit dem Mund, an einem Gegenstand kratzen, Saft eingießen, etwas herunterfallen lassen usw. Jeder läßt sich einmal ein Geräusch einfallen. Geraten werden darf aber nicht öfter als dreimal, dann kommt der nächste dran.

571 Wer errät's? (ab 8) Viele Kinder besitzen einen kleinen Kassettenrecorder mit eingebautem Mikro. Vielleicht können mehrere mitgebracht werden? Man bildet Dreiergruppen mit jeweils einem Gerät.
Die Aufgabe ist es, draußen und/oder drinnen zehn verschiedene Geräusche aufzunehmen, die anschließend von den anderen erkannt werden müssen. Achtung: Zunächst sollte sich jeder über die beste Aufnahmetechnik informieren und die Geräte überprüfen, damit es nicht am Ende böse Überraschungen gibt. Die aufgenommenen Geräusche sollten in der richtigen Reihenfolge aufgeschrieben werden. Zwischen den Geräuschen sollte etwas Leerlauf sein; am besten beendet man jeden einzelnen Abschnitt mit einem auf das Band gesprochenen Hinweis darauf. So ist es später einfacher, jedes Geräusch öfter zu wiederholen.
In der anschließenden großen Runde dürfen die einzelnen Geräusche höchstens dreimal wiederholt werden. Dann muß sich jede Gruppe für eine Lösung entscheiden und sie notieren. Zum Schluß werden die Geräusche anhand des Bandes erklärt und die richtigen Lösungen gezählt.

Schmecken und Riechen

572 Was riechst du da - Was schmeckst du da? (ab 6) Vorbereitet werden möglichst unterschiedliche Dinge zum Schmecken oder Riechen, z.B. zum Schmecken: saure Gurke, Schokolade, Zwiebel, Marmelade, Kartoffel, Apfel, Schlagsahne, Tomate, Salatblatt usw.
Oder zum Riechen: Nagellackentferner, Zwiebel, Essig, duftende Blume, Ananas, Orangenschale, frischer Tannenzweig usw.
Jede Testperson kommt einzeln und mit verbundenen Augen dran. Entweder muß sie gleich sagen, was sie gerochen oder geschmeckt hat, oder sie muß es sich merken und zum Schluß versuchen, sich an möglichst viele der Dinge zu erinnern.
Variante: Die Geschmackstests können sehr erschwert werden, wenn sie mit zugehaltener Nase durchgeführt werden. Einem solchen Test könnten vielleicht die Besten in einer zweiten Runde unterzogen werden.

Darstellende Spiele mit und ohne Worte

573 Auftrag ohne Worte (ab 7) Dies ist ein lustiges und spannendes Spiel, ideal für zwischendurch: Die ganze Gruppe versucht, jemandem einen bestimmten Auftrag zu geben, von dem dieser nichts ahnt. Niemand darf reden oder gar schreiben, allein Mimik und Gestik sind als Ausdrucksmittel zugelassen:
Je nach Alter der Teilnehmer können die Aufträge unterschiedlich schwer sein. Sie können lauten: Zieh' dir deinen rechten Schuh aus; streichle einem der Gäste über den Kopf; gib jedem einen Löffel Sahne auf den Teller usw.

574 Wortlose Verständigung (ab 9) "Schafft ihr es, euch zu einigen, nur einen aus unserer Mitte anzuschauen? Dabei darf nicht geredet werden, aber auch nicht mit Händen und Füßen gedeutet. Es gelten allein die Blicke!"
Bei diesem Spiel werden die verschiedenen Temperamente der Teilnehmer besonders deutlich: Wer ergreift die Initiative und versucht die fragenden Blicke zu bündeln? Wer wartet erst ab, was sich da so tut? Wer wird schließlich angeschaut, und wie geht es ihm/ihr?
Es ist notwendig, nach diesem Spiel über dessen Verlauf zu reden, wie es jedem ging, was die Schwierigkeiten waren, wie die Blicke der anderen verstanden wurden usw.

575 Wie fühlst du dich? (ab 6) Wer kann erraten, wie ich mich gerade fühle? Einer fängt an und spielt in der Kreismitte seine gegenwärtige Stimmung: traurig, übermütig, lustig, müde, nervös, aufgeregt, ängstlich, hungrig, erkältet, krank usw.
Wer erraten hat, was gespielt wurde, darf selbst etwas spielen. Es sollte aber jeder die Chance haben, einmal zu spielen.

576 Was mache ich da? (ab 8) Jeder bekommt einen Schaschlikspieß (ohne Spitze) oder ein Streichholz in die Hand. Dann denkt sich jeder irgendeinen anderen Gegenstand aus, den der Schaschlikspieß darstellt, nur keinen Schaschlikspieß und kein Streichholz. Der Spieß könnte eine Balancierstange sein, ein Taktstock, eine Nähnadel, ein Baum, der gefällt wird, ein Wanderstock o.ä. Jeder hantiert mit seinem Spieß entsprechend seiner neuen Bedeutung - ohne diese den anderen zu verraten. Sie muß von den anderen aus den Bewegungen erraten werden. Wer die erste Bedeutung richtig geraten hat, darf als nächster seinen „Spieß" darstellen. Hatten zwei die gleiche Idee, so macht das nichts, denn jeder spielt doch ein wenig anders.
Variante: Anstelle des Spießes eignet sich auch gut ein Stückchen Wollfaden. Dieser wird dann vielleicht zu einem Springseil, einer Wäscheleine, einer Schlange oder einer Hundeleine.

577 Wer kennt mich und was tue ich? (ab 6) Geraten werden sollen entweder Tiere oder Tierstimmen, Berufe oder auch Sportarten.
Auf kleine Kärtchen werden verschiedene Tiere gemalt (gibt es vielleicht ein Memory oder ein Domino mit Tierbildern, das sich zweckentfremden ließe?) oder die Tiernamen aufgeschrieben. Außer Tieren eignen sich auch Berufe bzw. Handwerkstätigkeiten, Musikinstrumente oder Sportarten. Wer noch nicht lesen kann, bekommt vorgelesen.
Jeder zieht sich eine Karte und einer beginnt, die jeweilige Bedeutung seiner Karte vorzustellen, entweder mit Lauten oder durch Mimik bzw. Gestik. Die übrigen raten. Wer richtig geraten hat, darf seines vormachen.

Variante: Die Kärtchen werden einzeln gezogen. Wer richtig geraten hat, darf jeweils das nächste Kärtchen ziehen.
Variante: Die Aufgabe wird jeweils für eine kleine Gruppe gezogen und dann auch von ihr vorgestellt, z.B. Tierfamilie.

578 Wer streichelt den Tiger? (ab 8) Einer setzt sich in die Mitte des Kreises. Er denkt sich irgendein Tier aus, das er sein möchte. Diesmal aber spielt er es nicht von sich aus, sondern er reagiert auf das Verhalten der anderen Mitspieler: Ist er ein Krokodil, wird er sich nicht friedlich streicheln lassen, sondern versuchen, den Streichler zu schnappen, als Katze aber würde er anfangen zu schmusen und zu schmeicheln. Man kann ein Tier aber nicht nur streicheln; man kann ihm etwas zum Fressen hinstellen, man kann versuchen, es an die Leine zu nehmen, man kann mit ihm reden, man kann es zu sich rufen usw. Das Tier macht z.B. auch deutlich, ob es zahm ist oder wild, ob es die Nähe sucht oder scheu ist usw. Wer das Tier erraten hat, darf das nächste Tier sein.

579 Mimische Ketten (ab 8) Maximal vier bis fünf Teilnehmer gehen hinaus. Die anderen verabreden eine Tätigkeit (z.B. bügeln). Der erste kommt wieder herein und bekommt sie von einem der anderen vorgespielt. Er muß sehr gut aufpassen, denn gleich darauf muß er das Gesehene dem nächsten vorspielen und dieser dann wieder dem nächsten - bis zum letzten. Dieser sagt, was er sich bei den Bewegungen gedacht hat - meist ist die ursprüngliche Bewegung nicht mehr zu erkennen gewesen. Was hatten sich die vor ihm Spielenden dabei gedacht? Nun läßt sich der Weg der Veränderungen gut zurückverfolgen.

580 Teekessel (ab 8) Manche Worte haben eine doppelte Bedeutung. Sie sollen in diesem Spiel erraten werden: Dazu sollen sie jeweils in ihrer einen und der anderen Bedeutung dargestellt werden. Dies geschieht möglichst zu zweit, zuerst wird die eine Bedeutung gespielt und dann die andere (je nach Alter der Kinder können auch abstrakte Bedeutungen dazugenommen werden). Meist werden die Teekessel nicht auf Anhieb erraten, so daß die Spieler sich mehrere Darstellungen überlegen müssen. Teekessel-Worte sind z.B. Ton, Leiter, Bank, Hahn.
Variante: Teekessel läßt sich auch mit Worten spielen:
z.B: „Mein Teekessel ist weich." – „Meinen Teekessel kann man nicht anfassen." Welcher Teekessel war gemeint? - Der Ton! Immer abwechselnd umschreiben beide Darsteller ihren Teekessel, wobei diese Umschreibungen oftmals mehr verwirren als erhellen.

581 Scharaden (ab 8) Eine Scharade ist eine pantomimische oder szenische Darstellung eines Wortes, das erraten werden muß. Dafür wird das gesuchte Wort in lauter Einzelworte aufgelöst, die mit den jeweiligen Buchstaben beginnen. Soll z.B. das Wort „Hochzeit" erraten werden, wird für „H"

eine Situation gespielt, in der jemand eine Hose einkauft, für „O" eine Opernaufführung usw. Den Abschluß bildet die Darstellung des ganzen Wortes.
Die Scharaden werden in Gruppen vorbereitet, die nicht kleiner als fünf Personen sein sollten. Die Gruppen brauchen einige Zeit und möglichst viele verschiedene Utensilien zur Vorbereitung. So wird das Spielen leichter und lustiger.

582 Tragikomödien (ab 9) Drei oder vier Personen denken sich kleine Geschichten aus und spielen sie. Wie war der Titel?
Zuerst überlegen sich alle gemeinsam Geschichten-Überschriften. Diese sollen sehr verheißungsvoll klingen, damit man sich leicht etwas dazu ausdenken kann; z.B. „Die unheimliche Nacht" oder „Ein tragisches Ende" oder „Liebesfreud und Liebesleid" oder „Der Mord der alten Dame" u.ä.
Jeder Titel wird auf ein kleines Kärtchen geschrieben. Nachdem sich kleine Gruppen zusammengefunden haben, zieht jede sich ein Kärtchen (ohne den anderen zu zeigen, welches) und bereitet ein kleines Spiel mit diesem Titel vor. Die Vorbereitungszeit wird auf maximal 15 Minuten festgesetzt, denn das Spiel selbst soll nicht geprobt werden, sondern spontan sein; dann bleibt es lustiger.
Schließlich wird vorgespielt. Die jeweiligen Zuschauer raten, welcher Titel wohl zu dieser Geschichte gehört. Zur Erinnerung wurden alle Titel noch einmal auf einen großen Zettel geschrieben, den jeder lesen kann.

Kapitel 20

Spaß an der Bewegung

Wenn die Verständigung klappt...

In dieser Gruppe von Spielen geht es nicht vorrangig um Wettbewerb, um irgendein Schneller oder Besser. Hier geht es um eine sehr gute Verständigung der Mitspieler untereinander. Die Spiele können nur klappen, wenn einer den anderen beachtet und auf ihn Rücksicht nimmt. Je besser die Kooperation gelingt, desto mehr Spaß haben alle an den Spielen.

583 Konzentrische Kreise (ab 10) Für dieses Spiel braucht man eine gerade Teilnehmerzahl, am besten nicht mehr als zehn. Es wird auf eins, zwei abgezählt. Alle stehen im Kreis und haken sich unter. Nun lehnen sich die mit geraden Zahlen (zwei) nach innen, die mit ungeraden (eins) nach außen. Beide Kreise müßten im Gleichgewicht sein, so daß jeder sich mit seinem ganzen Gewicht hängen lassen kann, ohne die Füße zu verändern. Auf Kommando wechseln die Kreise: Langsam kommen alle in die Senkrechte, und die mit ungeraden Zahlen lassen sich in die Mitte hängen. Dies so zu machen, daß die Übergänge ganz gleitend verlaufen und sich kein Teilnehmer ängstigt und verkrampft, erfordert einige Übung. Gelingt es aber, so bereitet dies allen sehr viel Befriedigung und ein gutes, vertrauensvolles Gefühl.
Variante: Wenn das Vertrauen da ist, genügt es, sich an den Händen zu halten. Dann kann man sich noch besser in sein eigenes Gewicht hineinhängen.

584 Alleskleber (ab 5) Zu flotter Musik bewegt sich die Gruppe im Raum, bis das erste Kommando kommt: „Popo klebt". Daraufhin muß jeder mit seinem Popo an mindestens einem anderen Popo kleben und, so festgeklebt, weitertanzen oder gehen... - und dies so lange, bis das nächste Kommando kommt: „Nase klebt", „die rechte Schulter klebt", „das linke Knie klebt" usw., bis alle rechten Füße zusammenkleben und die Gruppe schließlich auseinanderpurzelt.

585 Popcorn (ab 3) „Stellt euch vor, dieses Zimmer ist ein Kochtopf; Fett ist schon drin, es beginnt heiß zu werden und ihr werdet in den Topf geschüttet. Die kleinen runden Körner werden auf den ganzen Topfboden verteilt. Bald platzen die ersten, es kracht und knallt im Topf, und alles hupft durcheinander.

Jetzt gebe ich Honig darüber und gleich bleibt jedes Korn, das ein anderes berührt an diesem kleben. Immer mehr Körner kleben aneinander, bis ein großer Klumpen entstanden ist."
Auf diese oder ähnliche Art langsam erzählend, wird das Spiel bis zum Ende geführt.

586 **Achtung heiß (ab 6)** Hier sollten nicht mehr als 20 Kinder mitspielen, aber auch nicht weniger als sieben. Sie stehen im Kreis und fassen sich bei den Händen oder haken sich ein. Im Kreismittelpunkt befindet sich ein „heißer" Gegenstand, ein Kissen oder ein Baumstumpf, der nicht berührt werden darf und dem jeder so fern wie möglich sein möchte. Wer ihn dennoch berührt, bekommt eine Brandblase, für die es später sicher ein Trösterle gibt. Jeder Mitspieler versucht nun, weiter weg zu kommen und zieht damit aber andere darauf zu. Man kann in diesem Spiel mit Kraft arbeiten, aber mehr Erfolg versprechen überraschende Bewegungen.

587 **Gefangen (ab 8)** Die Mitspieler bilden um zwei in der Mitte stehende Kinder einen Kreis und stehen dabei so eng wie möglich, damit die zwei nicht

ausbrechen können. Diese probieren es mit allen Mitteln, mit Tricks, mit Kraft und Körpereinsatz. Hat einer es geschafft, herauszukommen, darf er dem anderen dabei von außen helfen.
Sollte der Ausbruch zu lange dauern, wird einfach abgewechselt und andere dürfen einen Ausbruchsversuch wagen.

588 Findet euch (ab 7) Ein Spielleiter gibt Kommandos, die so schnell wie möglich ausgeführt werden müssen. Da heißt es aufpassen und schnell reagieren! Es kann sehr hilfreich sein, wenn der Spielleiter jedes neue Kommando mit einer Glocke, einer Trommel o.ä. ankündigt, sonst wird er u.U. nicht gehört.
Beispiele:
- Bildet Dreiergruppen
- Zu den Dreien soll noch einer dazukommen
- Bildet mit euren Körpern ein einziges „H"
- Immer fünf gehen zusammen, die die gleiche Farbe an sich haben
- Bildet eine Zickzacklinie, immer Kopf an Fuß
- Versucht für euch alle, die kleinste Bodenfläche zu brauchen, ohne auf Stühlen oder Tischen zu stehen

589 Knoten (ab 8) Je mehr Teilnehmer hierbei mitmachen, desto besser; es sollten aber mindestens 15 sein.
Es wird ein großer Kreis gebildet, man faßt sich an den Händen. Dieser Kreis ist nun wie ein Faden, der in sich verschlungen wird. Man kriecht unter den Armen der anderen durch, steigt darüber und verdreht die Nachbarn. Oberstes Gebot ist es, die Hände auf keinen Fall loszulassen. Ist der Kreis so richtig schön verschlungen, daß nichts mehr geht, muß er wieder entwirrt werden, aber ohne die Hände loszulassen. Ganz schön schwierig!

590 Spiegelbild (ab 7) „Stell dir vor, du bist ein Spiegel und machst alles nach, was der macht, der in dich hineinschaut."
Dabei sollte der, der in den Spiegel schaut, möglichst langsame Bewegungen machen, sonst wird es für den Spiegel zu schwierig.
Einmal einen anderen ganz genau nachahmen zu müssen, ist eine ganz eigenartige Erfahrung. Nach einer gewissen Zeit werden die Rollen getauscht.

591 Luftballonbett (ab 6) Wurden während des Festes schon viele Luftballons gebraucht? Jetzt finden sie noch eine andere Verwendung, nämlich zum Ausruhen. Sie werden dicht nebeneinander auf den Boden gelegt, die Mitspieler knien sich außen herum, so, daß kein Luftballon wegrutschen kann. Der erste darf sich vorsichtig auf die Ballons drauflegen, ganz sanft, denn sonst spritzen sie auseinander. Wie fühlt sich das an?

592 Pokampf (ab 5) Immer zwei Kinder stehen mit dem Rücken zueinander, so daß etwa eine Handspanne Abstand zwischen den Pos ist. Auf das

Startzeichen hin versuchen beide, den anderen aus dem Gleichgewicht zu bringen, das geht mit Kraft, aber auch mit Taktik. Verloren hat, wer seine Füße vom Platz lösen mußte.
Es kann auch der Pokampf-Meister ermittelt werden: Die jeweiligen Sieger treten gegeneinander an. Man sollte allerdings darauf achten, daß Größe und Körpergewicht in etwa gleich sind.

593 Hahnenkampf (ab 8) Wieder jeweils zwei Kinder stehen sich mit verschränkten Armen gegenüber. Sie hüpfen auf einem Bein aufeinander zu und versuchen, sich gegenseitig durch kräftiges Anrempeln aus dem Gleichgewicht zu bringen, so daß der andere sein zweites Bein abstützen muß. Von Zeit zu Zeit muß man wohl sein Hüpfbein wechseln und sich auch einmal kurz ausruhen; dazu hüpft man auseinander. Beginnt der eine wieder, muß auch der andere ein Bein hochnehmen. Man kann dieses Spiel einfach nur zum Messen der Kräfte veranstalten, aber man kann auch Fehlerpunkte zählen oder einen Ausscheidungskampf veranstalten: Wer den Fuß abstützt, scheidet aus. Die Sieger kämpfen in der nächsten Runde gegeneinander, solange, bis nur noch einer übrig bleibt.

594 Wer ruht am besten? (ab 6) Ist nach allzu viel Turbulenz eine Ruhephase angesagt, wird gleich ein Spiel daraus:
Alle liegen flach mit dem Bauch auf dem Boden, niemand darf sich rühren oder etwas sagen. Wer hält das am längsten aus?

Und hier geht's richtig um die Wette

Immer nur laufen oder gehen ist langweilig; je schwerer das Vorwärtskommen gemacht wird, desto lustiger.
Die nachfolgenden Ideen können als einzelne Spiele ausgewählt werden. Schöner und spannender ist es jedoch, mehrere verschiedene zu einer ganzen Stafette zusammenzustellen: Zwei oder mehr Mannschaften müssen nacheinander bestimmte Aufgaben erfüllen. Es siegt die Mannschaft, die am schnellsten war und/oder die, die die Aufgaben am besten ausgeführt hat.

595 Froschhüpfen (ab 3) Alle hocken nebeneinander hinter der Startlinie. Auf „Los" hüpfen sie wie Frösche aus der Hocke so schnell wie möglich ins Ziel. Dort wartet sicher eine Belohnung!

596 Vierbeinlauf (ab 3) Auf allen vieren „laufen" ist hier die Devise. Dabei kann die Distanz schon etwas weiter sein als beim Froschhüpfen.

597 Raupenwettlauf (ab 3) Hintereinander knien je zwei bis fünf Kinder, die hinteren umfassen jeweils die Fesseln der vorderen und dürfen diese auch nicht loslassen. So ist das Vorwärtskommen schon nicht mehr so leicht, denn die Bewegungen der Raupe müssen koordiniert werden.

598 Inselspringen (ab 6) Jedes Kind bekommt eine gleiche Zahl (acht bis zehn) alter Zeitungen. Diese Zeitungen sind Inseln. Aufgabe ist es, eine möglichst weite Distanz durch Springen von einer Insel zur anderen zu überwinden. Dazu wirft jeder immer die nächste Zeitung so weit vor sich, wie er springend überwinden kann. Fällt er ins Wasser, muß der Sprung wiederholt werden. Es ist sinnvoll, die Teilnehmer zunächst ausprobieren zu lassen, wie weit sie die Zeitung werfen dürfen, damit sie den Sprung noch schaffen.
Achtung: Dieses Spiel sollte man keinesfalls auf glattem Boden (z.B. Parkettboden) spielen. Rutschen die Zeitungen beim Daraufspringen weg, kann man böse hinfallen.

599 Dosenlaufen (ab 4) Zwei Kaffeedosen werden je zweimal am Boden durchbohrt und eine Schnur durchgezogen. Diese Dosen werden nun unter die Füße genommen, die Schnüre gefaßt, und das Wettrennen kann beginnen.

Varianten für Ältere (ab 6): Mit zwei Eimern laufen, in denen man drinsteht. Etwas leichter geht es, wenn sie Bügel haben, an denen man sie halten kann. Wer noch nicht genug hat, kann auch ein Wettrennen mit je drei Dosen veranstalten: Zwei Dosen werden hingestellt, man tritt auf sie; die dritte setzt man in Schrittweite vor sich, ein Fuß tritt drauf, und die freigewordene Dose wird nach vorne gesetzt, usw. Dies erfordert einige Geschicklichkeit und Körperbeherrschung.

600 Gefesselt (ab 5) Immer zwei Läufer werden an je einem Bein aneinander gefesselt. Dies kann mit einer Schnur oder einem zusammengeknoteten Stück Hosengummi geschehen. Dann folgt ein gemeinsamer Lauf. Erleichtert wird dieser, wenn sie sich gegenseitig um die Schultern fassen. Am schnellsten werden die im Ziel sein, die ihre Bewegungen am besten koordinieren können.

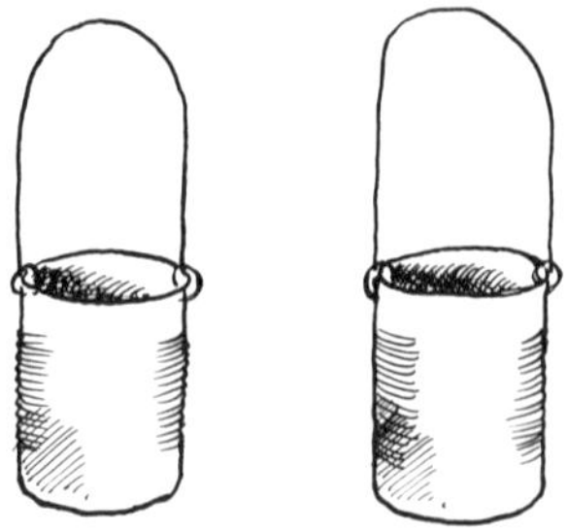

601 Doppellauf (ab 3) Je ein Erwachsener oder ein größeres Kind lassen ein kleineres rückwärts auf ihren Füßen stehen - so wird um die Wette gelaufen.
Variante: Sehr viel leichter geht es, wenn die Großen als Pferdchen die Kleinen auf den Rücken oder auf die Schulter nehmen und unter ihren Anfeuerungsrufen über die Strecke galoppieren - vielleicht auch über einige Hindernisse wie die richtigen Springreiter?

602 Treppauf – Treppab (ab 6) Findet das ganze Fest in der Wohnung statt, so braucht man Ideen, bei denen sich alle zwischendurch richtig austoben können: Die Treppe selbst ist gewissermaßen der Parcours, der so schnell wie möglich durchlaufen werden muß. Für jeden wird die Zeit gestoppt.
Auf welche Weise kann man eine Treppe aufwärts und abwärts bewältigen? Auf allen vieren, auf einem Bein, über je drei Stufen, auf dem Hosenboden, einen Gegenstand balancierend (z.B. zwei gefüllte Wasserbecher), oder auf jeder Stufe einen Ball auftupfend usw.

603 Hindernisrennen (ab 4) Steht keine Treppe zur Verfügung, so wird einfach in der Wohnung ein Parcours aufgebaut: Nacheinander muß man über Stühle hinweg krabbeln und unter ihnen durch, über eine Trittleiter, entlang einer auf dem Boden liegenden Schnur balancieren, auf einen Tisch hinauf, auf allen Vieren über einen Sessel usw., je nach häuslichen Möglichkeiten und Stabilität der Einrichtung.
Zusätzlich können auch noch besondere Aufgaben aufgegeben werden: Ein belegtes Brot für das Abendessen richten, ein Bild der Gastgeber malen o.ä. Eine weitere Erschwernis läßt sich einbauen, wenn es ein den Parcours entlang aufgerolltes Wollknäuel wieder aufzuwickeln gilt. Oder muß der Parcours mit einem Gegenstand (etwa ein leichtes Buch) auf dem Kopf balancierend bewältigt werden? Oder wird jeder blind durch den Parcours geführt?

Geschicklichkeit gefragt

Bei diesen Spielen kommen die behutsamen und vorsichtigen Kinder zum Zug, da viele Aufgaben mit Bedacht besser bewältigt werden können als mit Schnelligkeit.

604 **Autorennen (ab 3)** An je ein kleines Spielzeugauto wird das eine Ende einer Schnur gebunden, das andere an eine leere Klopapierrolle (für die größeren Kinder an einen Bleistift). Die Schnur kann etwa vier Meter lang sein. Auf Kommando starten die Autos gleichzeitig – durch möglichst schnelles Aufwickeln des Fadens fahren sie in Richtung Ziel. Welches Auto ist am schnellsten?
Variante: Statt des Autos wird ein Eierkarton-Schiff angebunden, in dem eine kleine Überraschung liegt, die nach der Zieleinfahrt verspeist werden darf. (Eierkarton evtl. anmalen, Klopapierrollen-Schornstein hineinkleben und in ihn etwas Watte-Rauch hineinstopfen)

605 **Mundfertigkeit (ab 6)** In der Mitte einer etwa drei Meter langen Schnur hängt etwas Gutes. Zwei Mitspieler nehmen je ein Ende in den Mund und beginnen auf Kommando, die Schnur – ohne Hände – so schnell wie möglich in den Mund hereinzuangeln. Das Gute gehört dann dem, der es als erster erreicht.

606 **Vorsicht Erbsen (ab 5)** An den Griff eines Eßlöffels ist eine lange Schnur gebunden, auf dem Löffel liegen sieben bis zehn getrocknete Erbsen. Der Löffel muß mit der Schnur so vorsichtig herangezogen werden, daß keine Erbse herunterfällt. Passiert es doch, heißt es zurück an den Start.
Sicherlich möchte jeder vor dem Start einmal probieren, wie stark er ziehen darf, ohne daß die Erbsen herunterfallen.

607 **Heiße Kartoffeln (ab 5)** Jeder bekommt eine möglichst runde rohe Kartoffel und eine etwas dickere Schnur (etwa zwei Meter lang). Sie wird mit der Mitte um die Kartoffel gelegt. Diese muß herangezogen werden, ohne daß die Schnur darunter durchrutscht. Wem es doch passiert, der legt sie einfach wieder unter die Kartoffel. Hier wird Behutsamkeit belohnt.

608 **Luftballon-Wettflug (ab 5)** Jeder bekommt einen Luftballon, den er durch Farbe oder Muster gut von denen der anderen unterscheiden kann. Alle Luftballons sollten etwa gleich groß sein. Mit den aufgepusteten Luftballons stellen sich alle an der Startlinie auf und halten sie mit der Öffnung nach hinten: Auf Kommando zischen sie davon. Welcher kommt besonders weit? Sicher muß es mehrere Durchgänge geben, damit jeder eine optimale Starthaltung ausprobieren und sich eine Chance ausrechnen kann.

609 **Ringe werfen (ab 5)** Aus Karton werden drei etwa eßtellergroße Ringe geschnitten. Diese müssen um einen in den Boden gerammten Stock geworfen werden oder um eine aufgestellte Flasche. Jeder Treffer ist ein Punkt. Die richtige Distanz zum Werfen stellt man am besten bei einigen Probedurchgängen fest.

610 Wettspucken (ab 4) Jeder Teilnehmer bekommt eine bestimmte Anzahl Kirschen, mit deren Kernen er entweder in ein bestimmtes Ziel treffen muß - oder um die Wette möglichst weit spuckt. Dann legt jeder auf seine weiteste Stelle einen Namenszettel, damit zum Schluß gemessen werden kann.

611 Boccia (ab 4) Auch im Zimmer kann man wunderbar Boccia spielen, z.B. mit Knöpfen und Zentimetermaß: Ein großer, besonders farbiger Knopf stellt das Ziel dar, an das jeder mit seinem Knopf (oder Knöpfen) so nah wie möglich herankommen muß. Welcher Knopf der nächste ist, kann oft nur vom Zentimetermaß entschieden werden. Der nächste bekommt drei Punkte, der etwas weitere zwei und der folgende noch einen. Wer genau das Ziel trifft, bekommt sogar sechs Punkte. Man kann in zwei Mannschaften spielen (dann zählt jeweils nur der beste Wurf) oder mit Einzelstartern.
An Stelle von Knöpfen sind auch Flummis, Tischtennisbälle oder kleine Softbälle sehr beliebt. Diese müssen dafür nur mit einem Filzschreiber gekennzeichnet werden, damit man weiß, wem sie gehören. Darf jeder seinen „Ball" nach Festschluß mit nach Hause nehmen?

Und hier geht's um Geschwindigkeit

612 Nasenpost (ab 8) Es gibt mindesten zwei Mannschaften zu etwa fünf Mitgliedern. Auf ein Startzeichen hin bekommt jeweils der erste eine Streichholzschachtelhülle und klemmt sie sich auf die Nase. Von jetzt an darf diese nicht mehr mit den Händen berührt werden. Sie wandert von Nase zu Nase, bis sie durch die ganze Mannschaft gekommen ist. Wem sie herunterfällt, gibt ein Pfand ab.

613 Orangenpost (ab 8) Der erste jeder Mannschaft bekommt eine Orange unter das Kinn geklemmt, der nächste übernimmt sie auf die gleiche Weise. Aufgepaßt: Sie darf nicht herunterfallen oder mit den Händen berührt werden!

614 Saugpost (ab 8) Jede Mannschaft bekommt einen Strohhalm. Mit ihm muß einer nach dem anderen je einen kleinen Zettel durch Ansaugen von einem Tisch zum anderen transportieren. Fällt er unterwegs herunter, muß noch einmal vom Tisch aus begonnen werden.
Diesen Spielteil kann man gut ausbauen, indem z.B. auf den einzelnen Zetteln Buchstaben stehen, die zu dem richtigen Wort zusammengesetzt werden müssen. Während die letzten Zettel noch geholt werden, wird mit den ersten Buchstaben schon herumprobiert. Sieger ist, wer als erster das Wort herausgefunden hat.

615 Plätzchen gefällig? (ab 4) Zwei Mannschaften sollen eine bestimmte Anzahl von Plätzchen (es müssen welche mit Loch sein, die sich aufspießen lassen, oder auch Buchstabenplätzchen mit Loch) mit Hilfe von Spießen (Bleistiften, Strohhalmen, Eßstäbchen oder Schaschlikspießen mit abgebrochener Spitze) durch die Reihe von einem zum andern bis zum Teller am Ziel transportieren. Kleinere halten die Stäbchen in der Hand, größere mit dem Mund. Zum Schluß wird gegessen.
Oder haben die Buchstaben eine Bedeutung, eine verschlüsselte Botschaft, ein Rätsel oder einfach ein zu ratendes Wort? Werden dafür Buchstaben benötigt, die kein Loch haben, so können sie ja schon auf dem Teller bereit liegen.

616 Ball treiben (ab 5) Zwei Mannschaften werden gebildet. Je ein Spieler jeder Mannschaft treibt mit einem Stöckchen oder einem Kochlöffel einen Luftballon über eine bestimmte Strecke bis in einen Karton hinein - erst dann darf der nächste jeder Mannschaft starten. Wichtig ist es dabei, daß der Luftballon mit Händen und Füßen nicht berührt wird (bei kleineren Mitspielern gilt das nicht so streng).

617 Explosionen (ab 8) Die ersten aus jeder Gruppe laufen zu einem entfernt stehenden Stuhl, nehmen einen dort liegenden Luftballon, blasen ihn auf und setzen sich so drauf, daß er zerplatzt. Dann laufen sie zurück, und der nächste startet. Es ist wichtig, den Luftballon sehr prall aufzublasen, sonst kann es passieren, daß er einfach nicht zerplatzen will! Notfalls dürfen auch die Fingernägel zu Hilfe genommen werden.

618 Wasserträger (ab 5) Ein Spiel, das sich besonders für einen heißen Sommertag eignet: Ein Eimer soll mit Hilfe von Bechern mit Wasser aufgefüllt werden. Das Gefäß, aus dem das Wasser geholt wird, steht ein Stück entfernt. Entweder hat jedes Mannschaftsmitglied einen eigenen Becher, und alle arbeiten gleichzeitig, oder die Mannschaft hat nur einen, den jeder immer an den nächsten weitergibt.

619 Ballonwäsche (ab 6) In einer Plastikwanne liegen zehn aufgeblasene Luftballons (oder auch Wasserballons). Die ersten aus den Mannschaften müssen sie an einer Wäscheleine aufhängen. Kommen sie zurück, startet der nächste und nimmt alle wieder ab usw.
Aufgaben wie diese lassen sich vielerlei ausdenken, je nach örtlichen Gegebenheiten und Möglichkeiten.

620 Bekleidungsstafette (ab 6) Vor jeder Mannschaft liegt ein Stapel Kleider: z.B. Hut, Pullover, lange Hose, Stöckelschuhe, alles viel zu groß, damit das Laufen erschwert wird. Auf „Los" zieht der erste jeder Mannschaft alles an, läuft dann um die Wendemarke, kehrt zurück. Alles, was er wieder ausgezogen hat, zieht gleich der nächste an usw. Sieger wird die schnellste Mannschaft.

Tobespiele für draußen

Die meisten der nachfolgenden Spiele sind sehr alte Gruppenspiele, z.T. auch Varianten davon. Während auf den vorangegangenen Seiten solche Spiele aufgeführt wurden, die man drinnen spielen kann, so sind die nachfolgenden fürs Freie gedacht, und die Kinder brauchen dafür z.T. viel Auslaufmöglichkeit.

621 Reiterwettkampf (ab 4) Die Erwachsenen (oder die großen Kinder) haben die kleinen Kinder auf den Schultern oder auf dem Rücken. Jedes von den Kleinen hat eine Mütze auf dem Kopf. Doch nun heißt es, den anderen möglichst ihre Mütze zu entwenden. Wer hat zum Schluß noch eine auf, seine eigene oder eine andere?

622 Fuchsjagd (ab 5) Füchse haben einen langen Schwanz – also bekommt jeder einen Schwanz aus einem Kreppapierband, der mit einer Sicherheitsnadel hinten an Pullover oder Hose festgesteckt wird. Der Schwanz soll so lang sein, daß er etwa 15 cm auf den Boden hängt. Ein Fuchs ist nun gejagt, wenn jemand auf seinen Schwanz tritt und dieser abreißt. Aber **Achtung:** Vielleicht steht inzwischen schon ein anderer Fuchs auf dem eigenen Schwanz! Gejagte Füchse scheiden aus.

623 Partnerfang (ab 8) Immer zwei hängen zusammen, der Hintere hält sich an der Hüfte des Vordermannes fest. Auf etwa fünf solcher Paare kommt ein einzelner Jäger. Er versucht, den Hinteren an dessen Hüften zu erwischen. Gelingt es ihm, bildet er mit diesem ein neues Paar, und der Vordermann/die Vorderfrau wird der nächste Jäger.

624 Fische fangen (ab 6) Einer wird zum Fischer bestimmt. Durch Abschlagen versucht er, sich einen Fisch zu fangen. Gelingt ihm dies, so hängt der Fisch sich an die Hand des Fischers und bildet mit ihm das Fangnetz. Die beiden dürfen sich beim Fangen aber nicht loslassen. Besteht das Netz aus fünf oder mehr Spielern, so reicht es nicht mehr, einen Fisch nur abzuschlagen; man muß ihn wie ein Netz umschließen.

625 Zauberstab (ab 7) Eine Zauberin oder ein Zauberer verfügen über einen Zauberstab: Wer berührt wird, wird gebannt, d.h., er muß reglos stehen bleiben. Er kann aber erlöst werden, wenn ihn jemand anderes berührt. Wurden drei Kinder gebannt, so wird das dritte Kind der nächste Zauberer bzw. die nächste Zauberin.

626 Der große, böse Wolf (ab 8) In diesem Spiel muß jeder nicht nur an sich denken; er ist nur dann sicher, wenn er gleichzeitig einem anderen hilft. Konkurrenz und gegenseitige Hilfe sind zugleich gefragt.
Der große, böse Wolf versucht, sich ein Schäfchen zu fangen. Auf einen Wolf sollten dabei nicht mehr als zehn Schäfchen kommen (es muß eine gerade Zahl sein), sonst wird das Fangen zu schwierig. Bei mehr Kindern gibt es einfach mehrere Wölfe. Alleine sind die Schäfchen dem Wolf ausgeliefert - nicht aber, wenn sie Hilfe haben: Wenn Gefahr droht (aber nur dann), nehmen sich zwei Schäfchen (aber nur zwei) an der Hand oder umarmen sich - und sind damit sicher. Ist die Gefahr vorbei, müssen sie sich wieder trennen. Fängt der Wolf dennoch ein einzelnes Schäfchen, wird dieses zum Wolf. Fängt er sehr lange nichts, sollte er abgelöst werden.
Sollte es passieren, daß alle als Hasen auf dem Boden sitzen, darf der Wolf rufen „Alle Hasen auf" - dann müssen alle aufstehen und davonlaufen.
Variante (ab 4): Anstelle der Schäfchen hoppeln Hasen herum. Der böse Wolf sitzt in einer Ecke. Wenn er ruft: „Ich komme!" müssen sich schnell Hoppel-Hasen-Paare bilden, sonst wird ein Hase gefangen.
Ein Häschen kann dem Wolf auch dann entkommen, wenn es sich schnell auf den Boden setzt, seine Hände als Hasenohren aufstellt und ruft: „Has, Has!" Sitzt es so, bevor der Wolf es berührt hat, kann es nicht gefangen werden.

627 Katze und Maus (ab 4) Im Kreis halten sich alle an den Händen; dann werden im Kreis zwei gegenüberliegende Tore gebildet. Durch diese Tore darf die Katze ungehindert schlüpfen, sie kann es aber auch an anderen Stellen probieren, wird jedoch nach Möglichkeit daran gehindert. Die Maus wird überall durchgelassen. Zu Beginn ist die Maus außerhalb des Kreises, die Katze innerhalb. Hat die Katze die Maus gefangen, werden beide abgelöst. Oder möchten sie zuerst die Rollen tauschen?

628 Der Plumpsack (ab 4)
„Dreht euch nicht um, der Plumpsack (Fuchs) geht um!
Wer sich umdreht oder lacht,
dem wird der Buckel blau gemacht."
Diesen Vers sprechend geht der Plumpsack um den Kreis herum, in der Hand ein geknotetes Tuch oder etwas Ähnliches. Unbemerkt läßt er es hinter jemandem auf den Boden fallen. Sobald dieser es merkt, muß er dem Plumpsack hinterherjagen und versuchen, ihn zu fangen, bevor dieser die Lücke im Kreis erreicht hat. Gelingt ihm dies, ist der Plumpsack nochmal dran, gelingt es ihm nicht, ist er der nächste Plumpsack.

629 Ochs am Berg (ab 6) Einer steht mit dem Gesicht gegen eine Wand oder einen Baum, er ist der Ochse. Alle anderen stehen in einer Reihe nebeneinander in etwa 20 Metern Entfernung. Deren Ziel soll es sein, unbemerkt an den Ochsen heranzukommen. Dieser wiederholt immer wieder „Ochs am Berg", mal langsam, mal schnell. Sobald er "...Berg" gesagt hat, darf er sich umdrehen. Wer von den anderen sich in dem Moment noch bewegt und von ihm gesehen wird, muß drei große Schritte zurückgehen. Sieger ist, wer als erster den Ochsen abschlägt. Er darf der nächste Ochse sein.

630 Schwarzer Mann (ab 5) Ein einzelner und die ganze übrige Gruppe stehen sich mindestens 15 Meter entfernt gegenüber.
Der Schwarze Mann ruft: „Wer hat Angst vorm Schwarzen Mann?"
Die anderen antworten: „Niemand!"
„Wenn er aber kommt?"
„Dann laufen wir davon!"
In diesem Moment laufen alle los, um die Seiten zu tauschen. Dabei versucht der schwarze Mann, sich mindestens ein Kind zu fangen. Dieses wird dadurch mit ihm zum schwarzen Mann.
Beide beginnen wieder mit den Rufen: „Wer fürchtet sich..." Das geht so lange hin und her, bis nur noch einer übrig ist. Er wird der nächste schwarze Mann.

631 Grenzen öffnen (ab 6) Manche Kinder kennen dieses Spiel als „Der Kaiser schickt seine Soldaten aus". Sie sind sich dabei sicher nicht der kriegerischen Bedeutung bewußt. Durch eine „friedliche" Umbenennung werden sie vielleicht darauf aufmerksam, und es kommt zu einem Gespräch darüber.
Zwei Mitspieler sind die Spielleiter und wählen sich abwechselnd ihre Mannschaft (= die Grenze) aus. Dann stellen sie sich mit etwa zehn Metern Abstand gegenüber und halten sich dabei so fest wie möglich an den Händen.

Der erste Spielleiter ruft: „Ich schicke die (Gabi) aus. Sie soll die Grenze öffnen." Die genannte Person versucht daraufhin, die Grenze der anderen Mannschaft zu durchbrechen. Sie wird dabei die anderen möglichst täuschen, um sie bei ihrem Durchbruch zu überraschen.
Gelingt die Öffnung, kommt einer der beiden aus der Öffnung freiwillig mit, gelingt es ihr nicht, wird sie Teil dieser Grenze. Nun schickt der andere Spielleiter jemand aus seiner Mannschaft aus.
Schickt der Spielleiter sich selbst aus, so darf er bei Gelingen zwei Personen mitnehmen, im anderen Fall dürfen sich die anderen zwei seiner Mannschaft aussuchen.

632 Schatz verstecken (ab 6) Ein Mitspieler verfügt über einen Schatz (eine Münze z.B.), der versteckt werden soll, und zwar an einer bekannten Stelle in etwa 20 Metern Entfernung. Es gibt sehr viele Neider, die den Schatz gerne abjagen möchten. Deshalb muß das Verstecken ganz unbemerkt geschehen.
Der Besitzer des Schatzes geht von Mitspieler zu Mitspieler und tut so, als gebe er jedem die Münze in die Hand. Einem aber hat er sie wirklich gegeben. Dieser läßt sich nichts anmerken und versucht, die anderen zu täuschen, während er aber immer näher an das Schatzversteck zu kommen trachtet. Dabei darf er den Schatz aber nicht in der Hosentasche verschwinden lassen, sondern muß ihn in der Hand behalten. Hat er sich nicht erwischen lassen, so teilt er in der nächsten Runde den Schatz zu; wurde er von jemandem ertappt, wird der Schatz von diesem vergeben.

633 Fang den Ball (ab 5) In der Mitte eines Kreises steht ein Kind und wirft den Ball in die Luft. Dabei ruft es den Namen eines Mitspielers. Dieser muß den Ball direkt fangen (Kleinere dürfen ihn einmal aufkommen lassen). Gelingt ihm dies nicht, muß er den Werfer oder die Werferin ablösen, andernfalls wirft er nochmals.

634 Zauberball (ab 7) Unter den Kindern wir ein Zauberer bestimmt oder ausgelost. Der Zauberer versucht, innerhalb festgesetzter Grenzen die anderen zu verzaubern, indem er den- oder diejenige mit dem Ball trifft. Die Größe des Platzes bestimmt sich aus der Zahl der Teilnehmer und ihrem Alter bzw. ihrem Wurfvermögen. Jede(r) Verzauberte wird selbst zum Zauberer.

635 Gefährliche Reise (ab 8) In etwa 25 Metern Entfernung voneinander werden zwei Kreise auf dem Boden markiert, in denen alle Mitspieler Platz haben. Die Kreise sind tabu; wer sich in ihnen befindet, ist sicher, und niemand kann ihm etwas anhaben.
Alle Spieler sind in einem Kreis, ein großes, wildes Tier geht außen um den Kreis herum. Einzeln versuchen die Spieler, den anderen Kreis zu erreichen, ohne von dem Tier berührt zu werden. Wem es nicht gelingt, unberührt in den zweiten Kreis zu kommen, wird selbst zum wilden Tier und hilft nun, die anderen zu schnappen. Eine Bedingung gibt es: Die Kinder dürfen sich nur kurz im ersten Kreis aufhalten.

636 Räuber und Polizei (ab 8) Zuerst werden zwei gleichstarke Gruppen gebildet: die der Räuber und die der Polizisten. Die Räuber werden losgeschickt und bekommen fünf Minuten Vorsprung. In dieser Zeit können sie sich in einem vorher abgesprochenen Gelände verstecken. Sie müssen versuchen, bis zum Ende der vereinbarten Zeit (etwa 15 - 20 Minuten) am Ausgangspunkt zurück zu sein, ohne von einem Polizisten gefangen worden zu sein.

Anhang

Pfänderaufgaben

In einer ganzen Reihe von Spielen werden Pfänder verlangt, wenn eine Aufgabe nicht oder nicht ausreichend erfüllt wurde. Diese müssen zu Ende des Festes wieder eingelöst werden – das bietet die Möglichkeit zu einem eigenen Spiel.

„Was soll das Pfand in meiner Hand, was soll derjenige tun?" Niemand sieht, wer als nächster mit seinem Pfand an die Reihe kommt. Die zu erfüllende Aufgabe kann nun durch Zuruf bestimmt werden. Es kann sich aber auch derjenige, dem ein Pfand gehört, aus einem Stapel Kärtchen mit darauf notierten Aufgaben selbst eine ziehen. Je lustiger die Aufgabenstellung, desto mehr Spaß haben alle:

Zur Anregung einige oft verwendete Aufgaben:

– Singe einen Zeitungsartikel (oder die Zeitungsüberschriften) auf eine bekannte Melodie deiner Wahl.
– Pfeife eine brennende Kerze aus.
– Hebe ein Taschentuch ohne Hände vom Boden auf.
– Rufe laut zum Fenster hinaus: „Ich bin der/die Schönste im ganzen Land!"
– Leg dich auf den Boden, und laß dich drei Minuten von allen streicheln.
– Pfeife ein bekanntes Lied, ohne zu lachen.
– Blase einen Luftballon auf, bis er platzt.
– Erzähle eine Unsinngeschichte, in denen vier Wörter vorkommen, die wir dir zurufen.
– Versuche, stehend deine Füße zu küssen,
– Hebe auf einem Fuß hüpfend vier Gegenstände auf.
– Erfülle dem Geburtstagskind einen Wunsch.
– Leihe von der Nachbarin für das Abendessen eine Zitrone.
– Streichle jedem Anwesenden über die Wange.
– Balanciere mit einem Gegenstand (Bauklotz o.ä.) auf dem Kopf einmal um den Tisch herum.
– Sprich einen Schnellsprechsatz so schnell wie möglich nach.
– Singe ein Lied mit Trinkhalm im Mund.

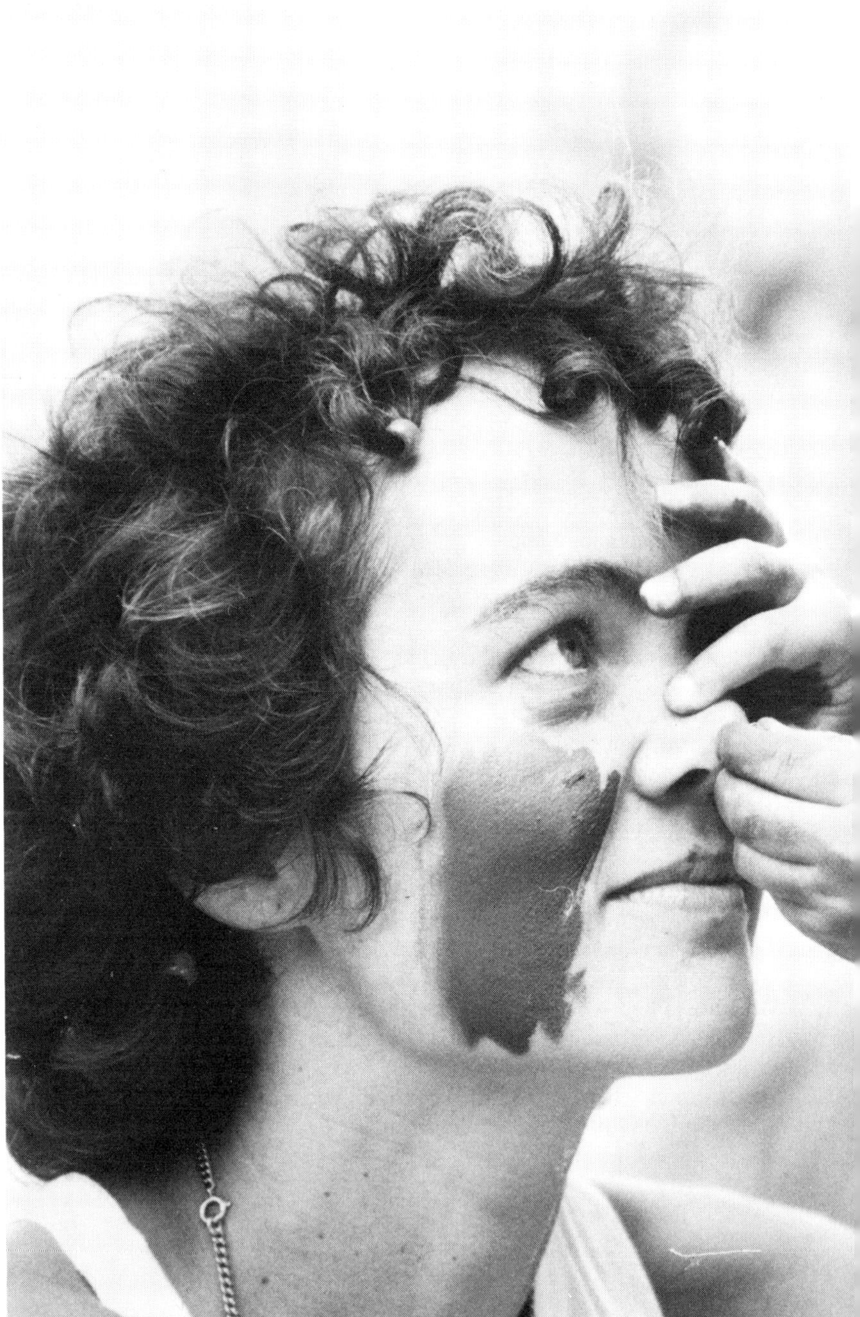

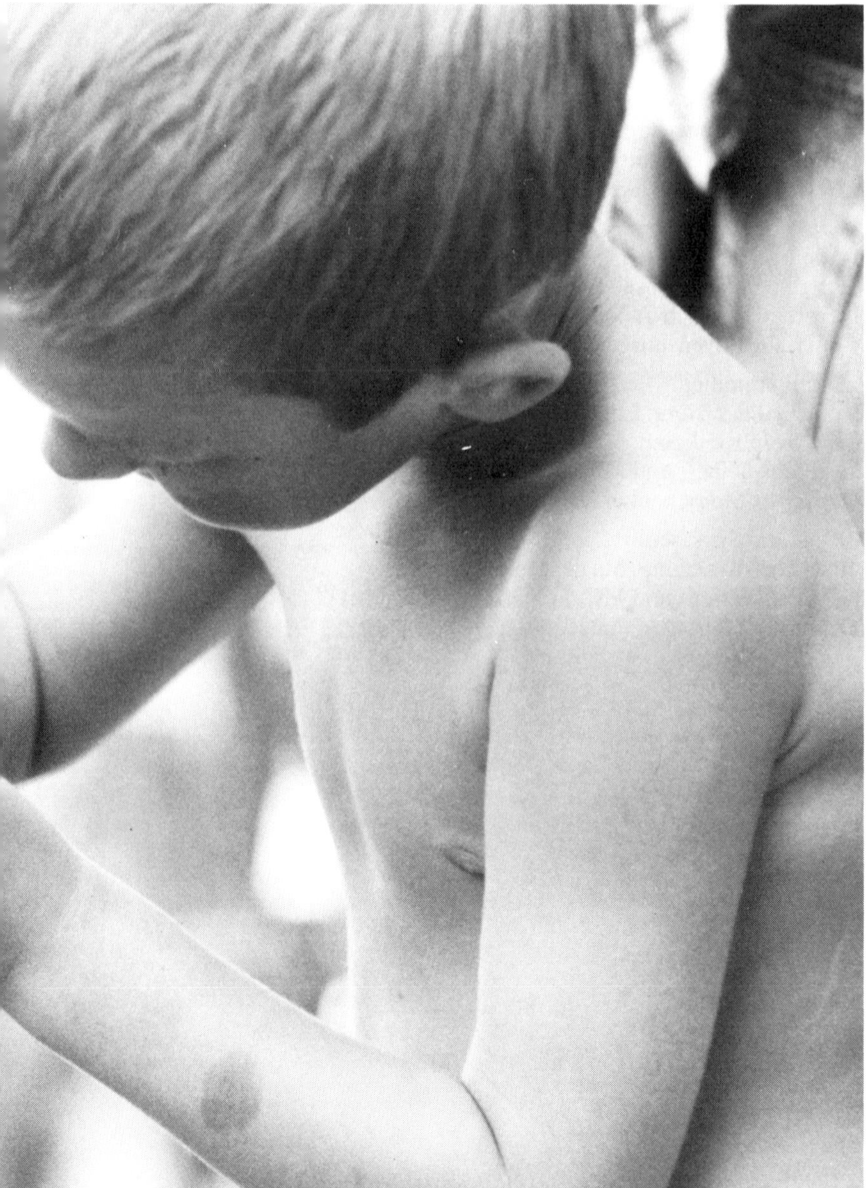

Quellenverzeichnis

Folgende Lieder wurden mit freundlicher Genehmigung der Verlage übernommen:

„Peter hat Geburtstag" aus:
Emma Carp, Feste mit Kindern,
Copyright Ravensburger Buchverlag Otto Maier GmbH

„Kräht der Hahn"
„Alle Indianer stapfen"
„Ich reibe meine Nase" aus:
Dorothée Kreusch-Jakob, Ravensburger Lieder-Spielbuch für Kinder
Copyright Ravensburger Buchverlag Otto Maier GmbH

„Das Flummilied"
„Tanzlied der Tiere: Es will die Maus"
Text: Lore Kleikamp, Musik: Detlev Jöcker
aus Liedspielheft und MC: Und weiter geht's im Sauseschritt
Copyright Menschenkinder Verlag, Münster

„1, 2, 3, im Sauseschritt"
Text: Lore Kleikamp, Musik: Detlev Jöcker
aus Liedspielheft und MC: 1, 2, 3, im Sauseschritt
Copyright Menschenkinder Verlag, Münster

Karin Mönkemeyer
Babyspiele - Kinderspiele
555 Ideen und Anregungen
256 Seiten, zahlreiche Abbildungen, gebunden
ISBN 3-589-20870-8

Die Autorin bietet Anregungen für 555 Schmuse-, Finger-, Krabbel-, Bastel-, Sprach- und Rollenspiele für Kinder vom Babyalter bis zum Schulbeginn.

Cornelia Nitsch
Spiel und Spaß mit Enkeln
240 Seiten, zahlreiche Abbildungen,gebunden
ISBN 3-589-20898-8

Das Buch bringt mehr Farbe in die gemeinsamen Stunden - u.a. mit Geschichten zum Erzählen und Vorlesen, Liedern, Spielen und Basteleien.

Anne-Bärbel Münchmeier
Feste feiern mit Kinder
Ideen und Tips für 1.000 Gelegenheiten
256 Seiten, zahlreiche Abbildungen, gebunden
ISBN 3-589-20872-4

Die Autorin zeigt, wie man mit geringem Aufwand jedes Kinderfest zu einem unvergeßlichen Erlebnis machen kann. Viele Ideen werden als einzelne Bausteine angeboten, so daß jeder "sein" Fest zusammenstellen und gestalten kann.

Barbara Cratzius
Der Mond kommt durch die Nacht geschwommen
Einschlafgeschichten für Kinder und Tips für Eltern. Illustriert von Jule Ehlers-Juhle
208 Seiten, gebunden
ISBN 3-589-20908-9

Im Mittelpunkt stehen Geschichten und Gedichte, Lieder und Fingerspiele, die das Entspannen erleichtern helfen. Mit Geschichten zum Autogenen Training und Tips für Eltern.

scriptor